SURVIVING AND THRIVING IN
STEPFAMILY RELATIONSHIPS
What Works and What Doesn't
Patricia L. Papernow

パトリシア・ペーパーナウ 著
中村伸一・大西真美 監訳
中村伸一・大西真美・吉川由香 訳

ステップファミリーをいかに生き,育むか

うまくいくこと,いかないこと

Surviving and Thriving in Stepfamily Relationships : What Works and What Doesn't
by Patricia L. Papernow
Copyright © 2013 Patricia L. Papernow
Japanese translation rights arranged with The Marsh Agency Ltd.
through Japan UNI Agency, Inc., Tokyo

日本語版への序文

　私は，自著『ステップファミリーをいかに生き，育むか――うまくいくこと，いかないこと――（SURVIVING AND THRIVING in Stepfamily Relationships : What Works and What Doesn't)』が日本語に翻訳されることについて，大変光栄に思っています。つい最近まで，日本のステップファミリーはその存在が社会に認知されていませんでした。そのために，継親と継子はどちらも理解されず，孤独を感じ，心を痛めていたことでしょう。そして，無理なことを求められて苦しんでいるのではないでしょうか。本書は，ステップファミリーである人々，ステップファミリーのことを愛する人々，そしてセラピストや医師，法律家，宗教家，教育者など，ステップファミリーを支援したいという人々のためのものです。本書では，エビデンスに基づいたガイダンスや，健全でうまくいっているステップファミリーになるための「最善策」についての情報を記載しています。日本での離婚率は，現在およそ30％です。2005年では結婚したカップルの25％が再婚カップルでした（平成17年人口動態統計）。ステップファミリーについての正確な統計はありませんが，私たちはこの日本でもステップファミリーがいること，そしてその数が増加していることを知っています。私たちは，他のどの文化においても，ステップファミリーは根本的に初婚の家族と異なっていることも知っています。どうすれば良くて，どうしてはいけないのかという情報が世界中で求められています。私は，この情報が広まることを熱望し，日本での活動を支援できることを大変嬉しく思っています。

　この本が日本語に訳されることは，私にとって個人的な意味もあります。私は1年間交換留学生として，大阪の近くに住む日本人家族と一緒に暮らしていたことがあります。それが私の人生の転機であり，私の日本の家族と日本人の知り合いたちは，今も私の心に深く残っています。50年して日本に戻れること，そしてホストファミリーの「日本の姉たち」と再会できることは大きな贈り物です。一瞬の瞬きのように，私たちは高校生からおばあちゃんに成長し，なぜか私は18歳からステップファミリーの国際的専門家に変身しました。なんて素晴らしく，面白いことでしょう！

私は心からの感謝を，精神科医であり家族療法家でもある中村伸一先生に申し上げます。彼は，日本家族研究・家族療法学会の創設者の一人でもあります（Roberts, et al., 2014）。中村先生は，この本の翻訳と出版を先頭に立って進めて下さいました。そして彼は，日本の臨床家のあいだでは評価の高い金剛出版に出版を取りつけました。また大西真美さんと吉川由香さん，そして彼自身も含む翻訳のチームを集めて率いてくれました。このチームは一丸となって，とても熱心にそして驚くほど早いスピードで取り組んでくれました。本当に皆さんに感謝しています。心からありがとうございます。

　野沢慎司教授は，このプロジェクトに計り知れないほど大きな支援をしてくれました。この後に続く引用文献をご覧いただけると，野沢先生は日本でステップファミリーの理解を広めるために，休むことなく（文字通り，いつ寝ているかわからないほど）活動されてきたことが分かります。彼は，いくつもの国内のステップファミリーの会議を開催し，国際的に有名な研究者や臨床家を日本に紹介してきました。そして，特別な感謝と敬意を，日本ステップファミリー協会（SAJ）に尽力しているメンバーの方たちに伝えたいです。そのメンバーには，緒倉珠巳さん（現在のSAJ代表），吉本真紀さん（元SAJ代表，現在は副代表），菊地真理先生（野沢先生の共同研究者）そして桑田道子さん（日本での面会交流サポートプロジェクトの先駆者）たちがいます。野沢先生とSAJは，ステップファミリーの力動について広めるためにともに活動し，日本のステップファミリーの困惑と孤立を減らすための支援を提供しています（Nozawa, Ibaraki, & Hayano, & Stepfamily Association of Japan, 2006）。

　本書は，主に欧米のステップファミリーの研究と臨床について書いています。しかし，すべてのステップファミリーは，少なくとも一組の親子が大人のカップルより先に存在するという事実によって定義されています（第2章で，ステップファミリーがいかに特殊であるかを詳しく述べています）。私の日本人の研究仲間や彼らの文献をみると，この基本的な構造のために，日本のステップファミリーにもまったく同じようなチャレンジが見られます。逆に，重要な違いも存在します。私はまだ学んでいるところですが，この違いについてもいくつかの考えをお伝えしたいと思います。そして，日本の学者たちにステップファミリーについてもっと理解してほしいと思います。まずは類似点から始めましょう。

継親は「身動きのとれないアウトサイダー」であり，実親は「身動きのとれないインサイダー」です。実親は，歴史，習慣，深い愛着を子どもと共有しています。継親はそうではありません。西欧のステップファミリーと同じく，日本のステップファミリーでも，この構造のために，実親子関係に対して継親は「アウトサイダー」の立場で身動きが取れなくなります。実親は，子どもにも新しいパートナーにも近い所にいて，「身動きのとれないインサイダー」であり続けるのです。アウトサイダーは，のけ者にされ，拒否され，ここにふさわしくないと感じていることが多いのです。インサイダーは，愛する人たちの間で引き裂かれるような思いをします。この本の第3章では，このチャレンジに取り組んでいるたくさんのステップカップルを紹介し，彼らがチャレンジを乗り越えるために用いた「最善策」を取り上げています。

　子どもたちは喪失感や忠誠葛藤，そして変化に苦しみます。第4章では，ステップファミリーにおける子どもたちの経験を記述しました。継子たちがチャレンジに向き合うことを支援する多様なステップファミリーのストーリーと，健全な適応に至る最善策について書きました。西欧のステップファミリーと同じように，日本人の大人は，多くの場合，他の家族と同じような「普通の家族」を作れると，とても楽観的な考え——ある人は「無謀な自信」と語った（Nozawa, 2008）——を持って，新しい家族生活を始めます。嬉しさのあまり，大人は子どもたちの喪失感や忠誠葛藤，そしてこの変化によってもたらされる困難が持つ影響の大きさに気づいていないことがよくあります。その結果，西欧のステップカップルと同じく，日本のステップカップルも子どもたちからの「抵抗」に驚き，うろたえてしまいます（Nozawa, 2008, 2015）。加えて西欧と同じく，日本の家族の研究者は，まだ小さい子どもたちは継親をもっと簡単に受け入れ（Nozawa, 2015），10代の子どもたちはステップファミリーの生活に適応するのがより難しい（Nozawa & Kikuchi, 2010）ことを見出しています。

　子育ての課題も実親と継親を分裂させます。本書の第5章では，上手な継親による子育てと実親による子育て，そしてステップファミリーのしつけについて，実践的な情報やエビデンスに基づいたガイダンスを集めました。西欧のステップファミリーと同じく，日本でも，継親は継子に対してルールや境界を求め，実親は愛情と理解を与えようとします。うまくいっている継親は，子ども年齢がすごく小さくない限り，しつけを始める前に多くの時間を費やすのです。それで

も，青年期の場合には継親子関係はうまくいかないことも多いのです（Nozawa, 2015）。私が驚いたのは，日本の家族の構造は他の西欧諸国に比べてヒエラルキーがまだ見られるとしても，西欧の研究や臨床からも分かるように，継親による威圧的な（厳格で融通がきかない）子育てが継親子関係にとって毒になるということです（Kikuchi, 2011；Nozawa, 2015）。肯定的な側面を見ると，日本の家族研究の質的データも，友達のように思いやりのある大人として時間をかけて長期的なアプローチをとれば，継親子関係はうまく築かれることを示しています（Nozawa, et al., 2006）。

　日本の文化では，ステップファミリーにも違いが見られると思います。私が今のところ，理解していることを述べましょう。

　日本のカップルは，より敏感で直接的に葛藤と向き合うことが少ないということ。中村伸一先生と彼の仲間は，5つのアジアの国（香港，日本，韓国，台湾，中国）でカップルの議論のスタイルを比較する研究を行っています。研究者は，日本（と韓国）のカップルはかなり敏感で，対決的な葛藤スタイルを好まないことが分かったといいます（Lee, et. al., 2013）。ステップファミリーの構造によって，西欧でも日本でも実親と継親の間で分裂が起こりやすいのです（Kikuchi, 2011）。これらの不均衡について，ステップカップルがうまく話し合えるように助けることは重要です。日本でステップカップルの臨床に携わっている人たちは，この裂け目を示す非言語的な手掛かりによく注意を払う必要があるでしょう。

　日本文化はもっと家長が強いということ。社会的な変化にもかかわらず，日本の家族役割は伝統的な男女観やヒエラルキーがあるようです。そのために，継父が厳しかったとしても，日本女性たちは西欧に比べて，新しい夫に従うことを受け入れ，子どもたちの喪失感と裏切られたという感覚はより大きなものになるかもしれません（Nozawa, 2015）。

　祖父母が重要な役割を占めるかもしれません。社会的な規範が変化しているにもかかわらず，西欧に比べて，祖父母が日本のステップファミリーでは大きな役割を担っていると思われます。たとえば，35歳から39歳までの離婚した日本女性の25%が両親と暮らしています。それに対して，アメリカでは2%しかいないのです（Raymo, et al., 2004）。離婚後，祖父母との関係はセーフティーネットとなり，祖父母は共同親になります。つまり，日本の継親は，実親子関係の絆に対する「アウトサイダー」というだけでなく，祖父母と子どもそして孫との強い関

係に対しても「アウトサイダー」として新しい家族に関わっていくようです。子育てに関する葛藤はこれらの関係にも影響を与えるでしょう。継親は祖父母に対して、「許容しすぎる」(Kikuchi, 2011) と感じるかもしれません。祖父母が、もしも継親に対してすぐに親の代わりになることを求めていたら、継親について愛情のない厳しい人として見るかもしれません。

単独親権はさらなる重荷をステップファミリーに課すということ。日本の法的システムは、ステップファミリーにも多大な影響を及ぼしています。西欧では、離婚後の子どもたちのウェルビーイングは、彼らの生活にとって重要な大人（母親、父親、継母、継父、祖父母）との親密な関係が維持されている程、高いという研究があります（第7章参照）。

日本の離婚についての法律では、一人の親にしか親権が渡らず、大抵母親が担うとのことです (Nozawa, 2006)。これはステップファミリーになる上で、野沢慎司がいう「解体と構築」モデルです。前の家族を簡単に切り捨て、まったく新しい家族を作り直すことを意味するのです (Nozawa, 2010)。結果として、日本の多くの子どもたちは、とりわけ再婚後に、片方の親との関わりをなくしていくと思われます。実際、多くのステップファミリーは、いなくなった親について話すことはタブーとされます。この法律的な状況は、継親に対して別居親の代わりを果たすというプレッシャーになりかねません。これは、新しいステップファミリーの変化に対して、子どもたちをより難しい状況に追いやります。子どもたちの喪失感を増大させ、忠誠葛藤を高め、子どもと継親の関係だけでなく、子どもと実親との関係も悪化させてしまうでしょう (Kikuchi & Nozawa, 2013)。

日本の継母はとくに重荷を背負っているということ。西欧のステップファミリー（第5章参照）と同じく、継母の役割は他のどのステップファミリーの役割よりもよりストレスが大きいのです (Kikuchi, 2011)。しかし、継親についての現実的な理解が得られていない状況での、単独親権という制度は、継子に対して母親の代わりを務めるという継母への非現実的で不可能な期待を余計に大きくさせています。そのプレッシャーは夫から、祖父母から、そして継母自身からくるものです。結果として、日本の継母は継子からの「本当のお母さん」という強力な期待と、ほぼ不可能で逃れられない現実に挟まれて、身動きが取れなくなるのです (Kikuchi, 2011; Nozawa, 2008)。

この翻訳が出版されることによって、日本の仲間から学び続けながら、もっと

たくさんの議論ができることをとても楽しみにしています。

引用文献

Kikuchi, M (2011, July 3). Role identities of stepmothers : The diversity and changeability. Paper presented at the US-Japan Stepfamily Conference : Symposium, Research, and Supportive Activities for Stepfamilies in Japan. Tokyo, Japan.

Kikuchi, M. & Nozawa, S. (2013, October 12). Do relationships with non-custodial parents matter in accepting stepparents? Japan's young adult stepchildren's views. Paper presented at the SAANZ (Sociological Association of Aotearoa, New Zealand) Conference, University of New Zealand. Auckland, New Zealand.

Lee, W.Y., Nakamura, S., Chung, M., Chun, Y.J., Fu, M., Liang, S.C., & Liu, C.L. (2013). Asian couples in negotiation : A mixed-method observational study of cultural variations across five Asian regions. *Family Process* (52) 3, 499-518.

National Institute of Population and Social Security Research (2005). Jinko no doko nihon to sekai : Jinkotokei shiryoshu 2005 [Demographic trends in Japan and World 2005]. Tokyo : Health and Welfare Statistics.

Nozawa, S. (2006). Suteppufamirii wo meguru shakaijokyo [Stepfamilies in contemporary Japan : An overview]. In S. Nozawa, N., Ibaraki, T., Hayano, & Stepfamily Association of Japan (Eds.), *Q&A suteppufamirii no kisochishiki [An introduction to stepfamilies]* (pp.55-111). Tokyo : Akashi Shoten. (野沢慎司・茨木尚子・早野俊明・SAJ 編著 (2006) Q&A ステップファミリーの基礎知識．明石書店)

Nozawa, S. (2008). The social context of emerging stepfamilies in Japan. In J. Pryor (Ed.) *International handbook of stepfamilies : Policy and practice in legal, research, and clinical environments*, (pp.79-99). New York : Wiley.

Nozawa, S. (2010). Transitions to and in stepfamily life and kin and non-kin networks : Interviews and re-interviews with step and biological parents in Japan. Paper presented September 29, 2010, at The 5th Congress of the European Society on Family Relations. Milan, Italy.

Nozawa, S. (2015). Remarriage and stepfamilies. In Stella R. Quah (Ed.) *The Routledge handbook of families in Asia*. (pp. 345-358). London : Routledge.

Nozawa, S., Ibaraki, N., Hayano, T., & Stepfamily Association of Japan, Eds. (2006). *Q&A suteppufamirii no kisochishiki [An introduction to stepfamilies]*. Tokyo : Akashi Shoten.

Nozawa, S., & Kikuchi, M. (2010). Long-term changes in stepfamily relations in Japan. *Bulletin of Institute of Sociology and Social Work*, Meiji Gakuin University, 40, 153-164. [in Japanese].

Nozawa, S., & Kikuchi, M. (2013, December 9). Five patterns of stepchild-stepparent relationship development in Japan : Young adult stepchildren'sviews. Paper presented at the SAANZ Conference, University of Auckland. Auckland, Australia.

Nozawa, S., Nagai, A., Kikuchi, M., & Mastuda, S. (2006). Suteppufamirii no kazoku katei to kankei keisei [Family formation and relational dynamics among Japanese stepfamilies].

In S. Nozawa, N. Ibaraki, T. Hayano, & Stepfamily Association of Japan (Eds.), *Q&A suteppufamirii no kisochishiki* [*An introduction to stepfamilies*] (pp.55-111). Tokyo : Akashi Shoten.

Raymo, J.M., Iwasawa, M., & Bumpass, L. (2004). Marital dissolution in Japan : Recent trends and patterns. *Demographic Research 11* (14), 395-419.

Roberts, J., Abu-Baker, K., Diez Fernández, C., Chong Garcia, N., Fredman, G., Kamya, H., Martín Higarza, Y., Fortes de Leff, J., Messent, P., Nakamura, S.-I., Torun Reid, F., Sim, T., Subrahmanian, C. and Zevallos Vega, R. (2014). Up close : Family therapy challenges and innovations around the world. *Family Process, 53* (3), 544–576. doi : 10. 1111/famp. 12093.

パトリシア・ペーパーナウ

目　次

日本語版への序文……iii

本書に登場する家族ケース……xii

ジェノグラム……xiv

図表一覧……xv

本書に出てくるステップファミリーにまつわる訳語について……xvi

謝　辞……xvii

第1部　基礎となること
　　第1章　ステップファミリーのためのチャート……3
　　第2章　ステップファミリーはどこが違うのだろうか？……19

第2部　5つのチャレンジ
　　第3章　第1のチャレンジ
　　　　　インサイダー，アウトサイダーの立場は強烈で膠着する……37
　　第4章　第2のチャレンジ
　　　　　子どもたちは喪失と忠誠葛藤，過多な変化と格闘している……63
　　第5章　第3のチャレンジ
　　　　　大人を分極化させてしまうペアレンティングの課題……99
　　第6章　第4のチャレンジ
　　　　　新たな家族文化の創造……130
　　第7章　第5のチャレンジ
　　　　　元配偶者は家族の一部……154

第3部　4つの「異なる」ステップファミリー
　　第8章　レズビアンやゲイのカップルから成る
　　　　　ステップファミリー……193

　　　　　第 9 章　アフリカ系アメリカ人のステップファミリー
　　　　　　　　　　私たちが学べる強み ……………………………………… 203
　　　　　第 10 章　ラテン系ステップファミリーのチャレンジ ……… 207
　　　　　第 11 章　新しいこじわ
　　　　　　　　　　高齢でのステップファミリー ………………………… 217

第 4 部　時間をかけて育つステップファミリー
　　　　　第 12 章　ステップファミリーのサイクル
　　　　　　　　　　ステップファミリーの発達における正常な段階 …… 231
　　　　　第 13 章　ステップファミリーになる上での 6 つのパターン … 239

第 5 部　ステップファミリーが成長するための支援
　　　　　第 14 章　レベル I：心理教育のための道具箱 ……………… 253
　　　　　第 15 章　レベル II：対人関係スキルのための道具箱 ……… 259
　　　　　第 16 章　レベル III：個人の心理的治療のための道具箱 …… 274

ステップファミリーになることは
　　　ある出来事ではなく，プロセスである
　　　　　第 17 章　これまでステップファミリーのメンバーと
　　　　　　　　　　取り組んできたこと
　　　　　　　　　　まとめ ……………………………………………………… 287
　　　　　第 18 章　結　　論 ……………………………………………… 290

注 …………291

文　献 …………305

監訳者あとがき …………321

索　引 …………323

著者紹介 …………331

本書に登場する家族ケース

家族	家族員	ステップファミリー構成		元配偶者
ステップファミリーの期間 ジェノグラムのページ		開始年齢	現在の年齢	結婚もしくは同棲の期間, 離婚／別居しての期間
アボット／アンダーソン ABBOTT/ANDERSON 7年 p.3	クレア・アボット	32	39	
	ケビン・アンダーソン	39	46	エレン（m10年, div3年）
	ケンドラ	11	18	
	ケティ	7	14	
チェン／シジンスキー CHEN/CZINSKY 3年 p.6	コニー・チェン	31	34	ラリー（m5年, 6年前に死去）
	コディー	8	11	
	バート・シジンスキー	39	42	ローナ（m16年, 1年前に死去）
	ブランドン	13	16	
	ボビー	8	11	
ダンフォース／エメリー DANFORTH/EMERY 12年 p.6	サンディ・ダンフォース	33	45	デニス（m7年, div3年）
	サビナ	9	21	
	エリック・エメリー	33	45	ボニー（m8年, div4年）
	エリサ	12	24	
	ルーク		10	
ジアニ／ハガティー GIANNI/HAGGARTY 4年 p.53	アンジー・ジアニ	37	41	マイク（m14年, div4年）
	アンナ	10	14	
	アンディー	9	13	
	フィビー・ハガティー	41	45	バーブ（12年同居, 4年別居）
	フィリップ	11	15	
ヘラー HELLER 6年 p.70	ノーマン・ヘラー	39	45	レイチェル（m15年, div1年）
	ノア	12	18	
	ニコル	10	16	
	ネッド	6	12	
	モナ・ホフマン	42	48	フレッド（m8年, div7年）
	モリー	14	20	
	マディー	10	16	
ジェイキンズ／キング JENKINS/KING 14カ月 p.7	ジョディ・ジェイキンズ	28	29	婚外子
	ジェンナ	9	10	
	デュエイン・キング	29	30	

クレイマー KRAMER 3年 p.110	ハンク・クレイマー ヘザー ビビアン・クンツ ビッキー ビンス ホリー	36 15 26 3 2	39 18 29 6 5 2	シェリル（m18年, div2年） 前夫（m2年, div2年）
ラーソン LARSON 5年 p.170	トム・ラーソン トリシャ 娘 息子 グロリア・ラーソン	43 18 17 15 32	48 23 22 20 37	ティナ（m17年, div1年） エドナ（m2年, div6年）
メンドーザ／ヌネズ MENDOZA/NUNEZ 2年 p.213	テリサ・メンドーザ トニー マルコ・ヌネズ ティミー	28 9 27	30 11 29 4カ月	アンジェロ（m8年, 別居3年）
オズグッド／パパス OSGOOD/PAPAS 2年 p.218	ワレン・オズグッド ウェイン 息子 息子 オリビア・パパス 娘 息子	72 45 43 42 64 37 35	74 47 45 44 66 39 37	前妻（m42年, 5年前死去） 前夫（m28年, 12年前死去）
パウル POWELL 3年 p.9	レン・パウル リンジー ランス ドリス・クイン 双子の娘	56 31 28 38 8	59 34 31 41 11	ジョーン（m34年, 離婚後8カ月） 前夫（m5年, div6年）
ルソー／スタントン ROUSSEAU/STANTON 23年 p.243	アイリス・ルソー イザベル スペンサー・スタントン	42 18 43	65 41 66	前夫（m10年, div8年） 前妻（m10年, div8年）
タッカー／ウルフ TUCKER/WOLFE 15年 p.9	ディック・タッカー デニース フランク・ウルフ フェリシア	38 12 37 10	53 27 52 25	前妻（m7年, div6年） 前妻（m8年, div3年）

ジェノグラム

○ 女性　　○─□ 結婚しているカップル

□ 男性　　○--□ 結婚していないカップル

⊗ 死亡　　○─/─□ 離婚したカップル

関係性

- - - - -　礼節はあるが親密ではない

────　友好的

════　親密

≡≡≡　非常に親密

∿∿▶　怒り／攻撃

▓▓▓　中間領域

省略記号

m　　　married（結婚）

div　　divorced（離婚）

d　　　died（死亡）

coh　　cohabiting（同居／同棲）

L.A.T.　Living Apart Together（カップルだが基本的にはそれぞれの家で気がねなく暮らす）

図表一覧

図

- 1-1 アボット／アンダーソン家族の2年目（7年間の経過）················3
- 1-2 チェン／シジンスキー家族，結婚8カ月（3年間の経過）············6
- 1-3 ダンフォース／エメリー家族，12年目································6
- 1-4 ジェイキンズ／キング家族，6カ月目（1年間の経過）···············7
- 1-5 パウル家族，18カ月目（3年間の経過）································9
- 1-6 タッカー／ウルフ家族，15年目··9
- 2-1 生理的覚醒レベル··20
- 2-2 1年目の初婚カップル··24
- 2-3 初婚カップル——最初の子ども···25
- 2-4 5年後の初婚カップル——二人目の子ども····························25
- 2-5 結婚7年後の初婚カップル··26
- 2-6 2つのシングル・ペアレント家族（「2つの核家族」）···············28
- 2-7 新しいステップファミリー···29
- 2-8 複雑ステップファミリー··31
- 3-1 同居1年目のおわりの頃のジアニ／ハガティー家族（4年目の経過）···53
- 4-1 ヘラー家族の6年目···70
- 5-1 ペアレンティング・スタイル··100
- 5-2 3年目のクレイマー家族··110
- 7-1 ··155
- 7-2 5年後のラーソン家族··170
- 10-1 メンドーザ家族（2年目）··213
- 11-1 オズグッド／パパス家族（2年目）···································218
- 13-1 ルソー／スタントン家族（23年目）··································243
- 13-2 アボット／アンダーソン家族（2年目）·····························248
- 13-3 アボット／アンダーソン家族（7年目）·····························248
- 15-1 生理的覚醒レベル··268

表

- 14-1 心の裏返し··256

本書に出てくるステップファミリーにまつわる訳語について

　本書では既存の日本語にない訳語が，使用されている。「ステップファミリー」自体を日本語にするのも困難であり，それに付随した家族メンバーの呼称も独特なものとなる。すべてカタカナ表記にすると，かえってわかりにくくなるので以下のように訳出し，家族員の立場をわかりやすくしようと努めた。

stepfamily：ステップファミリー
stepcouple：ステップカップル
first-time family：初婚家族
blended family：混合家族
parent(s)：実親（じつしん）
　（注：アメリカでは養子の子どもを育てる夫婦が多く，その夫婦が後に離婚，そして再婚をした場合には，育ててきた養親をParent(s)と呼び，再婚後の相手をStepparent(s)と呼ぶ。そのため，実親という訳語を当てているが，必ずしも血縁関係がある関係とは限らない。）
stepparent(s)：継親（けいしん）
stepchild(-ren)：継子（けいし）
stepmother(s)：継母（けいぼ）
stepfather(s)：継父（けいふ）
stepdaughter：継娘（けいむすめ）
stepsisters：継姉妹（けいしまい）
stepson：継息子（けいむすこ）
stepbrothers：継兄弟（けいきょうだい）
stepsibling(s)：継きょうだい（注：子どもの性別を問わない言い方）
parent-child relationship：実親子関係
stepparent-stepchild relationship：継親子関係
ex-spouse：元配偶者
（以上の訳語の一部については，野沢慎司先生の指導を仰いだ。）

その他の訳語について
stepfamily architecture：ステップファミリー（の）建築
　（注：著者があえてarchitectureという用語を用いた背景には，カップルがそれぞれにすでに家族を持ち（そうでない独身や元パートナーが不明の場合もある），そして2つの家族が合わさって生活することを表現するのに，それぞれのカップルの建造物を持ち寄り，それを元にあらためて（もしくはあらたに）カップルとしての建築物を建てるというニュアンスを持たせようとしている。初婚家族やカップルのように何もないところから新しい家族を築くとは違うのである。したがって，「建築」のままにした。メタファーとしての訳語と理解してほしい。）

謝　　辞

　もう二度と本を書かないと一度は誓ったが，私が前作の「ステップファミリーになること（Becoming a Stepfamily）」を書いてからの30年で，私が学んだことを広めたいという思いから，そして家族について一般的に知られていることと現実との大きなギャップを埋めたいという理由でこの本を出版することになった。執筆するという行為は孤独な作業で，私の大切な家族や同僚，そして友人の助けがなければ，完成しなかったであろう。

　始めにそして最大の感謝を，優しく愛する夫のSteve Goldbergに贈りたい。締め切りを延ばしてきた3年間，一緒にいながらも何もできなかった妻であったのに，彼は全身全霊で私を勇気づけ，食事の準備，そして何度も私を抱きしめ，私がとんでもない時間にベッドに潜り込んでも嫌がらずに受け入れてくれた。また彼は，家族のジェノグラムを描くという素晴らしい才能を私のために使ってくれた。

　美しく心の深い私の娘のDinaは，私と最初から一緒であった。勇敢で，創造的で，忍耐強く，そして大きな心を持つこの若い女性の母親であることをありがたく思う。私の継子であるBeckyとJaimi，Adam，そして彼らのパートナーのDave，AllyそしてAngieは私を受け入れ，私が愛することを許してくれた。彼らは，この期間いつでも私とSteveに対して優しく，そしてサポートをしてくれた。最初の結婚の継子たちであるPamelaとPhyllisは私がこの道を進むきっかけであり，私の心に今も刻まれている。さらに，「義理の元妻たち」であるErica，PamとClaudiaは，本当に好意的で快く協力し合えたので，私たちは健康的で思いやりのあるステップファミリーを築くことができた。

　そして特別な感謝を，私の心の姉であり，継母仲間でもあり，40年間も親友であるBeverly Reifmanに贈りたい。私たちは毎週，昼食をとりながら，よく笑いながら互いの秘密を分かち合い，子どものことで大いに楽しんだり泣いたりしながら，デイケアのことから大人になった子どもの結婚式のことまで何でもよく話した。

　私の力強く頼もしいRoutledgeの編集者であるAnna Mooreは，何もない状

態から完成まで温かく賢く明確に，ユーモアを持って，そして途切れることなく忍耐強くこの計画を導いてくれた。Mona Fishbane, Maggie Scarf そして Lisa Ferentz は，私と執筆する仲間でいてくれた。私たちはお互いを励まし合いながら，互いの専門とする表現を借りながら，この本を執筆するまでの素晴らしい旅の中でともに笑いを共有してきた。PC Doctectives の Cliff Bodenweiser, Isaac Girard は私のパソコンを管理し，週末や深夜であってもすぐに助けにきてくれた。

多くの私の同僚や友人は，私の大量の原稿を読んで，まとまりのない状態を整理するのを助けてくれて，彼らのフィードバックは大変貴重なものであった。Paul Liebow, Fern Miller, Joan Atkinson そして Jim Seaton はすべてのページを読んで，中には何度も読んでくれた人もいる。Bev Reifman, Mark Lange, Ann Drouihet, Rina Dubin, Maggie Scarf そして Ari Lev は，骨組みや構造についての考えから，何を削いで何を残すかということを助言し，言葉の細部まですべてを見てくれた。Melanie Fleisman は彼女の優秀な編集能力で「最初で最後の草稿」をつくり，それはまさに天からの恵みであった。

Rebecca Koch は始めから書き上がるまで，優しい愛情を持って静かに見守ってくれていた。Pamela Geib, Rina Dubin, Ellen Ziskind, Suzanne Hoffman そして The Pod の女性たちが私を常に励まし，私の考えが絡まっている時にはほどいてくれて，いつか出来上がると勇気づけてくれた。Ded, Carol そして Peggy は，大切な力の源であり，この20年の母親グループで親密な関係を築いてきた。私はステップファミリーの分野で同僚の Scott Browning に深い感謝と愛情を贈りたい。

私は素晴らしい先生に恵まれてきた。私の最初の指導者であるゲシュタルトセラピストの Sonia Nevis からは，親密な関わりを築くために，言語と非言語どちらであっても，その小さな仕草をよく見て大事にするように教わった。彼女の知恵と明晰さは，私の中に常に残されている。この本にある臨床素材は，主に Dick Schwartz によって開発された内的家族システムモデルによるもので，彼は刺激的な先生でもあり，そして温かい支援者でもあった。それから内的家族システムモデルの世界の先生であり，賢く素晴らしい Toni Herbine-Blank と Barb Cargill にも感謝を述べたい。

心からの感謝を私のすべてのクライアントに贈りたい。私が執筆のために籠っ

ていた間，終わりなき「執筆週間」に耐えてくれた。それは何週にもわたったにも関わらず。そして最後に，何年もの間，自分のストーリーや彼らの弱さそして成功を私とともに共有してくれたステップファミリーのすべてのメンバーに多大な感謝を伝えたい。この本はあなたたちなしに書くことはできなかった。30年を過ぎ40年経ったが，この本は感動的な気づきを今も私に与え続けてくれる。あなたにとってもそうであることを祈っている。

第 1 部

基礎となること

Laying the Foundation

第1章

ステップファミリーのためのチャート

交じり合いなのか，混乱なのか？

　クレア・アボットとケビン・アンダーソンが「コミュニケーションをより良くしたい」ということでセラピーを求めてきた。その前の結婚でケビンには，ケンドラとケティの二人の子どもがいる。

　クレアとケビンは自分たちのことをブレンド・ファミリー（混合家族：

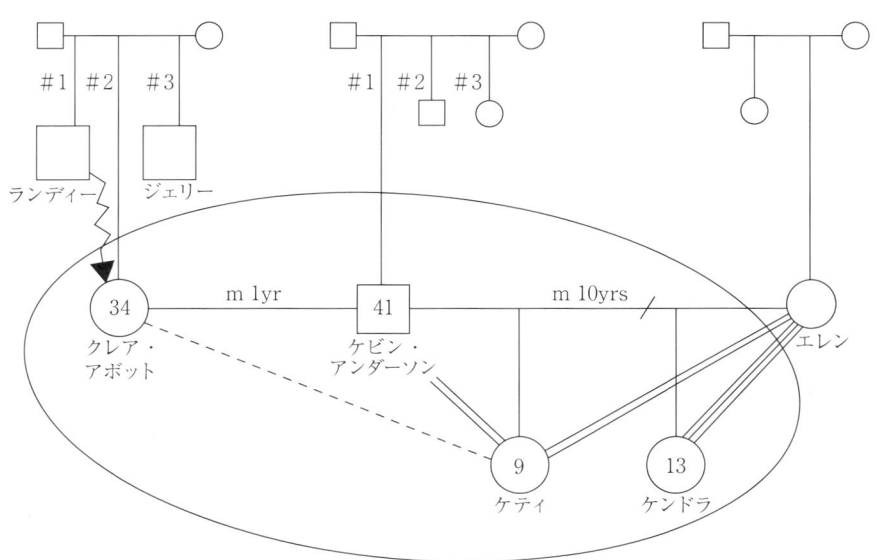

図 1-1　アボット／アンダーソン家族の 2 年目（7 年間の経過）

blended family）だという。ケビンは「私たち交じり合ってきたと思っていたんです」と言い，ため息をついて「でも，それどころか，今は私には家族が混乱しているとしか思えません」と続けた。初回面接でセラピストが聴いたのは以下のようなやりとりだった。

クレア：あなたの子どもたちがここに来てからというもの，まるで私は存在しないようなものよ。
ケビン：（ため息）またそこかよ。何度言ったら分かるんだ。頼むよ。どちらか一方を選ばせるようなことはやめてくれよ！
クレア：でもケティは自分からソファーにやって来て，私たちの間に座るじゃない！　でも，あなたはなんにもしない。
ケビン：（歯を食いしばって）君は分かってない。ハグしてほしいんだよ。子どもはそんなもんだよ。何が問題なんだ？
クレア：あなたはいつも子どもたちをかばっているわよ。
ケビン：だって二人は僕の子だよ！　どうしてほしいっていうんだ！
クレア：じゃあ私のことはどうなるの？　あなたの妻よ（声を荒げて）優先して考えてよ？
　　　　あなたは自分の子どもの方にしか目がいってないでしょ！
ケビン：（さらにイライラして）分かるか！　僕の子どもなんだよ。目がいって当たり前だろう。
クレア：でもケンドラなんて私を家具のようにしかみなしていないのよ！
ケビン：もし君が子どもによそよそしくしなければ，子どもたちも離れたりしないよ。
クレア：なんですって！　ケンドラの誕生日にと，彼女の好きなケーキを仕事から帰ってはじめのはじめから手作りで焼いたのに手も付けようとしない。ケンドラのお母さんはにんじんケーキを1日かけて焼くことさえしなかったのに。ケンドラは私にありがとうも言わない。あなただってなんにも言わない。なんにも！
ケビン：（椅子にもたれかかってセラピストの方を向いて）分かるでしょう。クレアを怒らせないで話すことなしに話し合うことなんて無理なんですよ。
クレア：（泣き始める）どうしたらいいっていうの？　夫は分かってくれないん

ですよ。ずっと分かってくれない。

　一方でケビンの 13 歳になる娘のケンドラは学校でカウンセラーに以下のように話している。

ケンドラ：継母がいることなんてイヤ。
カウンセラー：なんで？
ケンドラ：パパだってもういないみたいな感じ。
カウンセラー：どういうこと？
ケンドラ：分かんない。うまく言えないわ。クレアと一緒になってからパパは変わっちゃった。私のパパじゃないみたい。

　特にステップファミリーにとってのはじめの数年は，時にはその後の数年もそうだが，気楽にも「ブレンド・ファミリー（blended family）」と呼ばれる家族を生きることは，そこに属するすべての人々にとって重大なチャレンジなのである。これらの家族を援助しようとする専門家は，そこに問題を発見する。同じくしばしば，ステップな関係性（step dynamics）は表面的には大きな影響があるにもかかわらず，たいしたものではないとして宙ぶらりんな扱いをうけている。この本には 1 つのステップファミリーになろうとチャレンジしてあがく 13 組の家族が報告されている。以下はその一部である。

　コニー・チェンとバート・シジンスキーはそれぞれの配偶者を癌で失ったあと希望に満ちて新しい家族を始めた。コニーはシングル・マザーとして，それまでの 6 年間，一人で切り盛りしてきた。バートの妻も 5 年という癌との闘病生活の末，最近亡くなった。新しい家族をスタートして 8 カ月後，コニーはバートの思春期の息子ブランドンが「すべてをめちゃくちゃにした」と言う。その間，一方でブランドンは彼の担当カウンセラーに「僕は折れた二足でマラソンをしようと」頑張っていると伝えていた。

　エリック・エメリーとサンディ・ダンフォースは一緒になって 12 年になる。サンディは「思い出してもほんとに大変なことだった」と言い，エリックの娘の

6 第 1 部 基礎となること

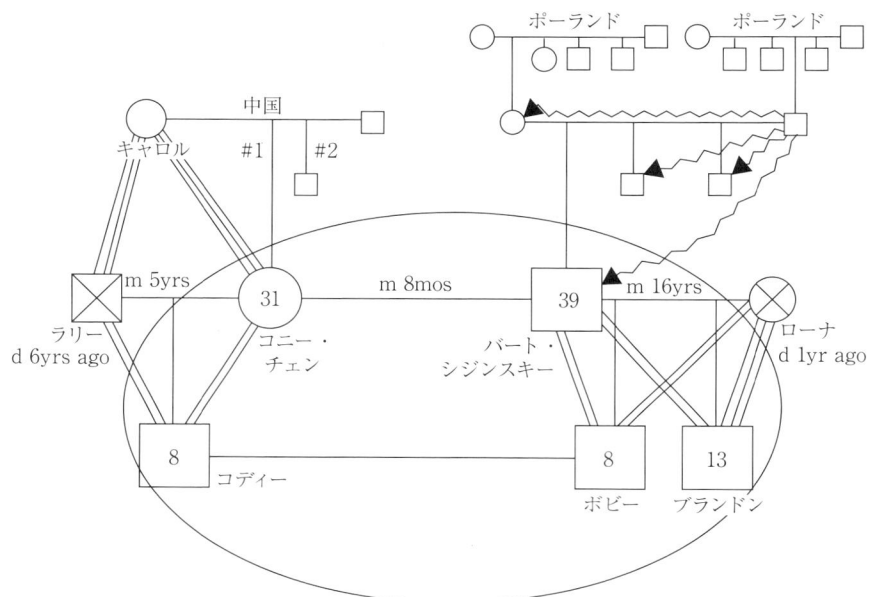

図 1-2 チェン/シジンスキー家族，結婚 8 カ月（3 年間の経過）

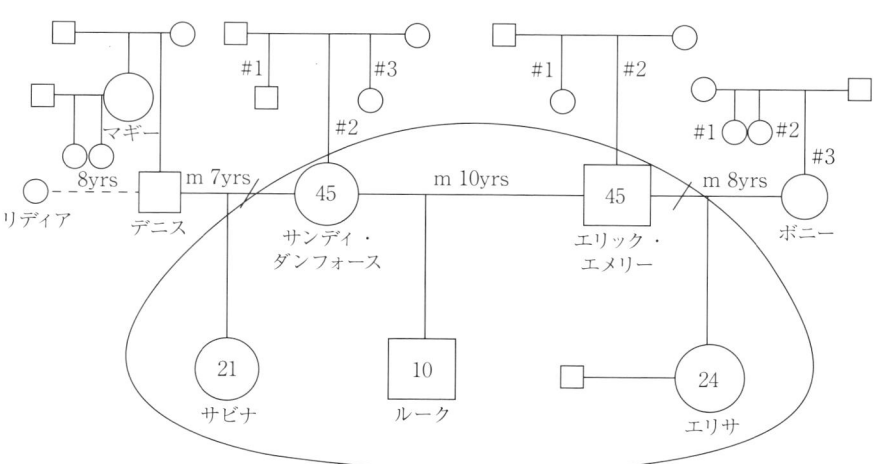

図 1-3 ダンフォース/エメリー家族，12 年目

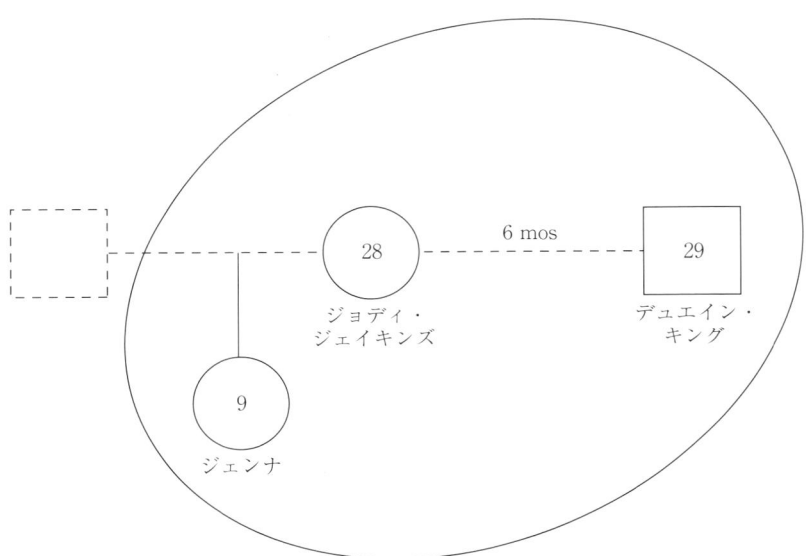

図1-4　ジェイキンズ／キング家族，6カ月目（1年間の経過）

エリサの学校のことで突如家族がバラバラになったと言う。サンディとその兄弟は公立大学を卒業してそれぞれの道を歩んでいた。エリックとその姉は自由な私立の芸術系の専門学校に両親の経済的支援で行っていた。サンディはエリックがエリサにもまったく同じように資金援助をしようとしていることにあきれ返った。

　ジョディ・ジェイキンズはデュエインと「本当にすばらしい」新しい関係をもった。しかし，ジョディの9歳になる娘は「耐え難い」存在となった。デュエインはジェンナを「くそ生意気で，やかましい，甘えん坊」だと思った。ジョディは自分の昔のカウンセラーに混乱し，動転していると電話した。

　レン・パウル，57歳は成人となった二人の子どもを連れて離婚した。何年か

の孤独な独身生活の後，ドリスという新しい恋人に出会った。ドリスとその9歳になる双子の子どもたちが同居することにわくわくした。しかし，1年半後，レンもドリスも32歳になるレンの娘がいまだに二人の関係を受けいれられないことにひどく腹を立てていた。レンは「なんとか娘が私たちの関係になじむようにしてください」と家族療法を求めてきた。

　ディック・タッカーとフランク・ウルフは「もう一度親密になりたい」と望んで結婚後15周年のすぐあとカップルセラピーを求めてきた。二人のいくつかの距離感が長年のステップファミリーに基づく痛々しいわだかまりにあることは時を待たずして分かった。

テリトリーを描く

　聞き取りができたそれぞれの家族はステップファミリーで暮らすことの強烈さと複雑さを経験している。彼らが今後ぶつかるであろうチャレンジを予測し，そのニードを知ることは，大きな援助となるはずである。

　私のステップファミリーへの関心は1979年に遡る。自分自身が継母となって数年後，私はステップファミリーにおける発達段階という博士論文を仕上げた。結局これは『Becoming a stepfamily（ステップファミリーになること）』(Papernow, 1993) として，私の初版本になった。この本の中の1970年の終わりまでの文献のビューは簡単なものだった。しかし，人目に触れることはなかった！　数十年後，私の研究生活の末，状況は大いに変わった。

　ステップの関係が初婚家族の関係とは根本的に異なるという認識は急速に高まり，援助の機運も高まった。しかしながらこの領域に邁進すべきはずの臨床家たちは15年前には口を閉ざしたままだった。Scott Browningがステップファミリーの家族療法について著すまでは，有益な実践のための最新のリソースはなかった。[1] そうこうしているうちに1990年から2000年というわずか10年のうちにそのリサーチの数は3倍へと膨れ上がった。[2] 残念なことにこの領域の仕事が発表されても，ステップファミリーの家族にもかれらを援助する立場にある人々にも読まれることはなかった。こんなふうで，ステップファミリーには固有な必要性があるという一般社会での意識が高まっているにもかかわらず，役立つ情報や明確なガイダンスは欠落したままだった。たしかにトレーニングや知識の欠如は半数

第1章 ステップファミリーのためのチャート 9

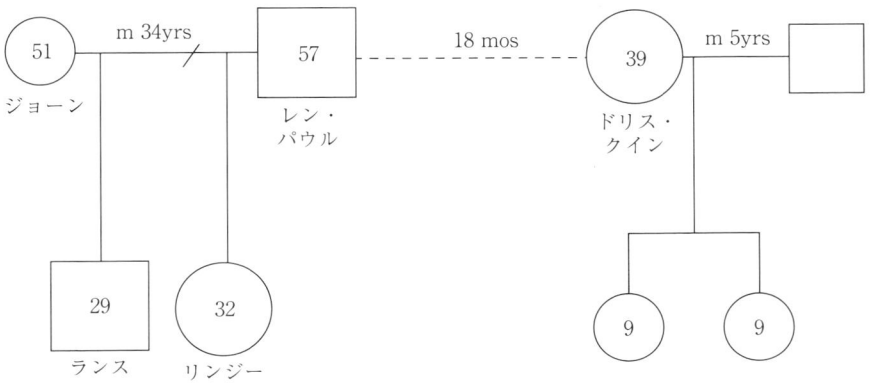

図1-5 パウル家族，18カ月目（3年間の経過）

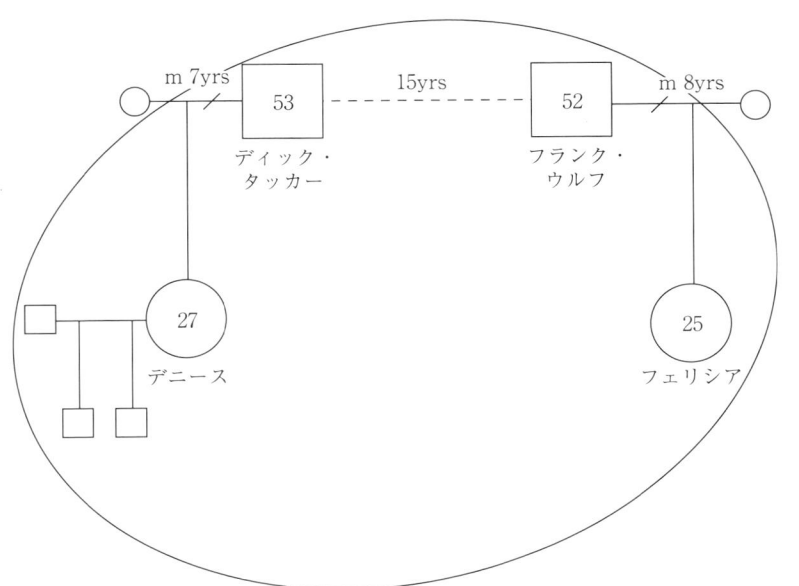

図1-6 タッカー／ウルフ家族，15年目

のステップファミリーのメンバーにとってセラピーが無効であることが指摘されていた（Pasley, Rhoden, Visher, & Visher, 1966）。心理学，夫婦家族療法，ソーシャルワーク，学校心理学，そして牧師カウンセリングの大学のプログラムのほとんどでステップファミリーのダイナミックスについての最も基本的な教育さえなされていなかった。[3] ブログやFacebookを使っている膨大な人々も，執筆業者も，多大な熱意をもってこのギャップを埋めようと踏み出したが，時にその指針はぞっとするほど間違ったものだった。

私は『Becoming a Stepfamily（ステップファミリーになること）』で示した発達的枠組みを，力強く有益だとして知ってくれた人々からの大きな喜びの声を聴き続けている。それでもなお，私がこの領域に踏み込んで30年というもの，私のこの領域への理解は深まり，そして前進した。本書（Surviving and Thriving in Stepfamily Relationship : What Works and What Doesn't）は，私のこの30年におよぶ臨床と現在のリサーチ，そして苦しみながら前進してきた私個人の歴史をまとめ上げたものである。本書ではステップファミリーで起こる5つの主要なチャレンジを示し，それに適う豊かなエビデンスに基づいた実践的な問題解決法を提供している。それらが家族生活に共有されるべき知に空いた大きな穴を埋めるものになると期待している。

また本書はセラピストばかりではなく，多くのステップファミリーにとっての指針やアドバイスを提供することをもくろんでいる。本書がステップファミリーの方たち自身だけでなく，彼らをケアーする友人，隣人，祖父母たち，姉妹，兄弟にも役に立つものになりうることも希望している。

ステップファミリーの建築（architecture）：5つの主要なチャレンジ

1. 実親はステップファミリーでは膠着した（stuck）インサイダーである。継親は膠着したアウトサイダーである。

これはステップファミリーの成人たちにとって核となるチャレンジである。新しい脆い成人のステップカップルが，まさに相互依存と親密さを持とうと期待するとき，ステップファミリーの構造は常時，継親と実親とをすでに経験してなじんだ相反する方向に割こうとする。継親は膠着したアウトサイダーとなる。実親は膠着したインサイダーとなる。両方の極にある実親と継親との感情は，不快感から極端な動揺までさまざまである。このチャレンジは初期に始まり，後々まで

残る。それはまたすべての他の者たちにも影響を及ぼす。このチャレンジに適ったステップカップルはお互いを理解し，快適になる努力をする。しかしながら恒常的な結びつきの欠如は，容易に相手の落ち度を責める引き金にもなるし，絶望的なひきこもりにもなる。

2. 子どもは喪失，忠誠葛藤，そして大きすぎる変化と奮闘する。

新しいステップカップルの関係は大人にとっては素晴らしい贈り物である。しかし，子どもにとってステップファミリーになることは喪失と変化の嵐の始まりとなる。ことがうまく進むときには，温かく，共感的で，ほどほどにしっかりした子育ては，子どものウェルビーイングとをサポートする。しかし，子どもが困難な変化をしようと世話を求める必要が生じたとき，両親はしばしば子どもの感情に気づかなかったり，子どもの行動に困惑してしまったり，どのように対応してよいのかまったく分からなくなったりする。

3. ステップファミリーの建築では子育て役割にまつわる大人の分極化が起こる。

ステップファミリーの建築では継親は容易により威圧的（authoritarian）な子育てスタイルになりがちとなり，実親はより許容的な方向になりがちとなる。どちらも子どもの要求を満たすことはない。このチャレンジに適うステップカップルとは実親の「毅然とした／権威的な（authoritative）」（愛情と確信をもった）子育てを支持することに協力的となるカップルである。実親は継親が継子のことを知ろうと集中しているあいだはしつける役割を保持し続ける。事態があまりうまくゆかない時，ステップカップルはより凝り固まった分極化のサイクルに嵌っていく。つまり継親は必死になってより強固な境界を作ろうとするし，実親の方は自分たちの子どもを守ろうと奮闘する。

4. ステップファミリーは違いという海を航海しながら新しい家族文化を創造しなくてはならない。

新しいステップファミリーは，Grape Nuts（訳注：ブランド名；小麦，大麦，糖でできたナッツ味のシリアル）がとんでもなくまずい食べ物なのか，それともそれは1つの朝食のシリアルとみなすのかといった違いから，新しいスニーカーが「適正な」値段のものなのかといったことまであらゆることでの膨大な差異に直面する。こうしたチャレンジに適うことができるステップファミリーでは，1つの「私たち（we-ness）」感覚に向けてその時々の一歩一歩を進めながら敬意と好奇心を持ってこれらの差異に取り組んでゆく。こうしたプロセスがうまくいか

ないと，「正しいのか」「間違いなのか」という消耗をともなうごたごたが関係性を侵食してしまう。いくつかのステップカップルではこのプロセスをあまりに性急に進めようとするために，子どももそれに巻き込まれストレスをこうむる。

5. **元配偶者（ex-spouse）らが，（その両親や，兄弟，姉妹でも）存命なのか，亡くなっているのかは，その家族にとって密に絡み合った事態である。**

存命の実親からの影響はあらゆることに及ぶ。それらは前の配偶者と会話したあとパートナーの気分が沈むといったことから，子どもの卒業は祝い事なのか，悪夢なのかといった問題にまで及ぶ。実親が亡くなっていたり，すさんだ生活をしている場合は，前面には現れないかもしれないが，子どもの心にぽっかり穴をあけたままにする。前の配偶者がこれにうまく対処できると，子どもは生活の中で重要なすべての人々とバランスのとれた安心できる関係性にいると感じる。もし大人がこのプロセスをうまく扱えないと，子どもは大人たちの緊張と葛藤の狭間にとらえられ，破滅的な結果をもたらす。

ステップファミリーのメンバーをこれらのチャレンジに適うように援助する：3つのレベルの枠組み

本書ではリサーチに基づいて教育的，システミック，そして個人のセラピー・アプローチを統合した3つのレベルの枠組みについて紹介している。レベルⅠでは心理教育的アプローチの適否について述べる。レベルⅡでは，それぞれのチャレンジに適うに必要とされる対人関係スキルについて焦点を当てる。レベルⅢでは，心の中の内的心理について扱う。私は，しばしばステップファミリーの方々に，自分たちがうまくできている点を明確にし，もがき苦しんでいるピンポイントを示し，次に起こる事態に対処するにはどのような計画が必要なのかを示すためにこれらの3つのレベルを紹介する。専門家にとってはこのフレームワークはアセスメントの方法を提供し介入法をしばし明確にする助けとなる。また，個人，カップル，家族との治療に適用できるし，大人にも子どもにも適用されうる。

本書全体にちりばめられてある臨床のエピソードや長めのケーススタディは，これら3つのレベルでの治療者としての私自身の経験を例示している。はじめの2つのレベルはステップファミリーをうまく導こうとする重要な立場にある人々にとっての手引きともなるであろう。たとえば，スクールカウンセラー，牧師やユダヤ教の指導者，家庭医，看護師，弁護士，裁判官，そして裁判所所属の養育

の問題にたずさわる専門家，さらにはステップファミリーに属する人々や彼らを援助する人たちにもこれらの2つのレベルは役立つだろう。

レベルⅠ　心理教育
　しばしば「内容ではなく，そのプロセスに沿いなさい」とセラピストは教えられる。たしかにプロセスは重要なものではあるが，効果的な心理教育は生活上のチャレンジに立ち向かう際の中心的な要素である。困難な領域を旅する時には，正確な地図と向かうべき正しい方向が多大な落ち着きを与え，賢明な決定を下し，ストレスとなるような誤った方向を避けることに寄与する。よちよち歩きの子どもに見合った現実的な期待を寄せることのできる親は，疲れ切った2歳の子どもがスーパーで起こす癇癪に，その子が自制できるよう期待するのとは違って，より効果的な対応ができるであろう。心理教育はより直接的な成功への指南をし，苦難をより短くする。それはステップの関係における複雑さと強烈さをやり抜く上で大変貴重なものになる。第14章ではこのレベルでの介入を効果的にするスキルが明確に述べられている。

レベルⅡ　対人関係スキル
　困難にあえぐステップファミリーよりも，うまくいっているステップファミリーではより効果的な対人スキルを用いている[4]。継親が，実親に向かって，「あんたの息子はくそガキよ。私のことなんて眼中にない」と言ったとしよう。それとは対照的に，「あなたの息子にとってこのステップファミリーはまったく初めてのことよね。彼が私と目を合わせるようにできるように二人で話し合ってみない？　そうだと助かるんだけど」と言うこともできる。対人スキルをアセスメントし形成していくことは，カップルや家族を扱っていくのと同様に，個人のステップファミリー・メンバーを扱っていく上でも重要なことである。第15章では方向付けされた段階を踏んでの教育となる対人スキルのツール・ボックスを提供する。

レベルⅢ　精神内的ダイナミックス
　「ペーパーナウの感情の打撲傷理論（Papernow's Bruise Theory of Feelings）」でこのレベルでの介入を説明できる。つまり，もし私が腕の健康な組織の部分を

ぶつけたとするとそこは傷つく。もし私が以前に傷つけた腕の場所をぶつけたとすると、その痛みは極限に達するかもしれない。私たちの持つ深い傷は、最近の出来事が長いこと閉ざされていたドアを急に開けるまで意識の外に隠されているかもしれない。感情の洪水はこのチャレンジに必要な資源を圧倒しうるものである。これらの古傷を癒すことで、前に向かって進むことが極めてしやすくなる。

　ステップという関係の激しさゆえに、個人療法家はその人との治療を精神内的なレベルから始めたがるかもしれない。しかしながら、心の痛みをその人個人に起因すると早々にみなすことは恥ずべきことで生産的ではない。このことはステップファミリーでの生活に起こるチャレンジが、誰もに苦悩を生じせしめるという事実に目を背けていることになる。それはまた、良い指針となる地図の重要性とより良い対人関係スキルによって緊張を鎮める力を見過ごしてしまうことにもなる。ステップファミリーのメンバーとの作業は通常はじめの2つのレベルから始める。そうしても、もし感情の反応性（emotional reactivity）が高いままであるなら、Dick Schwartz のいう心の中への「逆戻り（Uターン）」を用いるタイミングである（Schwartz, 1995, 2001）。この状況は、非臨床家であるなら他の専門家への照会をするサインとなる。第16章ではこのレベルに段階を追って移行するスキルに焦点を当てる。

本書に出てくる家族

　本書ではステップファミリーになるためのチャレンジをしている13の家族が出てくる。すでにお分かりかと思うが、どの1つのステップファミリーにおける諸事実をそのまま記憶しておくことは、どんなに賢明な人々にとってもやっかいなことになるだろう。そこで簡単に参照できるように、本書のはじめにある（xiiからxiiiページ）家族のチャートでは、それぞれの家族をアルファベット順に並べ、そのいくつかの基礎情報が提供されている。またこのチャートでは初出の家族のジェノグラムのページがふられている。すべての家族が本書の後ろにあるインデックスにも載っており、それをもとに本書のどこに該当家族が出ているかを見つけることができる。

　ステップファミリーは雪の結晶のようなものだ。なにがしかの共通点もあるが、それぞれ独特の性質を帯びている。2, 3の特別のありようが、容易にそのアイデンティティを表現している。いくつかの要素が変化したとしても、多くの家族

で同じ家族なのだとみなすことができる。匿名性とプライバシー保護のために，すべてのケースは，よくあるパターンを示している複数の家族の特徴を織り交ぜて1つのケースとしている。保護のために，私のクライアントとその面接内容そのままでないにしても，実際的であることと，できるだけ元々の臨床素材に留まれるよう試みた。

ステップファミリーはどこにでもある

　アメリカの女性の40％が，実親もしくは継親としてステップファミリーに暮らしている。18歳以下のアメリカの子どもの3分の1がステップファミリーで暮らしている（Bumpass, et al., 1995）。同居している成人の4分の1は前の関係で生まれた子どもを伴っている（Bumpass, Sweet & Cherlin, 1991）。単純に考えても，もっと多くのステップファミリーが存在する（Ganong & Coleman, 2004 ; Teachman & Tednow, 2008）。これらには，ジョディ・ジェイキンズのように訪問してくる成人のパートナーのいるシングル・ペアレントや，ディック・タッカーとフランク・ウルフのようなゲイとレズビアンのステップファミリーもあるし，レン・パウルとその成人している子どもたちのように後年になって再度カップルになっているものまである。統計学者であるPaul Glickは2人に1人のアメリカ人は生涯のうちで一度はステップの関係での生活をしていると推定している（Larson, 1992からの引用）。

ウーズルと子どもじみたでたらめなブロガー

　ステップファミリーの研究者であるMarilyn ColemanとLarry Ganongは「ウーズル（woozle）」という言葉で，まるで事実のように人から人へと伝わる証拠もない情報のことを表現している（Ganon & Coleman, 1986）。インターネットはこのウーズルを果てしなく拡大する。また，このネットワーク空間は，私がいうところの「子どもじみたでたらめなブロガー（blogger boo boos）」になって，とんでもない情報を垂れ流す土壌になっている。たとえば，ステップファミリーに関していえば，この複雑な状況を「解決する」ためには，「まずはカップルの関係を第一に」という至極単純でだれでもがそうかと思わせる誤ったアドバイスをしたりする。これは直感的に正しいように思えるかもしれないし，初婚家族については事実かもしれないが，困難を抱えたステップファミリーについていえば

あまりにも単純なアドバイスである。

ウーズルやこうしたブロガーの情報を修正するという意味では，本書の目的には公的に認められた分野に重要なリサーチ結果を供給することがある。私の最初の著書以来蓄積されていた少ない家族に関する学識を消化して，それをより分かりやすいものに変えることで，待望の本書が出来上がった。私と共に興味を持ってくれる読者であれば，末尾の注釈にあたる部分も詳細を知ることができて満足のいくものになるだろう。

ステップファミリーにまつわる用語について

ステップファミリーの関係では用いうる言語を見つけるのに苦労する。普段使っている用語では誤解を招くし，正確性に欠く。

交じり合った家族

すでに明らかだろうが，「交じり合った」という言い方はステップファミリーを正確に言い当ててはいない。たとえこの呼び方が通常用いられていても，「交じり合った」といういい方から想像されるのは，多くのステップファミリーからは程遠い表現である。

本書では「ステップファミリー」という用語を用いている。この領域の学者や臨床家が好んで使う用語であっても，そこには幾ばくかの否定的なニュアンスが含まれる（「この会社のあの部門は全体の組織からすればステップチャイルド（訳注：「継子という蔑視の意味」）だ）。にもかかわらず，そこにはステップの関係を最善のものにするというステップ・バイ・ステップの意味合いが正確に反映されている。またそこには初期の継親子（stepparent-child）関係のステップを移行してゆくという特性も加味されている。

ステップファミリーは健全な家族である

本書のどこにも「健全な家族」という言葉が出てこないのに気づくだろう。GanongとColemanは「健全な家族」という用語は，「欠陥に匹敵する用語」だという。つまりそのことで初婚家族が「健全」でその他の家族構造が「壊れている」かのような誤解を与えるという（2004, p.38）ステップファミリーも一人親の家族も壊れているのではない。それらは単に家族の形態が異なっているにすぎ

ない。たしかに，お分かりのように，特にペアレンティングの質や大人の葛藤のレベルといった家族の**プロセス**の方が，家族の**構造**よりも，その後の家族の成り行きを左右する上ではるかに重要であることは高度なリサーチ結果が積み重ねられることによって証明されつつある。本書ではステップファミリーがそのすべての家族員を成長に導きうる環境であると断言する。

　私は「初婚家族」という用語がしっくりこないものだとしても，この用語をステップファミリーに先立つものとして用いている。もしも，以前に子どもがいないジョンが，ずっと未婚の一人親できたジェーンとパートナー関係になった場合，このステップファミリーは実際のところ二人にとっての初婚家族である。

多くのステップカップルは再婚していない

　「再婚家族」という用語は，私自身の最初の本にあるサブタイトルも含めて，長年「ステップファミリー」と互換性のある用語として使われてきた。しかしながら，未婚の同棲ステップカップルがまずは大半のステップファミリーを形成することを考慮に入れれば，「再婚家族」という用語は古いものとして破棄した方がよい。加えて，今さっき示したように，ステップカップルの結婚は，おそらくはカップルにとってどちらか一方，もしくは双方にとっての最初の結婚になるであろう。さらにわずかに半分の再婚が実際のところステップファミリーを形成する。こうした現実をすべて反映するには，再婚家族や再婚カップルという用語は，ステップファミリーとステップカップルに置き換えられていくことになる。

養子をむかえた親もまたステップファミリーを形成する

　臨床家やリサーチャーらは長らく「継親（stepparents）」に対して「血のつながった実親（biological parents）」という使い方をしてきた。この用語では，同じくステップファミリーを形成する養子を伴った親が含まれなくなる。本書では「継親」とは区別するものとして「実親」という用語に広い意味をもたせる。

ステップファミリーになることはプロセスであって出来事（イベント）ではない

　ステップファミリーが成長してゆくには，困難にあえいでいる家族と同じようなチャレンジにでくわす。もっとも成功裏にいったとしてもステップファミリー

を築くのには時間を要する。安定し始めるのに**最速**で2年，完全に安定するのに4年かかるといわれている（詳細は第4部）。これから読み進んでゆく章の中では，直感的に一緒になっていける方法を見出す多くの家族があったり，よりもがきながら前進する家族も見られるだろう。ほんのちょっとのガイダンスで幾ばくかの前進に導かれることもある。彼らは，チャレンジへとステップアップすることで昔の子ども時代に戻ってまでもその心の傷を癒せるだけの勇気ある行程を経ることができる。

　ステップファミリーは私たちの隣人，いとこ，姉妹，兄弟，孫たち，そして同僚である。彼らの日々向き合っているチャレンジは，治療者の面接室ばかりではなく，学校，教会，シナゴーグ，法廷，診察室，デイ・センターやシニア向けのセンターといったところでもなされている。わずかの専門家しか専門的なガイダンスやサポートを提供できないでいるという明確な数字がある。何が役立ち，何が役に立たないのかという最新の情報が私たちの生活に統合的に広く組み込まれる必要がある。ステップファミリーのダイナミックスをしっかりと理解することが，日々援助活動を行っている専門家の訓練の基本の一部になるべきである。本書『ステップファミリーをいかに生き，育むか――うまくいくこと，いかないこと――』はこうした要請に応えようと書かれたものである。

第 2 章

ステップファミリーは
どこが違うのだろうか？

　ステップファミリーでは，初婚家族の時よりも，とても異なった土台の上にそれぞれの関係性を築かなくてはならない。視覚的な生理的覚醒モデルが，ここで生じるチャレンジを示してくれる。結びつくための相互に影響し合う 2 つの力，愛着，そして「中間領域（middle ground）」という諸概念が，初婚家族とステップファミリーの違いについての理解の助けになる。

生理的覚醒レベル
　　　　　ものごとはできるだけシンプルであるべきなのだが，シンプルすぎるのはよくない。
　　　　　　　　　　　　　　　　　　　　　　　　　　　（アルバート・アインシュタイン）

　図 2-1 に示されたシンプルだが大変に有用な視覚的な助けとなる図は，Pat Ogden の研究からの引用である（Ogden, Minton, & Pain, 2006）。ここでは生理的覚醒あるいは感情的な温度を 3 つのレベルに区別している。"ゴールドリックの 3 つのお粥"（訳注：「ゴールドリックと 3 匹のクマ」という英国の古い童話の中に出てくる有名な話）のように，過剰覚醒（hyperarousal）は親密な関係や賢明な決定をするには，事態を「あまりにも熱くしすぎる」。過少覚醒（hypoarousal）は，必要で十分な関係性の形成には「あまりにも冷たすぎる」。適正な覚醒が，「ちょうどいい」のである。
　過剰覚醒とは非常に高いエネルギーのことをいっている。それらは怒り，過剰な興奮などである。過剰覚醒では，学習したり，聴き入ったり，コミュニケーションしたり，効果的に問題を解決しようとする際に，使うエネルギーと強烈さを**あまりにも出しすぎる**。実際，心拍数があるレベルに達すると，脳の思考と調整を

```
┌─────────────────────┐
│      過剰覚醒        │
├─────────────────────┤
│  ⇕   適正な覚醒の窓  ⇕  │
├─────────────────────┤
│      過少覚醒        │
└─────────────────────┘
```

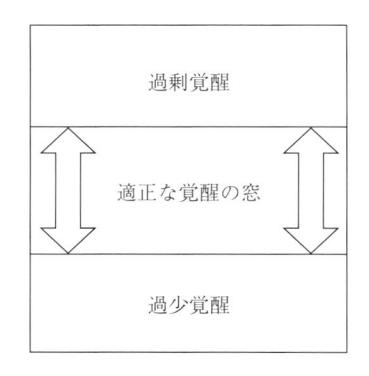

図 2-1　生理的覚醒レベル（Pat Ogden の許可を得て使用）

行う部分は機能しなくなる。

　過少覚醒とは非常に低いエネルギーのことをいっている。それらはひきこもり，無感情，抑うつ，ぼんやりしていること，無反応などである。過少覚醒では他者と十分に関わるためのエネルギー，注意力，存在感につかうエネルギーが**十分ではない**。

　われわれが最も賢明に心を使えるのは**適正な覚醒**状態の時である。最も親密であることができ，最善の問題解決を行い，最も愛情を示し，創造的で，賢明でいられるのは，この適正な覚醒の時である。長期にわたり夫婦間の満足度をリサーチした John Gottman は，自己調整とお互いを落ち着かせる能力が対人関係スキルの**カギとなる**と述べ，適正な覚醒を維持し，その状態に戻れる能力の重要性に信頼を寄せている（2011）。これとは対照的に，極端な過剰覚醒と過少覚醒にある時は，認知野は極度に狭まり，攻撃，動揺，凍結，無感情，あるいはしがみつきといった状況に自動的に投げ出される。

　プレビュー：適正な覚醒はステップファミリーを建築するためのチャレンジにとって重要なものである。しかしながらステップファミリーは構造からして過剰覚醒か過少覚醒かのどちらかに引っ張られやすい。心理教育，対人関係スキルの形成，精神内的な癒しといった第1章で述べた3つのレベルの介入が，ステップファミリーを健全に成長させてゆく上で本質的に重要なこの適正な覚醒を，維持し，樹立し，回復させる3つの道筋となる。

愛着と中間領域：結びつきと適正な覚醒のための2つの力
愛　　着

　愛着は人間と人間とを結びつける発生学的に組み込まれた神経生理的な力である。親は子どもが「愛されていると感じられる」ように反応することで安定した愛着を形成する。この親と子の間での「分かっている」という共鳴する感覚は，子の脳の調整を司る部分と動転した感情を抱え込む部分との間での神経結合を実際に成長させる。この発展しつつある対人関係の神経生物学は，安定した親子の愛着が，子どもの有するそもそもの神経生物学的な調整力であるとした。安定した愛着を持てる子どもは，より容易に自分自身を落ち着かせることができる。この子たちは共感，レジリアンス，注意力，自信，自立心，そしてあらかじめ備わったソーシャル・スキル（prosocial skills）の測定スコアーが高い[1]。

　安定した愛着は生涯を通じて，強力な調整と自分を落ち着かせる力を持ち続けることができる。安定した愛着を持っている成人は，動転したり，混乱したり，悲嘆したり，失望したり，傷つく関係にあっても，それらをかわして，お互いを落ち着かせることができる。成人はお互いを認め，相手が自分を知り，理解されていると感じられるようにこの調整力を発揮する。リサーチャーは成人のカップルにおける愛着の形成や損傷を生じさせる多くの瞬間瞬間の動きを同定している。これらの動きは夫婦の満足度の高さとその後の長い結婚生活への予測をするのに重要なものである[2]。Diana Fosha（2000），Sue Johnson（2004, 2008），そしてRichard Schwartz（1995, 2001）といった臨床家は，このパワフルな癒しの力を彼らの治療に利用している。

中間領域

　中間領域は，何事かを一緒に行う時の確立されたパターン，習慣，そしてリズムによって生じる結びつくためのより行動レベルでのもう一つの在り方について表している（Nevis & Warner, 1983）。私はさらにこの中間領域が3つの異なった方法で成り立っていることでその理解の助けになることが分かった。すなわち，いくつかの中間領域は同じ興味，価値観の共有，相性の良い対人関係スタイルを通して，関係性ができてくるといったものである。多くの場合には，この中間領域はゆっくりと時間をかけて生じるものであり，しばらく繰り返される行動パターンだが，しばしば意識にはのぼってこない。もう一つの中間領域はお互いの

差異を積極的に話し合うことで出来上がってくるものである（Papernow, 1987）。

中間領域が広がってくると，一緒に活動できるようになる気楽な行動の方針ができあがる。その結果，話し合いがほとんど必要なくなる。非常に密な（thick）中間領域は次第にうんざりするものとなり，窮屈なものとなりうる。しかしながら，たとえそうであっても，その慣れ親しんだリズムとルーチンの中の快適さもある。

関係性における緩い（thin）中間領域は，目新しいことに出会うことによる興奮をもたらす。緩い中間領域は，同時に，話し合いや，折衝，試行を要するような前進を阻むような相違が常時あることで，不安を惹起するかもしれない。たとえば，一人がスパイシーなものが好きで，もう一人がマイルドなものが好みの時には，どのように一緒に調理するかは，より我慢と辛抱とスキルとが必要となる。

初婚家族とステップファミリーにあたえる愛着と中間領域の影響

安全な愛着と程よく密な中間領域は，適正な覚醒をサポートする。安全な愛着が得られないと，密な中間領域は一緒に活動するのを維持しようと「私たちはどうしたらいいのか」という感覚を共有することになる。反対に中間領域が緩い場合は，安全な愛着は困難な時間を共にやり抜くための十分に適正な覚醒を呼び起こす。

第1章のクレア・アボットとケビン・アンダーソンの対話では，カップルの最初のやりとりで適正な覚醒はすっかり吹っ飛んでしまいコントロールを失っている。愛着は壊れ（クレアは離れていき，ケビンは入っていけない），共有すべき中間領域は失われる（クレアはケティの行動が間違っていると感じ，ケビンはそれをただの子どもの行動だと感じている）といったケビンとクレアのステップファミリーの構造に生じたこれらの事態は，すぐさま二人を過剰覚醒にする引き金になる。やりとりの中でますます二人はお互い離れてしまったと感じ，最終的にケビンは耐えきれず過少覚醒に転じ，ケビンは涙にくれて失意にいたるほどのレベルにまで双方の感情はヒートアップしてしまっている。

初婚家族においては，愛着や中間領域は家族を結びつけ，適正な覚醒を維持するのを助ける安心感（力）と調節力として作用する。ステップファミリーでは，これらの2つの力は実親と子を近づけるが，そのことでステップの関係では，不快感と断絶を生む。では，愛着と中間領域という相互に絡み合う力が，どのよう

に初婚家族とステップファミリーとであらわになっていくかをさらに詳しくみていってみよう。

初婚家族
　初婚カップルにおける愛着と中間領域
　　ケビンと最初の妻であるエレンのような初婚カップルでは，子どももいない二人だけの愛着のワクワク感をもたらした。これは「ハネムーン」と呼ばれる。ものごとが十分にうまくいっている時は，初婚カップルでは，お互いが傷つくことを避けることで信頼感を築く時間を過ごしたり，感情の亀裂を修復するようないくつかの方法を確立する。ケビンはエレンに厳しい。エレンはそれに傷つく。ケビンは彼女の「過敏さ」を責めたてる。翌日，夕食を二人で作ることで，二人は以前のありかたにもどる方法をみつける。これらのプロセスを長らく繰り返すことで，二人の愛着は深まり，より安全感が増す。

　　最初のカップルでは，子どももおらず時間が取れ，いくつかの共有する中間領域を作り出すことができる。最初のデートで，二人は二人ともが60年代の音楽が好きだということが分かった。交際期間中，二人はお互い気に入っている歌を歌う。たぶん二人で好きなビートルズを歌う。エレンはケビンにアウトドアの活動を教え，二人はハイキングやキャンプを始める。ケビンはエレンに中華料理を紹介し，遅くまでやっている美味しい中華料理店を偶然発見。このちっぽけな店は，「二人の」夜のお出かけのスポットになる。

　　ケビンとエレンのような初婚カップルでは，子どもが誕生する前であれば，それぞれの違いについて馴染めるし，その違いのいくつかを解決することさえできる。ケビンはエレンが，歯磨きチューブのキャップをほうっておいてそのままにすることに気付く。その上，彼女はチューブをねじるのだ！　二人ともが，お互いの皿洗い機の皿の置き方が気に入らない。こうした問題は，その数カ月後に，どちらかがキャップなしのポンプ式の練り歯磨き（訳注：日本製も少ないが販売されている）の存在に気付くまでは，イライラやキツイ言葉の原因になる。二人の間の気楽な中間領域の一部として「私たち」が練り歯磨きチューブをどのように扱うかという方法は，日曜日の朝をどのように過ごすか，どんな食べものが好きか，どんなことをして遊ぶか，音をたてるか（たてないか）などなど，日常の何千とある他の細かなことでも同じである。私たちが皿洗い機の問題をどのよう

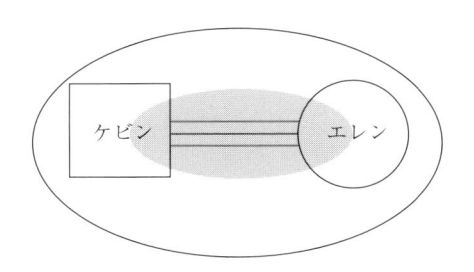

図2-2　1年目の初婚カップル

に背負っていくかは，未解決のままだが，時間をかければ，これもまたケビンとエレンの共有する中間領域となり，気楽さをもって適正な覚醒のうちに扱われるようになるかもしれない。

　もしも事態が十分にうまくいけば，安全な愛着と中間領域がだんだんと密になるという相互に絡み合う作用が，初婚カップルを適正な覚醒へ導くいくつかの明確な道筋をいだきながら次の親の時期（parenthood）へと乗り出すことを可能にするだろう。

初婚家族の中の子どもたち

　図2-3のように，ケビンとエレンの最初の子どもであるケンドラが，この感情的にも行動面でも結びつきのある成長しつつある巣に生まれる。

　もちろん，子どもは夫婦の結びつきを邪魔することはよく知られていることである。それでも，共有された中間領域と安全な愛着の蓄積は休息と安楽へ逃避できる場を提供することができる。さらに，子どもは，通常，初婚家族という両親との強固に愛着があるところに生まれる。しばしば，子どもへの大人が分かち合う愛着は，ペアレンティングのストレスのただ中にある感情的な熱気をリセット可能にするような喜びを分かち合う可能性のある資源をもたらす。

　新しい赤ん坊の誕生は，サポーティブだった古い中間領域を破棄し，新しく共有された中間領域の発展を強く求めることになる。慢性的な寝不足になるので，今までのように深夜にいつもの中華料理店に行くことはもはや不可能で，望ましいものでもなくなる。しかし，ケビンは早い時間に家族で行ける地元の中華料理店を見つける。ケビンとエレンは金曜日の仕事の後には，ケンドラを車のチャイ

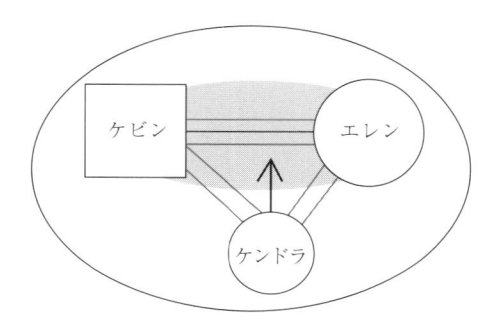

図 2-3　初婚カップル──最初の子ども

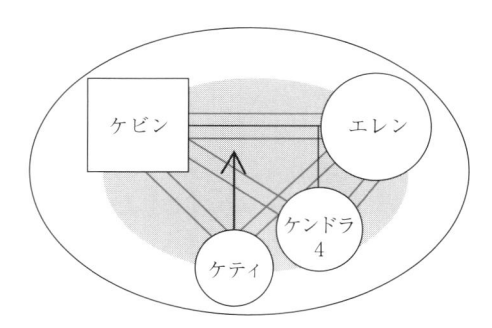

図 2-4　5 年後の初婚カップル──二人目の子ども

ルド・シートに座らせて，それをテーブルの上に乗せて中華料理を食べ始める。ケンドラは話すのを覚えさせるのにビートルズの"I Want to Hold Your Hand"に出てくる歌詞を口ずさむ。この若い家族は，これからの長い道のりを乗り切るために歌を歌い始める。ケンドラは，もちろんポンプ式の練り歯磨きを使う。でも，ケビンとエレンはまだ皿洗い機の使い方についてはお互い意にそぐわない。

　図 2-4 では，ケビンとエレンのすでに出来上がった関係と日常的に共有している習慣に 2 番目の子どもであるケティが登場する。

　ケンドラよりも活発なケティであることで，ケティは夜中寝付かない。ケビンとエレンは，夜中の 2 時まで泣き叫ぶ赤ん坊を，「私たち」が扱うにはどうしたらいいかについて今や協議せざるをえなくなる。しかし，家族としては，金曜日

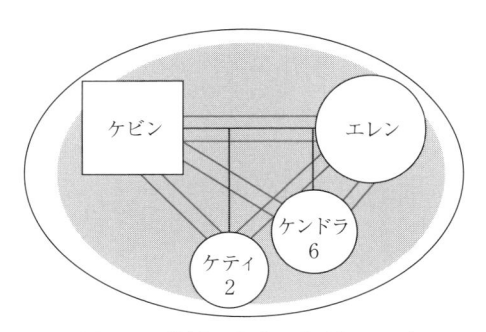

図2-5　結婚7年後の初婚カップル

の家族の時間の「私たちの」しけた中華料理店での快適な集まりを楽しもうとする。今度はケティがテーブルの上のチャイルド・シートに収まっている。ケンドラはチャイルド・シートを卒業して，自分用の子ども椅子にすわる。ケンドラとケティとで「私たちの」歌の歌詞を覚える。いくつかの歌は夜の子守歌になった。娘たちはドライブの時に歌い，屋外のバケーションでも歌って大きくなっていく。ケンドラは，はじめての湖畔のキャンプ場を経験し，そこが家族の夏休みの場所にもなった。そして，もちろんみんなが使うのはポンプ式の練り歯磨きである。

初婚家族が出来上がる

　図2-5は7年後の初婚家族で二人の子どもがいることを示している。もしことがうまくいっていれば，安全な愛着の感覚は家族全体に広がっている。家族の中間領域は，習慣，価値，行動のペースの豊かに織り込まれたタペストリーのようになる。これらの相互理解はケビンとエレンとで築き上げた関係にある共有された興味や好みを土台に出来上がっている。その多くは，ほとんど無意識的で，議論したり，意識されない長い繰り返しの凝集された強固な持続性に根差している。ポンプ式の練り歯磨きによる解決のようないくつかのものは，成功裏に不同意の解決を着実に進めていく。もちろん，感情的に傷つくものとしての相違は持続する。しかしながら，これらの困難なエピソードは家族メンバーの持続的な覚醒レベルのリセットを可能にする信頼できる愛着と共有された理解の基盤に対抗して生ずる。

カップルの分裂
　しかし，こうはうまくいかないこともあるのでは？　たとえば，ケビンとエレンでも，エレンが，傷つき，否定されていると感じ，ケビンの方は批判され，理解されないといった感情が生じ，次第次第に否定的なやり取りになったりすることもある。どのように皿洗い機を使うかをめぐってけんかがはじまり，それが数日間の戦争へと長引く。お互いの信頼感は朽ち果て，ケビンとエレンは離婚する決心をする。親の分裂は愛着の多彩な変更を起こし，子どもにとっても大人にとっても快適な中間領域という感覚を引き裂くことになる。日々の生活は，多岐にわたる思い出の喪失で満たされる。ママはまだ娘たちを中華料理店に連れて行くが，パパはそこにはおらず，その結果，今まで一緒に食べていた酢豚を注文する人はいない。パパと娘たちは，あいかわらずドライブしながらいつもの歌を歌うが，そこにママのアルトがハモることはない。エレンとケビンは家族でのその週の別々の日に湖畔のキャンプに行くので，いつも片方の親はそこにはいない。

2つのシングル・ペアレント家族
　二人の間での問題にもかかわらず，ケビンとエレンは彼らの離婚についてはうまくマネージする。二人はそこでの葛藤を最小限に維持する。二人はそれぞれに，この変化を通じて，ケンドラとケティを助けるために十分なペアレンティングと落ち着いた愛着とを供給する。二人は眠る前の儀式，宿題のこなし方，馴染んだ食べ物といったいくつかの快適な中間領域を維持する。たぶんパパは娘たちとのドライブ中もビートルズを歌い続ける。ママは娘たちと一緒のときはいつものようにハイキングに連れ出す。もちろん2つの家ではみんながポンプ式の練り歯磨きを使う。ケンドラとケティは今や Constance Ahrons（1994）のいう健康な「2つの核家族（binuclear family）」の一部となる。
　幾度となくシングル・ペアレント家族は自分たち自身の新しい中間領域をつくっていく。
　ケビンの家の金曜の夜は「抱っこの夜（snuggle night）」になる。金曜の夜にケンドラとケティが到着すると，3人はパジャマに着替えピザやポップコーンを頬張りながらお互い身を寄せ合いながら映画を見る。たぶんケビンはいつもの料理好きのケンドラにパンケーキの作り方を教える。それが子どもたちの大好きな食べものになったので，パンケーキが一晩パパと過ごす水曜日の定番の夕食になる。

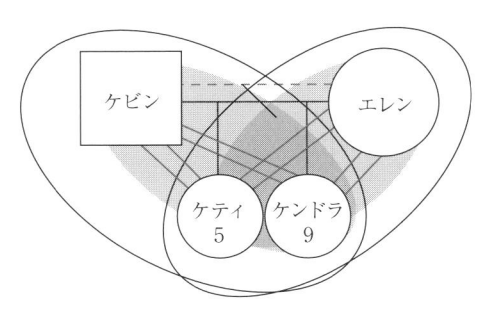

figure 2-6　2つのシングル・ペアレント家族（「2つの核家族」）

シングル・ペアレントは，骨が折れるものとなりうる。この流れの中で重要なことは，エレンもケビンもどこかしらより緩めなペアレンティングに傾き，単純にことを進めようとする。両方の家では，成人のカップルによってすでに決められていた決定（「夕食はどうあるべきか？」「どんな映画を見るべきか？」）は，今やケンドラとケティとが共有している。図2-6は，ケビン・アンダーソンの家族が，ちょうどクレア・アボットに出会う前を示している。

ステップファミリー構造：家族生活にとってのとても異なる基盤

図2-7にあるように，ケビンとクレアは，図2-2にあるようなケビンとエレンとはかなり異なった関係を持ち始める。ケビンとクレアは自分たちの新しい関係を楽しんでいる。エレンもすでに長いことケビンとは，冷たく距離を置いてきた。それに対してクレアは思いやりがあってボディータッチをしてくるような女性である。クレアからすると何年もデートをし，ついに素敵な男性に巡り合えたことでとても幸せである。

にもかかわらずケビンとクレアの結びつきは，まだ新しいタイプの種類のものだ。この二人には安全な愛着の歴史を築き，共有する中間領域を確立するにはあまりにも時間がなさすぎる。クレアは今までずっと述べてきたすべてのことにアウトサイダーとして入ってきている。ケビンとエレンとちがって，ケビンとクレアは子どもたちを同乗させた生活を始めようとしている。さらに最初の結婚での子どもたちとは違って，ステップファミリーでの子どもたちはステップカップルのどちらか一方の大人との愛着の絆を形成していて，もう一方とはそうしない。

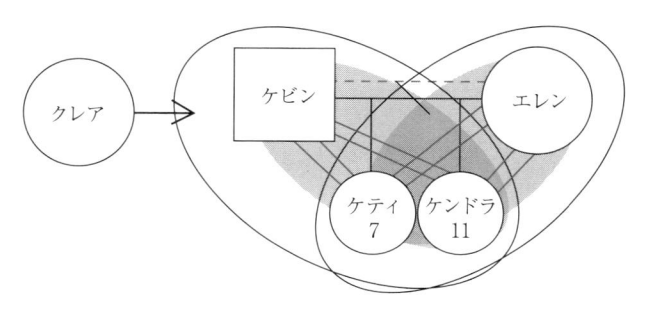

第2章 ステップファミリーはどこが違うのだろうか？ 29

図2-7 新しいステップファミリー

このような深い情緒的絆は，家の外にいるもう一人の大人である子どもたちの母親であるエレンへと延びていく。ケンドラとケティとが心地よさを求めたり，一緒に何かワクワクするようなことを楽しもうとする時は，クレアではなくケビン（もしくはエレン）に向かう。ドライブの時には「私たちは」どうするのか，休暇の時には「私たちは」何をするのか，水曜日の夕食には何を食べるのかといったことは，ケビンとその子どもたちとの間ですでによく設定されている。事実，クレアは実際に歌うことはない。クレアは60年代の音楽は好きではない。車内で歌うのは，しばらくは魅力的だが，間もなくするとイライラの種になる。クレアはたまたま健康マニアである。彼女は，水曜日の夜のパンケーキ・ディナーにぞっとする。クレアは，ケビンとエレンとが10年にわたって取り決めてきたことや，離婚した共同親（co-parents）としての更なる3年間という事実にも取り組んでいかねばならない。

　これが，私のいう「ステップファミリーの建築」である。初婚家族の時と違って，とても異なる基盤の上に関係性をつくることになる。4ページでのケビンとクレアとの緊迫したやりとりは結婚して1年目のものだが，家族内のステップの関係性では，親子の関係よりも，より緩い（thinner）中間領域を伴う，より不安定な愛着の基盤の上にあるのだ。ステップファミリー構造のこのユニークな特徴は第1章で紹介する5つのカギとなるチャレンジを呼び起こす。

ステップファミリーには多くのかたちがある

　ステップファミリーは，子ども（子どもたち）を伴った大人とこの子（たち）

の親ではないもう一人の大人がカップルになることで形成される。この基本的な定義を超えて、ステップファミリーはいろいろなかたちからなる(3)。それぞれにおいてチャレンジがある。

ステップファミリーは単純だったり、複雑だったりする

ケビン・アンダーソンとクレア・アボットのような一人の大人のみが子どもたちを連れてつくるステップファミリーを学者は「単純（simple）」ステップファミリーと呼ぶ。すでに出会っているであろう多くの家族は、双方の大人がそれぞれの子どもたちを連れてくる「複雑（complex）」ステップファミリーである。図2-8の家族のように、複雑ステップファミリーでは、双方がすでに出来上がった親子ユニット、つまりそれぞれの深い愛着のつながりと十分に確立された中間領域を持ち寄ることによる課題に直面する。

フルタイム、パートタイム、あるいはその両方のステップファミリーにいる子どもたち

ステップファミリーは子どもとフルタイムあるいはパートタイムで暮らす。おおくはその両方である。加えて、特に青年期の少年の親権は、繰り返し変更されたりする。第1章に出てくるダンフォース／エメリー家族では、サンディ・ダンフォースの娘サビナはほとんどフルタイムでその家にいる。彼女のパートナーのエリックの娘エリサは、毎週の半分は彼らとすごす。最初の1年間、ケビン・アンダーソンとクレア・アボットは、ケンドラとケティと週末と水曜日の一夜を共にしていた。その後、エレンの旅行の予定の変更に伴って、二人の娘たちは2つの家で均等に過ごし始めた。

ステップカップルは結婚している場合もあるし、そうでない場合もある

より新しいアメリカの事情だが、一般人口における同棲の割合は、90年から2000年の間の倍以上になっている（Teachman & Tedrow, 2008）。統計学者の推定では、アメリカのステップファミリーの25％、カナダのステップファミリーの50％が同棲カップルからなる（Cherlin, 2004）。アフリカ系アメリカ人とヒスパニックの女性ではさらに高い割合となる（Stewart, 2007）。

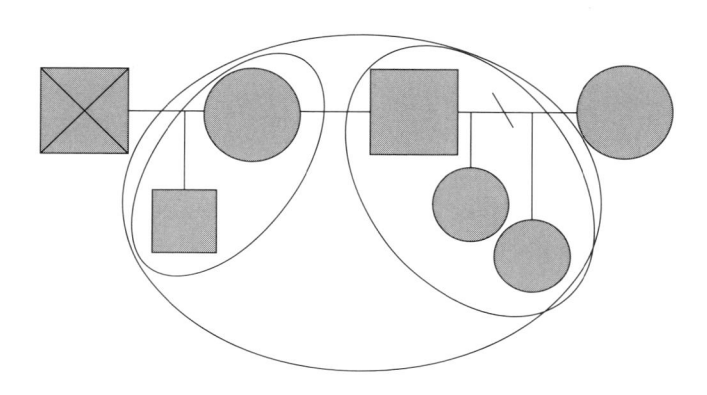

第2章　ステップファミリーはどこが違うのだろうか？　31

図 2-8　複雑ステップファミリー

ステップファミリーは離婚，死別，あるいはそのどちらでもない場合から成り立つ

　古典的なおとぎ話であるシンデレラや白雪姫に見られるように，古典英語の接頭語として使用された"steop（stepの古語）"は未亡人の親の再婚に由来する家族関係を表すのに使われた。
　第1章でみたように，コニー・チェンとバート・シジンスキーの二人は両方とも未亡人で，双方おなじ基盤の家族建築に直面していた。おわかりのように彼らのいくつかのチャレンジは，バートの妻のローナの最近の死去によって実際のところ大きなものになった。多くのステップファミリーでは，今や，離婚や増加する同棲カップルの破局が先行している（Teachman & Tedrow, 2008）。

ステップのダイナミックスはカップルが交際し始めた時点で始まる

　ステップファミリー構造は非常に早く起こりうる。第1章にあるジョディ・ジェイキンズはデュエインとたった数ヵ月の交際だった。しかし，ジョディの娘のジェンナは，喪失と忠誠葛藤とに苦闘しており，カップルもすでにペアレンティングの問題で分極化し始めていた。

ステップファミリーは再婚ではなく初婚だったりする

　ジョディは婚外子のある結婚していない親である。もしもジョディとデュエイ

ンが結婚すれば，二人にとっては最初の結婚となる。

カップルには自分たちの子どもがいることもあればいないこともある

本書のいくつかのステップカップルには彼らの新しい関係の間に子どもがいる。他のケースではそうでないものもある。半分のステップファミリーでは二人の間の子どもがいる（Pasley & Lee, 2010）。

ステップファミリーはゲイ・カップルあるいは異性カップルである

私が仕事をしているマサチューセッツでは，ゲイの結婚の合法化によってレズビアンやゲイのカップルの数が大幅に増え，ディック・タッカーとフランク・ウルフのようなステップカップルたちはその関係をオープンにすることがより自由になり，援助を求めてくる。本書を通して，同性のステップカップルも異性のカップルと同様な多くのチャレンジをしていることを知るであろう。第 8 章では，同性のカップルも独自の強さといくつかの付加的なバリエーションを持っていることを知るだろう。

多くのステップファミリーの始まりには 18 歳以上の子どもがいる

「ステップファミリーの関係性は子どもたちが 18 歳の誕生日を迎えても消失することはない」（Stewart, 2007, p.20）。全般的な離婚率が，横ばいもしくは減少傾向にあっても，年長の成人の離婚率は，晩年のステップファミリー家族の数が増加することに伴い，1980 年以来倍以上になった。(4) 第 11 章にあるように，晩年にステップカップルとなった場合でも，その成人の子どもたちとは，より若いステップファミリーとまったく同様な事態に直面する。

民族的背景が違いを生じさせたり，させなかったりする

白人でないステップファミリーに注目したリサーチはほとんどといってよいくらいない。しかしながら第 9 章にあるように，家族研究学者たちは長いことアフリカ系アメリカ人のステップファミリーでは家庭をまたいだペアレンティングと子どもたちにたいする責任の共有という規範があることで利益を被っていることを指摘してきた。最近の目を引くリサーチでは白人の継子青年たちよりも黒人の継子青年の方が経過が良いという結果がでている（Adler-Baeder Russell,

Lucier-Greer, Bradford, Kerpelman, Pittman, Ketring, & Smith, 2010)。第10章では，アメリカのラテン系ステップファミリーの類似点と相違点とに焦点をあてる。しかしながら他の文化圏におけるステップファミリーのチャレンジにあたえるインパクトについてのリサーチは今のところほとんど存在しない。[5]

養子関係の家族や里親の家族はステップファミリーではない

ステップファミリーと違って，養子や里子はすでに確立された大人のカップルに加わっている。初婚の家族のように，この新しい家族では，すでに愛着の絆や密な中間領域は，この大人のカップルのなかに存在している。しかし，同じように見えるものは，こうした家族では「交じり合い（blending）」や親密さといった幻想であり，養子や里子が体験してきた複数の喪失や，こうした子どもたちの示す愛着の難しさに立ち向かう苦悩が，両親としての失意として表われる。[6]

うまくいっているステップファミリーは苦闘しているステップファミリーと同じようなチャレンジに直面している

さてステップファミリーには信じられないくらいの多様性がある。これらの多様な様態に対するリサーチはまだ駆け出しの状況にある（Ganong & Coleman, 2004 ; Stewart, 2007）。私の経験では，テーマや多様性はこれらのさまざまなステップファミリーの形態を超えて異なっていても，ステップファミリーの建築とその結果生じるチャレンジは，カップルが結婚していようといまいと，子どもを連れてくるのが片方でも両方でも，あるいはもし新しく二人の子どもがいたとしても，子どもたちがフルタイムであるいはパートタイムで同居しているとしても存在する。同じく，これらのダイナミックスは，継子が18歳未満であろうと成人していようと，カップルがゲイあるいは異性であろうと，この新しい家族に至る道筋が離婚や死去，あるいは未婚での子育てのあとにきたものであっても，存在する。

これからの各章で分かることだが，データによると複雑なステップファミリーの方が，単純なものより多くのチャレンジが存在するし，とくに継子が娘の場合の継母−継子の方が，継父−継子関係よりもよりチャレンジングである（第5章）。青年は9歳以下の子どもよりも適応するのに困難であり，少女の方が少年よりも困難な時を過ごす（第4章）。たとえこれらの要因が働いていても，5つのカギ

となるステップファミリーのチャレンジは,なんらかの形で通常存在する。そして,再三いっているように,力のあるステップファミリーも苦闘しているステップファミリーと同様なチャレンジに直面する[7]。その成功を左右するのは,**どのように**ステップファミリーがそのチャレンジに出くわすかによる。

第 2 部

5つのチャレンジ

The Five Challenges

　第2部の各章は5つのチャレンジについて一つずつ焦点を当てる。すべては似通った構造になっている。各章はそれらのチャレンジについての詳細な記述から始まる。うまくいく道からそれる「陥りやすい方向性」を示し，それに関連した理解をもたらす付加的なリサーチについてみていこう。
　そして，ステップファミリーが出くわす幅広いチャレンジのポジティブで現実的な面に目を向ける。
　これらの章の後半では，チャレンジに対処するための戦略のカギとなる中黒で示したリストを集めた最善策の項目で多くを取り上げている。これらの項目は，第1章で述べられた3つのレベルに分かれている。それらは心理教育，対人関係スキル，精神内的ダイナミックスを扱うことである。はじめの2つのレベルはステップファミリーに関わる幅広い分野の人々に役立つようデザインされている。3つめのレベルは，精神内的ダイナミックスを扱うことだが，チャレンジに強い影響を与える原家族（family-of-origin）の問題に及ぶ可能性を示唆し，いつどのようにこのレベルへとシフトし，照会委託を始めるべきかの手掛かりを示す。これらの章のすべては，1つもしくは3つのレベルにまたがる私の臨床活動に関する1つか2つの長いケーススタディで終結する。
　第2部では，チャレンジに取り組んだ8つの家族について取り上げる。この本の冒頭にある（xiiページからxiiiページ）にある家族のチャートはそれぞれの家族についての基本的な情報を提供している。家族の声はこのストーリーの重要な部分を占めている。簡単に参照するために，ここで家族について知ることができるようにチャートリストはアルファベット順に並んでいる。この本の巻末にある索引はその家族が掲載されている他の場所を示している。

第3章

第1のチャレンジ

インサイダー，アウトサイダーの立場は強烈で膠着する

　クレア・アボットとケビン・アンダーソンは最初のチャレンジの台本を提供してくれている。第1章の初めのダイアログの中で，クレアはケビンに「あなたの子どもたちがここに来てからというもの，まるで私は存在していないようなものよ」と抗議している。これが，膠着したアウトサイダーの立場からの継親からの苦悩の叫びである。ケビンは「選ばせるようなことはやめてくれよ！」と返答した。これも事態をどうにも変えようにないインサイダーの実親によくある嘆願なのである。

チャレンジ

水曜日の夜に
　ケビン・アンダーソンは，週中の夜には決まって娘たちと一緒に過ごすことが恒例になっていた。ケティはクレアに対して愛想よく挨拶をする。ケンドラはクレアを通り過ぎ，ケビンの助けを借りながら，アンダーソン家ではお決まりの水曜の夕食であるパンケーキを作り始める。いつも健康的な食事に気を遣っているクレアは，そのことにぞっとするのだった。クレアはぐっとこらえて唇をかみ，自分のためにサラダを作る。
　夕食の間中，ケンドラとケティが父親とおしゃべりしている間，クレアは傍観者として静かに座っている。話題がアンダーソン家にとって特別な場所である湖のほとりでのキャンプに移る。「ねえ，覚えてる？　ピーターおじさんときたら，いつもボートをひっくり返したわよね」。ケティが「そ

れで，ヘレンおばあさんがとっても怒るのよね」と付け加える。女の子たちは笑い転げ，それにケビンも同乗して笑う。

　子どもたちが就寝した後，クレアは黙り込んでいる。ケビンはクレアに何かまずいことがあったのかと尋ねる。「私は，またひどくのけ者にされてしまったと感じただけよ」と言う。ケビンは，娘たちとの会話に熱中してしまい，（クレアの言葉に）驚き，不安になる。ケビンはどうやって返事をしたらよいかわからないので，黙ってしまう。クレアはケビンの沈黙を冷淡さの表れだと解釈し，彼らはベッドの両端に分かれて眠ることになる。

インサイダー，アウトサイダーという膠着した立場はステップカップルの中核的なチャレンジである

　ステップファミリーの構造によって，実親と継親とは経験的に反対側のポジションに追いやられる。子どもが部屋に入ってきたり，会話に割り込んでくるたびに実親はインサイダーの立場から動けなくなり，その一方で継親はアウトサイダーのポジションから離れられなくなってしまう。クレアのように，継親はたびたび疎外感を感じ，目立たず，一人ぼっちなのである。ケビンのように，インサイダーの親はしばしばこのことに驚かされる。彼らはしばしば子どもとパートナーの間で引き裂かれている。

　健全な初婚の家族においては，母親が子どもと親密で，父親がアウトサイダーである（疎外されてしまう）。しかしながら，初婚の家族では，大人の夫婦のインサイダー，アウトサイダーの立場は入れ替わる。インサイダーからアウトサイダーへの入れ替わりはどんな親にとっても苦痛なものである。ところが，アウトサイダーの初婚の親は，生まれる前からの母子の絆が安心感を与えるということを知識として知っている。さらに，翌日，もしくは1時間後には両親の立場は入れ替わるであろう——同じ子どもが母親を傍観者の立場に追いやって，父親だけを必要とするであろう。初めて親になる両親もまた親密な夫婦関係を築くための時間があり，そこでは退いたり，再編成できるのである。子育てのストレスで安全な愛着にひびが入った時でさえ，「どうやって対処するか」について知識を分かち合うことは連帯感を持つための方針をたやすく提供してくれる。

　対照的に，大人のステップカップルの関係は，すでに存在している子どもたち

を抱えてまっさらで，何も試されていないところから出発しなければならない。安全な愛着，そして価値観と快適な毎日のルーチンを分かちあう密な中間領域とは実親と実子との間にはあるが，この新しいステップの関係には存在しない。クレアのような継親には，疎外され無視されていると感じることを和らげるような「選ばれたものである」と感じられるような歴史がない。この孤立感に加えて，ステップカップルは膠着したインサイダー，アウトサイダーの立場によって，物事を同じように見ることから由来する，調整する機能をたやすく奪われてしまう。特に，「blending（交じること）」の期待からスタートした人々にとって，協力してもいつもできないことは非常に彼らを落胆させ，強い不安を喚起させる。

インサイダー，アウトサイダーの問題は早期に発生し，後まで続く

インサイダー，アウトサイダーの問題は，ステップカップルの関係においては極めて初期に起こり，他のチャレンジのすべてを縫うように渡り歩く。そして，その問題はいくらか姿が緩和されたとしても，成熟して安定したステップファミリーの中にさえしばしば現在まで残り，続いている。第12章に見られるように，何年も経過した後でさえ，結婚式や卒業式というようなライフサイクルのイベントの際に，長年眠っていたインサイダー，アウトサイダーの立場の問題が再び蘇ってくる。インサイダー／アウトサイダーのチャレンジは，しばしばセラピストたちがステップカップルや個々のステップファミリーの成人メンバーに話す必要がある最初の一つである。なぜなら，その問題はとてもたくさんのステップファミリーの生活を彩り，そのテーマが頻繁に再現されるためである。

2つの家族はイコールではない

理論上は，2つのステップファミリーのそれぞれの大人が両方の役割を担うという事実は，双方向に容易に思いやりが行き届くようになると思われがちである。しかし，そのような共感は苦痛によって簡単に打ち砕かれてしまう。さらに，たくさんの要因によりより膠着したアウトサイダーの立場にいる大人の一人とよりインサイダーの立場にいる大人に課される。子どもたちの一団が週末に家族のところへやって来るかもしれない，その一方で他の子たちはその家族とより多くの時間一緒に暮らしているのかもしれない。一つの実親子のユニットが相手の家に引っ越したとしよう。一人親の子どもたちはより親しみやすく，歓迎されやすいかも

しれない。カップルの片方は近くに住んでいる拡大家族がほとんどいないかもしれないし，一方で相手は拡大家族に囲まれているのかもしれない。古傷によってインサイダー，アウトサイダーが作られ，その立場がより喚起される。

陥りやすい方向性

家族が一緒になることを無理じいすること

「混合家族」という言葉には，インサイダー，アウトサイダーの立場を中和させるためには1つの家族として多くの時間を一緒に過ごすことが最も良い方法であるという意味が含まれている。それは，一見，とても論理的であるかのように聞こえる。実際に，物事がうまく進むとき，家族の活動は家族の健全な発達を後押ししている（Baxter, Braithwaite, & Nicholson, 1999）。しかしながら，家族全員で一緒に過ごす時，ステップファミリーの構造から生み出されるチャレンジはもっとも厳しいものとなる。性急に家族が一緒になることを推し進めると，実際にはインサイダー，アウトサイダーの駆け引きを悪化させることになる（チェン／シジンスキー家族のジェノグラムは6ページ参照）。

コニーは家族を性急にくっつけようと試みた

コニー・チェンは夫を亡くし，8歳の男の子コディーの母親である。コニーの夫は6年前に亡くなっている。バート・シジンスキーも，妻を亡くしており，同じく8歳の息子ボビー，13歳の息子ブランドンがいる。バートの初めの妻ローナはバートがコニーに出会う前に亡くなっている。

コニーはバートとの結婚の2，3カ月後に，コニーと彼女の息子たちのために新しい家族に対する夢をかなえるために，念願であった1週間の休暇を家族でディズニーワールドで過ごす計画を立てた。ところが家族全員にとって悲惨な時間を過ごすことになってしまった。ブランドンは，コニーや彼女の息子と何もしたいと思わなかった。バートは彼のすねた思春期の息子と妻の間を行ったり来たりするのに1週間を費やし，どちらをも幸福な気分にさせることはできなかったのだ。幼い方の男の子たちは不機嫌になり，つまらないことでけんかを始めた。バートとコニーはその後数週間

にわたってめったに口をきかなかった。

子どもはともかくカップルを選ぶ

インサイダー／アウトサイダーのチャレンジは，実親と継親の双方にとって，非常に苦痛に満ちたものとなりうる。どちらかの側に引っ張られないようにすることで，ジレンマを解決するという誘惑にかられる。ある実親は継親には自力で対処するようにさせておいて，自分の子どもたちにひたすら注意を傾けようとする。コニー・チェンは，幸せな1つの家族という彼女の夢を取り戻せないことに絶望的となり，彼女の継息子にとってはもしかすると散々な結果をもたらすような，正反対の方向に進もうとしていた。

コニーは回避的な作戦をとる

コニーは自分の母親に夜な夜な電話をかけて，継息子が「家族全体を台無しにする」と強い調子で不満をぶちまけていた。彼女は母親に支えられて，バートに対するキャンペーンを張った。「ブランドンをとるの，それとも私をとるの。私たちの結婚のためよ。もし，ブランドンが気持ちを入れ替えないなら，彼を寄宿舎学校へ入れるべきだと私は思うわ」。バートは，初めは声を大にして反対していたが，彼の息子の行動が悪化していくので，自分自身がどんどんフラストレートされ，イライラしているのに気付く。彼はコニーを失うのをおそれていたので，いくらかは気乗りはしないものの，寄宿舎学校に目を向け始めた。

インサイダー／アウトサイダーのチャレンジに直面するステップカップルのストーリー

インサイダーとアウトサイダーの両方を支持する

上手くいっているステップカップルは，内側にいる実親と外側にいる継親がお互いに共感するものを見出し，相手を支えるために一緒に努力する。下記のサン

ディ・ダンフォースとエリック・エメリーはこのチャレンジに対応するための方法を見出している。それから，コニーとバートはいくらか助けてもらって，より困難な旅の始まりに足を踏み出した（ダンフォース／エメリーのジェノグラムは6ページ参照）。

サンディとエリックは両方のやり方で事に当たることを学ぶ

サンディ・ダンフォースの若い娘サビナは，はじめの2，3年の間のほとんどの時間を彼らと一緒に過ごしていた。エリック・エメリーの青年期にさしかかった娘，エリサがその週の後半に加わった。サンディがよりインサイドの立場にいて，エリックがよりアウトサイドの立場にいる時，彼らはインサイダー，アウトサイダーの課題にたやすく対処した。

サビナの不運な日

エリックとサンディは，親密な会話をする時間を楽しんでいた。突然，ドアが開け放たれ，学校から戻った10歳の娘のサビナが急に入ってきて，友達のヨランダがパジャマパーティーを開いたのに自分は招待されなかったとすすり泣いた。サビナはエリックのことが好きだったが，気が動転した時はエリックではなく母親が必要だった。サビナは母親の腕の中に飛び込み，それまでの事の成り行きをぶちまけはじめた。エリックはあっという間に親密なインサイダーから宙ぶらりんな傍観者になった。

泣いている娘の頭越しに，サンディはエリックに「ごめんなさいね」というサインを送った。彼が部屋からでて行く時，サンディはサビナの背中ごしに手をまわし，親しみを込めてエリックのお尻をぎゅうと握った。のちになってサンディは「最初から，エリックはいつ席を外したらいいか知っていたの」と言った。エリックは夕食を食べ始めるために席を立ち，少しがっかりはしたものの，サンディの彼に対する愛情とサンディが落ち込んでいる娘の側につきそう必要性を理解していた」。

その後，一緒にベッドの中にいる時，エリックはサンディに腕を回し，自分の方に引き寄せて言った。「サビナは大丈夫かい？」。「ええ，大丈夫だと思うわ」とサンディが答えた。「この話をお終いにするために，僕たちデー

トできるように考えてみない？」。「ええ，約束するわ」とサンディは彼にハグを返しながら言った。「私たち，あなたにしこりを残してしまったと分かっているわ。サビナは，今回のことをとてもつらく受け取っているわ」「この年の子はみんなそうだと思うよ」とエリックは言った。彼らは少し話をして，寄り添いながら眠りについた。

エリサの場合は違うストーリーだった
　エリックの娘エリサが一家にやってきたことで，彼らの立場が入れ替わった。彼女は内気で内向的だった。エリサはとても機嫌が悪く，父親の新しい家族の中では扱いにくかった。最初の１，２年は，エリサはサンディとほとんど目を合わせようとせず，継妹にめったに直接話しかけなかった。エリサには明らかな学習障害があり，学校生活でいつも苦しんでいた。エリサの母親ボニーが学校の課題を少し手伝っていた。エリサが彼らと一緒にいる時，彼女に必要な勉強を手助けしようとして，エリックはしばしば娘に付き添うことにたくさん時間をかけていた。
　このような形態の中では，両サイドにいる人の気持ちは，より落ち着かなくなる。サンディは，彼女の原家族の中では兄弟の真ん中の「忘れられた子ども」であり，ひきこもって距離を置くようになった。エリックはこれが我慢できない。彼はサビナに週の間エネルギーを注ぐのに，サンディからのサポートがないことに傷ついていた。初めて彼らがその話題に触れようとした時，サンディは「誰かが怒って，誰かが泣く。たいていの場合は，エリックが怒って，私が泣く。でも，時々私が怒って，エリックが泣くわね。どちらの方法もよくないわ」と言った。
　エリックはビジネスマンでもあり，弁護士でもあるのだが，「僕はちょっとぼんやりしているところがある。ただ，単純に娘を連れて仕事に出かけていればいいと思っていた。サンディがエリックを残して出掛けなければならない時には，投げキッスをしたり，お尻をさわったりして，僕よりうまく対応する。サンディは少し恥ずかしそうに付け加えた。「私は何かを頼むことが苦手なんです。どうやったらエリックに抱きしめてもらえるかを学ばなくてはならなかったの」。また，彼らはサンディのために，「エリサの時間」の時，「聖者が街にやってくる」の特別な（メロディー）が流れる

よう，携帯メッセージを送るように取り計らった。エリックはこのことによって，エリサに集中することから離れて休憩を取り，いくばくかの注意を妻に向けるよう思い出せるようにした。「僕はサンディを探してキスをする，そうでなければ，少なくとも彼女に返信するんだ」。

コニーとバートの旅の始まり

「私たちの家族を救う」

同居して1年，その8カ月目の「悲惨な」はじめてのクリスマスのあと，コニー・チェンとバート・シジンスキーは「私たちの家族を救ってほしい」と援助を求めてきた。コニーとバートはとても興奮し，大きな望みを持って新しい家族をスタートさせた。彼らの双方が自信をなくし，落ち込んでいるように見えた。コニーはバートが彼の息子たちに注意を向けることに対しての苦悩を訴えた。「私はいまだにシングル・マザーみたいだわ」と。バートは椅子に背中を丸めて小さくなって座り，緊張しているように見えた。

私たちは，インサイダー／アウトサイダーのチャレンジから取り扱うことにした。「あなた方はこの家族を1つにしようととても一生懸命に取り組んできていますね」。そして，私は穏やかに「それにはとてもがっかりさせられたでしょう。こんなはずではなかったのにと期待外れだったのではないかとお察しします」と付け加えた。私はゆっくりとしたペースで取りかかるよう肝に銘じた。彼らは私が想像したことを受け入れなくないであろうが，とても重要なこの新しい情報を会得し始めてもらうのにたくさんの時間をかけたかった。

第1段階

私は，「すでにお気づきかもしれませんが，このような性質のご家族では，あなた方のどちらか一人がいつもインサイダーの立場に膠着し，もう一人はいつもアウトサイダーの立場で身動きできないんです。子どもが一人部屋にやってきたり，会話に割り込んでくる時はいつでも，実親の方は引っ張られ，引き込まれ，巻き込まれていると感じるのです。そうでしょ？

そして，片方は取り残され，無視され，時々視界にさえ入っていないと感じるんです。そんな感じでしょ？」と言った。

「ええ，その通りだわ」とコニーは答え，バートも同意見だった。コニーはすぐさま「でも，どうやったら私たちは１つの家族になれるのかしら？」。私は「実は，その質問に対する答えは用意しています」と言った。「私たちはこういった状況下で何をしたらいいかについて，多くの答えを持っています。ただ，あなたがそれを好きかどうかは分からないのですが」。私はこの新しい家族の最善のサポートは「交じり合う」ことのかわりに，一対一の時間を持つことだと穏やかに伝え始めた。

バートは気分が良くなり，コニーは不快になる

私はいつもそうしているように，「私の話をどう思いますか？」と尋ねた。バートの表情がほんの少しだけ明るくなったように見えた。「僕はほっとしました。でも，僕たち分かっていたらよかったんですけど。僕たちは完全に間違ったやり方でやってきたんだ」とバートは述べた。コニーの表情はさえなかった。私は彼女の方を向いて「あなたが聞きたかったニュースではなかったのではないかと思うのですが，どうですか？」と尋ねた。私はコニーがバートの方を向いて，直接彼女の悲しみを彼と分かち合うように促した。「本当にとってもがっかりしたわ。ラリーが亡くなってからずっと待ち望んできたのに。私は，私と息子のために１つの家族が欲しかったの」。

私たちは，コニーとバートが一日のうちで何回か親密になれる時間が持てるようないくつかのちょっとした方法を確認した。——お互いに書置きを残す，愛情のこもったメールを送る，子どもたちの目が届かないところでキスや抱擁をする「盗みの瞬間」を見つける，散歩するなど。また，彼らが定期的にそれぞれの自分の子どもたちと一緒に過ごすように勧めた。

最初のセッションでは，彼らはいくぶん落ち着いたように見えたが，前途には多くの課題が待ち受けていた。その後，２，３年間を通じて，コニーとバートがうまくやっていけるように，心理教育やより効果的な対人関係スキルを持てること，多くの精神内的癒しが必要とされた。私たちは他の家族メンバーに対しても，個人や夫婦，さまざまな組み合わせで取り組み，働きかけた。

最もうまくいく実践：インサイダーとアウトサイダーを結ぶためのカギとなる方策

一般的なガイドライン

羅生門効果

　ステップファミリーの初期段階では，共感性が乏しい場合が頻繁にみられる。援助をしたいと思っている人たち自身が，多くの援助を必要としている。しかしながら，ステップファミリーの構造によって，家族全員がある種の「同情の罠」に巻き込まれる。ある継母は，夫が自分の息子に多くの時間を費やし，「家族を見捨てている」と不満を言う。同情的なセラピスト（もしくは友達や牧師）は「それはひどい！　彼は，なんてひどいパートナーなのでしょう！」と，簡単に答えてしまうかもしれない。次には継母は取り残されてしまう。しかしながら，そのイライラはおさまるのだろうか，それとももっとひどくなるのだろうか？

　日本の物語「羅生門」は黒沢明によって1950年代に製作されたものであり，その物語の中で山賊，木こり，妻と侍の4人が，4つのまったく異なる観点から1つの殺人についてそれぞれに語る。ステップファミリーの建築では，それぞれの家族メンバーは基本的に異なった立場にあり，それぞれが相容れない考え方をもっているように見えるという，各々の「羅生門効果」が生み出される。この構造によって善意の聞き手はどんなステップファミリーの物語においても，他の人を悪者扱いする語り手とたやすく結びつく。

インサイダー・アウトサイダーの両者のためにあなたの共感性を保っておく

　助けとなる聞き手というものは，インサイダー・アウトサイダーの両者がもがき苦しんでいるということを忘れないであろう。「あなたが愛する男性と常々すれ違うと感じることは，つらいことでしょうね。あなたが期待したこととは違うのではありませんか？」。この反応は，**この物語の他のいかなる役者を否定的に述べずに**，継母の感情に共感を示したものである。ステップカップルを結びつけるために，ドアをバタンと閉めてしまうよりも，開け放しておくのである。いよいよ継母に聞く準備が整った時には，「このような種の家族は，インサイダー・アウトサイダーという立場に立たされ，身動きできなくなってしまうんです。あなたにとって，アウトサイダーとして動けないでいるのはつらいことでしょう。

そして，あなたのパートナーにとっても，あなたと彼の息子との間で引き裂かれるのは苦しいことでしょう」と付け加えることができる。

レベルⅠ　心理教育：インサイダー／アウトサイダーのチャレンジへの方策
• チャレンジを正常化する
　インサイダー・アウトサイダーの膠着した立場によって，あまり共感できないことが続いていたとしても，それは愛情や思いやりが欠けているわけではないと学べれば，しばしば安堵できる材料になる。これらは，ステップファミリーの構造のテリトリーにはつきものである。「膠着したインサイダー」と「膠着したアウトサイダー」という言葉を持っているだけでも，非常に安心させられるし，有効な方法である。

• 激しい感情を正常化する
　これらの立場に伴う強い感情は，誰にとっても好ましいことではない。そのことによって，非常に恥ずかしく思う。
　クレアが「（私を）家具のようにしかみなしていないのよ」と述べたように，アウトサイダーが孤立感や嫉妬，存在を無視されていると感じるのは正常なのだと学ぶことにより，苦痛が和らぐ。また，インサイダーは彼らが愛する人との間を引き裂かれたと感じ，罪悪感や無能力感，そして異なる必要を満たそうとすることへの不安感を抱くのも，また同様に正常なのである。

• たくさんの一対一の時間をコツコツとつくる
　ステップファミリーの関係を築くためのカギとなるこの方策もまた，もっとも直感的なものではない。ステップファミリーは「混ぜる」（blending）ではなく，「区分する」（compartmentalizing）ことで，インサイダー／アウトサイダーのチャレンジに立ち向かう。一対一の時間を持つことで家族の中のあらゆる関係，つまり新しいステップの関係**も**長年にわたる実親子関係**も****その両方**をサポートできる。ステップカップルは抱き合ったり，共通の趣味を探してみたり，今まではなかった趣味をもってみたり，ステップファミリーの問題について話してみるために，子どもたちなしの二人だけの時間が必要だ。二人きりの時間を持つことで，強固な実親子の絆と張り合わずに，インサイダーが休息できる余裕が継親に与えられる。また，同時に子どもたちのニーズを満たすという困難なやりくりなどせずに，パートナーに十分に気持ちを向けられる自由を得ることができる。

また，実親子水入らずの時間を持つことにより，安全で信頼できる関係が保てる。これは，子どもたちのウェルビーイングを保ち，ステップファミリーがうまくやっていくために，極めて重要なことである。これについては，第4章でより詳しく探究することにしよう。

　継親と継子も，すでに存在する実親子の絆に影響されず新しい関係を築くために，実親なしで彼らだけで過ごす時間が必要だ（第4章で述べるが，継兄弟関係が必要としていることはかなり多様化している）。

- **親密なつながりを持つために，日常的な決まり事を繰り返すことでステップカップルを援助する**

　継親は，ほんの短い間でも親密な瞬間を持つことで，子どもたちがいる時でも自分に思いやりが向けられていると感じることができる。たとえばベッドに入る前と朝ベッドから起き上がる前に抱擁する，日中に愉快なメールを送ったり，短い電話をかけるなど。実親と継親はテーブルの下で足と足を触れ合わせからませたり，目配せをしたり，こっそりとキスができる（警告：親密な行為は子どもたちの視界の外で。これについては第4章で述べる）。私は継親には「遊びの時間」は別にとっておき，「問題を解決する時間」と区別するよう勧めている。

- **ブレンドせずに，シフトしよう**

　インサイダーが同伴せずに，アウトサイダーと一緒に出掛けられるような，家族のアクティビティを見つけよう。もし，母親と娘がスキーが上手なのに継父が初心者なら，「家族」のスキー休暇は継父を初心者用ゲレンデに残したまま，さらにアウトサイダーに追いやってしまうであろう。この家族の場合は，スキー旅行は実母と実娘との特別な時間のためにとっておくのが最もよい。

　一方で，もし継父と継娘が素晴らしいアイススケーターなのに，母親が滑れないなら，アイススケートによって継父は継娘と一緒に華麗に滑るインサイダーの立場にシフトする。そして，母親はリンクサイドにへばりついたままのアウトサイダーにシフトさせる。

- **継親たちにお休みを**

　アウトサイダーの立場は，もっとも献身的な継親であっても，疲弊する。もし，可能なら，家の中で継親のためにプライベートなスペース，できれば防音効果のある避難所を確保しよう。もし，壁が薄いなら，性能の良いヘッドホンをつければ，継親は緊張を強いられる場面から逃れられるであろう。また，継親には，現

在進行中でたやすく「インサイダー」の関係を提供してくれるような友達からのサポートと家庭外での活動が必要なのである。継親の「不在の時間」はどこか非家族的に感じるかもしれない。しかし，そのことが継親のバーンアウトを防ぐ。また，実親子の時間のための場を作ることになる。

レベルⅡ　インサイダー／アウトサイダーのチャレンジに立ち向かうカギとなる対人スキル

　サンディ・ダンフォースとエリック・エメリーは互いに優しく接するさまざまな方法を見出した。彼らはしばしばお互いにいい感情を持って，眠りについた。対照的に，この章の他のステップカップルたちは，たまたまお互いが悩みの種となりかけていた。

・共感，不一致，隙間を埋めること

　同情は痛みを和らげ，ウェルビーイングをもたらし，過少覚醒および過剰覚醒を適正な覚醒状態へとシフトさせるホルモンを放出する。ステップカップルにとって，同じような方法で物事に対処しようとしても，親密さと結びつきへの道筋は見えてこない。それは，それぞれのお互いの経験の「内側から生じる感覚」であり，チャレンジに取り組む最中に互いを気遣う小さな瞬間を作ることから生み出される。

・ジョイニング

　「ジョイニング」は一種の心が主導するミラーリングである（ステップ・バイ・ステップの方向は第15章で触れる）。この章末の最初のケースで，アンジー・ジアニとフィビー・ハガティーが彼らの膠着したインサイダー／アウトサイダーの立場によって作り出された断絶にもかかわらず，お互いに親密に感じられるように促すジョイニングが行われた例を紹介する。

レベルⅢ　インサイダー・アウトサイダーの立場が精神内的な問題を扱うきっかけとなる時

・シフトへのシグナル

　精神内的な方向へシフトするには，「くり返し，くり返し」の感じとか，「もう終わった話」という感覚が起きた時がしばしばシグナルとなる。情報が入っていかない時，スキルが保たれない時，もしくは感情的な反応が大きいままになって

いる時に，このチャレンジが心の古い打撲傷を扱うよい機会がそこにはある。この章末の2つ目のケースに見られるように，反応を増幅するような原家族の傷をいやすことが，チャレンジに立ち向かうためのリソースをとき放つ。臨床家でない人にとっては，これは照会委託を勧めてみる時である。

- **アウトサイダーの継親の打撲傷**

誰にとっても，何度も何度も繰り返し親密な関係から疎外されるのは好まざるところである。しかしながら，自身の原家族の中でアウトサイダーの経過がある継親は，仲の良い同朋の中で育った継親よりも，この経験が苦痛であると気づくであろう。見捨てられ，存在を無視され，子どもとして守られなかった継親は，特にアウトサイダーの立場に立たされることが苦痛で，不快感をもたらすことに気づくであろう。

- **実親の打撲傷**

分別のある人であれば誰でも，自分たちがケアするすべての人々を喜ばせることができなければ快い。しかしながら，膠着したインサイダーの役割は，たとえば，期待に応えられなかったと感じて育った実親たちや，彼らのいがみ合った両親の間で板挟みになった実親たちにとってはより感情を刺激されるものになるであろう。

- **内側に方向転換する**

「〜な時，心の中では何が起こっているのでしょうか」と，いつも私はすぐにこの質問から始めるのが好きである。私は，理論的に，私たちが外界の出来事に対していかに反応するかに対して選べることに気がつけるように，下準備をしたいのだ。コニーに向かって：「バートがブランドンにかかりきりになる時，あなたの心の中では何が起こりますか」。バートに向かって：「コニーがあなたに対して刺々しい時，心の中では何が起こりますか」。

早い段階で，私は感情に完全に共感することに焦点を当て，それから心理教育かスキルの形成に移る。もし，適正な覚醒が達成困難なら，私は「ほかの人が何をしたか」から，私のクライアントが難しい質問にどう反応するかを探求することへと焦点をシフトさせるための，いくつかの下地を築く。

チャレンジが生み出す感情を正当化することによって初めて，精神内的な方へ方向転換することから始める。「アウトサイダー（インサイダー）の立場から身動きできないのは大変なことです。立たされてみてください。決して誰も好みま

せん。困惑させられますしね」「取り残されたという感覚や存在を無視されること（あなたが愛する人々の間で引き裂かれる）は誰も望まないことです」。

そうしてから，精神内的な方へと導いていく。「たとえば，バートが自分の息子に向いている時，貴方の心の中に何かが起こっていますね。その何かが，格別につらいと感じさせるんです」。ある人にとっては，ただ過去を振り返り，現在からそれを区別化することだけでも，十分にトリガー化することを和らげる。「あなたの原家族の中では誰がインサイダーで，アウトサイダーは誰でしたか？　あなたはそのうちのどちらでしたか？」。以前のアウトサイダーのストーリーが明らかになる時には，「これがあなたにとって非常に苦痛であっても不思議ではないでしょう！　その時と今とで何が似ていて，何が異なっているのかについて考えてみましょう」。しかしながら，もし，深く傷ついている場合は，傷を癒すのにトラウマを扱う訓練を受けたセラピストのスキルが必要とされるであろう。第16章では，このレベルの取り組みについてより詳しく述べる。

２つのケーススタディ

インサイダーとアウトサイダーのチャレンジに焦点を当てた非常に異なる２つのケースを紹介して，この章を終える。最初に，２つのレベル（心理教育と対人関係スキル）の取り組みがアンジー・ジアニとフィビー・ハガティーにいくらかの落ち着きを与え，そのステップファミリーの構造によって生み出された経験的な溝をまたいで通じ合い始めることを可能にしている。第２に，コニー・チェンの場合は，アウトサイダーの継母の立場というチャレンジに立ち向かうのに多大な影響を及ぼしている精神内的探求の重要な部分に着手し始めた。

アンジーとフィビーの初めの２つのレベル

せっかちで賑やかなインサイダーがゆっくりで静かなアウトサイダーと出会う

初めてのカップルセッションの時，アンジーは，一緒に住んでいるアンジーの二人の青年期の子どもたちであるアンナとアンディーの子育てにフィビーが「参加していない」と文句を言い始めた。「フィリップ（フィビー

の息子）がここにいる時は，事態はもっとひどくなるの。私は１つの家族になるものだと思っていたのだけれど，私たちは１つの家族ではないわ」。アンジーとフィビーは明らかに，繰り返し起こる膠着したインサイダー／アウトサイダーの立場の断絶の渦中にいた。フィビーは「でも，あなたは私を仲間に入れてくれないじゃないか」と言い始めた。アンジーは「何が問題なの？　ただ，加わればいいのよ」と，すぐさま反論した。フィビーは身を引き，腕を組んで「私には分からないわ」と言った。

「見てごらんなさいよ」とアンジーはイライラして言った。「こうなっちゃうんです。彼女は私にだって話さそうとしないんですから」。私はアンジーとフィビーの双方が挫折し一人ぼっちだと感じていることが見て取れた。二人は，無理して交じり合おうとするのではなく，新しいステップファミリーを一歩ずつ作っていくことに再びエネルギーを注げるように，援助を必要としていた。しかしながら，私は，二人の間に起きる緊張によって，ステップの構造をより良いものにする情報でさえも台無しになってしまうだろうと感じた。さらに，フィビーのとても物静かでゆっくりとしたペースは，アンジーの話す速いスピードとは合わない。このカップルのよくある違いのために，コミュニケーションは障害され，フィビーの膠着したアウトサイダーの立場とアンジーの膠着したインサイダーの立場の双方が悪化した。

「ご存知のように，あなた方の両方についていくつか分かったことがあります」と私は始めた。「私たちのうち，とても素早く言葉が出てくる人もいます。でも，心の中から外に出てくるまでに長い道のりがかかる人もいます。私はあなた方についていくらか分かってきました。アンジー，あなたはものすごいスピードで話すスーパーカーを持っていますね。いつもそのやり方なんでしょうか？」。アンジーは微笑んだ。「私はイタリアの大家族の出身なんです」と彼女は言った。「会話に割り込まなかったら，こてんぱんにやられちゃうわよ」。

「それからフィビー，あなたの言葉は，より時間をかけて出てくるように思えるのですが。あなたは言葉が外に出る前に，心の中でよく吟味することが必要なんですね。こんなふうに理解したんですが？」と私は続けた。フィビーは素早く答えた。「私は早く考えようとすると，頭の中が真っ白になる

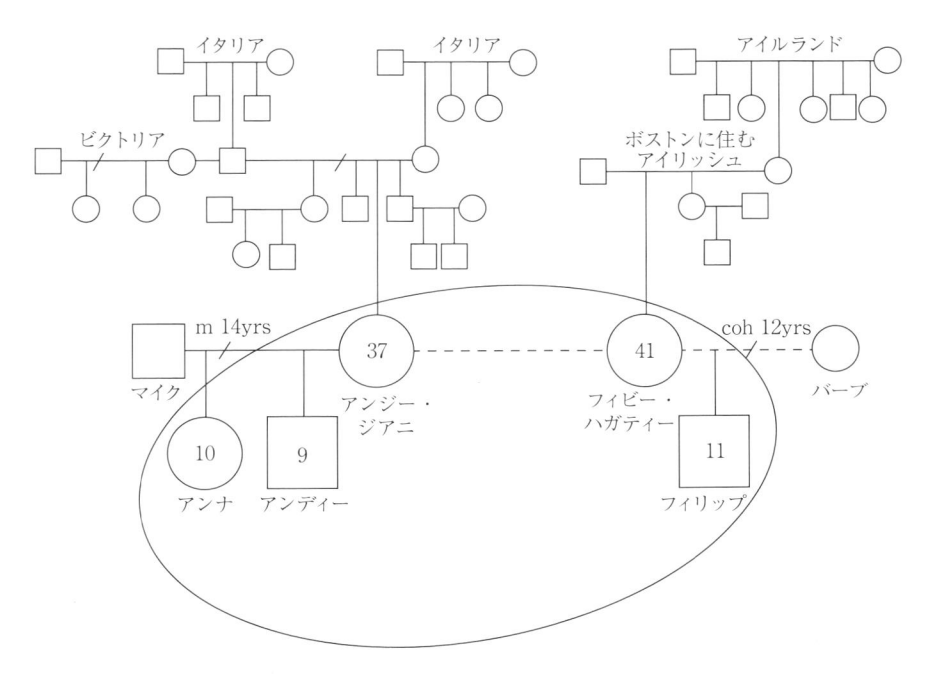

図 3-1 同居 1 年目のおわりの頃のジアニ／ハガティー家族（4 年目の経過）

ジョイニングの導入

んです」と，フィビーが言い終わらないうちに，アンジーが「でも，私たちどうするの？」と話をさえぎった。

私は，ジョイニングをすることで，このカップルが異なるペースの足並みをそろえ，両者が感じている孤独感を減らし，二人に必要ないくつかの有益な情報を聞き入れられるくらい十分に落ち着けることを期待した。「私にはその質問に対する答えをたくさん持っているのですが」と始めた。「あなた方が，お互いに絆でつながっていると，もっと感じられるようにすることから始めてみてはどうでしょう？　興味がありますか？」。もし，会話を続けるのが安全ではないと思える時は，二人の話に介入してもいいかど

うかの同意を得た上で，二人で互いに向かい合って会話を続けるよう頼んだ。

もちろん，初めに話すのはアンジーだ。「あなたが，どうして私の子どもたちともっと関わろうとしないのか，私には分からないわ」。フィビーが「あなたの子どもたちは私を無視するの。私のことを嫌っているんだわ」と答えた。アンジーが「ええ，そうよ。あなたはいつも引き下がってしまうんですもの。もし，あなたが，もっと加わってくれさえすればいいのに」と，くってかかった。フィビーは力なくソファーに沈み込みはじめたが，「それは，あなたたちが私の分まで全部話しちゃうからじゃない」と捨て台詞をはいた。

私は両手を挙げて「タイムアウト」のサインを示しながら，穏やかに，しかし毅然として介入した。「ちょっと待ってください。これは，いつもやっている会話ではありませんか。そうでしょう？」。二人は頷いた。彼らは二人とも憂鬱な感じに見えた。「私はあなた方二人が共に，非常に孤独だと感じているようにお察しします。私は間違ったことを言っていますか？」（私は，葛藤があるカップルがこの質問に「いいえ」と言うのを一度も聞いたことがない！）。

「私にはあなた方の両方が理解されたいと望んでいるのが伝わってくるのです。私はあなた方に役に立つであろうことを教えたいんです。それは「ジョイニング」と呼ばれるものです。シンプルでやりにくいところもありますが，それでもあなた方はその結果を気に入ると思いますよ。試してみたいですか？」アンジーは「役に立つなら何でもいいわ」とちょっとブスッとして言ったが，始めようと申し出た。

ジョイニングの方向性

アンジーと十分な関係を作ろうと身を乗り出して，私は言った。「アンジー，一息つくことができますか？　あなたが心の中でフィビーを愛していることが分かる場所を感じるために，少し時間をとってもらえますか？　フィビーが話したことだけについて，あなたが「どう」理解しているかを調べられますか？　あなたがフィビーに同意するかどうかについてではありません。なぜなら，あなたは同意しないでしょうからね。でも，あなたが「どう」理解したか，見てみましょう」。

フィビーは彼女の声を見つける

　アンジーは「あなたは私の子どもたちがあなたを嫌っていると言ったわよね。でも，彼らはあなたのことが好きなのよ」と言った。彼女は言いたいことを言うために先を急ぎ，フィビーの苦痛を受け入れようとはしなかった。「アンジー，あなたはほんの一部分だけしか理解していないように思えるのですが」と私は言った。「フィビー，もうちょっと何か言いたいことがあるのじゃないかしら？」。フィビーは頷き，仕方がなく「ええ」と言った。

　私は，親しい誰かがきっかけを逃した時，フィビーがどうしてあっさりとあきらめるようになったかという疑問については，心の中にとっておくことにした。「あなたは，アンジーにどんなにつらかったか聞いてもらえるのを待っているように思えるのですが。あなたはとても孤独だろうと思うのですが，私の言うことは間違っていますか？」。フィビーは頷いた。「そのことについて彼女に話せますか？　あなたは"何々について，あなたに本当に聞いてほしいのだけれど"と言って始められますよ」。

　フィビーはサポートを得て，会話に戻ってきた。「私は，あなたとあなたの子どもたちと付き合うことがどんなに大変だったか，あなたに聞いてほしいの」。アンジーは「でも……」と割って入ってきた。私は毅然として，でも共感的に彼女の言葉を遮った。「すぐさま割って入ってきたくなる気持ちがあまりにも強すぎますね。一呼吸おきましょう。フィビーが今話したことについて反応する前に，あなたが心のどこで「どう」理解するのかみつけてほしいのです」。

アンジーはスローダウンし，耳を傾け始める

　今のところ，私はアンジーが強気な態度に出るのをどうやって学んだのかという１つの疑問については，心に留めておくことにした。さしあたり，彼女がフィビーにくどくどと力説することよりむしろ，フィビーの話に耳を傾けることによってフィビーとより親密になるのを学ぶように促すことに焦点をあてた。私はアンジーにはっきりと伝えた。「フィビーが，自分があなたから"理解してもらった"とうなずくことで認めるまで，私はあなたの方に専念することにします。それができたなら，あなたの言い分を２つ付け加えて話すことができます」。

アンジー：「あなたが言っていることは難しいの。そんなふうに関わるのは難しい」。彼女は，レッスンを習得することに誇りを持っている女学生のように「私は分かったかしら？」と言った。フィビーの肩からほんの少しだけ力が抜けた。「ええ」。「でも，私はあなたに関わってほしいのよ，フィビー」とアンジーは真に切望した声で言った。「心からそう願っているの」。初めて，彼女はフィビーに罵声を浴びせるのではなく，まっすぐにフィビーを見つめていた。

　フィビーは「あなたが言っていることは，私に関わってほしいと本当に望んでいるってことよね」と返した。アンジーは頷いた。フィビーは，間合いによってジョイニングのストラクチャーを増強し，心の扉をオープンにし，立て続けに5つの詳細な言い分を心から述べた。「分かったわ。でも，アンジー，あなたの子どもたちは話す時でさえ，私を見ないの。あなたを見ているのよ。それに，あなたも子どもたちを見ている。夕食の席でさえも誰も私のことを見ないのよ！」

　アンジーは，いつもの言い返しを始めた。「でも……」。彼女はきまり悪そうに私を見て，一息ついた。私はアンジーがこの些細なことだが新しい変化を生み出せたことを褒めた。「私はあなたがぐっとこらえたのが分かりましたよ。よくやりました」。アンジーは続けた。「あなたは，私の子どもたちがあなたを見ていないと言っている。私だけを見ていると。そして，私は子どもだけを見ている」。パートナーを受け入れるのに十分な長さの間をとることによって，最終的にアンジーがフィビーの苦闘をちゃんと理解できた。フィビーが明らかにリラックスしているのが見てとれた。今では，二人の間に少しだけ活力が湧き上がっていた。

親密性

　アンジーのペースを落とすことによって，彼女は怒りから，より優しさと傷つきやすさにシフトし始めた。「あなたが見えないと私は寂しいの。私はただあなたに会話に飛び込んできてほしいだけなの」と彼女は穏やかに話した。フィビーは深くリラックスしたようなため息をついた。彼女は心を動かされたように見えた。「私がいないと寂しいとあなたは言ったわね。私が見えなくなると」。二人はお互いに目を見つめたまま動かなかった。「そ

して，あなたは私がただ会話に飛び込んできてくれるのを望んでいる」。アンジーは再び穏やかに「そうなの」と言った。フィビーは続けた「そうね，あなたは知らなかったかもしれないけど，あなたの子どもたちはみんなすごく早く話すのよ。私が言葉をさしはさむ間もないの。私が考えていると，もうあなたは次の話題に移っているのよ。そして，私はなんとなくあきらめてしまうの」。フィビーはアンジーにより注目され，聞いてもらえていると感じている時は，彼女はより存在感を示すようになってきた。彼女は続けて別の 4 つの言い分を話した。

　アンジーは「つまり，あなたは加わりたいけど，でも電車の動きが早すぎて乗り込めないと言っているのよね？」と言った。「それなの！」フィビーは大喜びで「分かってくれたじゃない」と言った。

違いに気づくこと，配慮すること

　今，心の琴線に徐々に触れられるようになりつつあった。私は彼らに気づいてほしかった。私はフィビーに向かって「フィビー，アンジーが理解し始めていることについてどう思う？」と言った。フィビーは静かに「私は思うのだけど……」と静かに言い，一呼吸おいた。アンジーは待った！「今，あなたを近くに感じるわ，アンジー」「とっても違うわね」とアンジーが言った。「それが私が望んでいることなの。あなたを近くに感じることよ，フィビー。言葉では言い表せないように思える。でも，早く話すことであなたをシャットアウトしているなんて，まったく分からなかったの」。

　私たちはセッションの終わりに近づいていた。私は，二人が共に成し遂げたものにしっかりと気づかせ，定着させたかった。私はアンジーに向かって「フィビーがあなたに向かって話をさせる力をあなたが持っていることが分かりましたね。でも，あなたにはそれは思いもよらなかった？」「ええ，まったくね」とアンジーは言った。私はフィビーの方に向いた。「あなたはどう思いますか？　たぶん，あなたには後ずさりするのではなくて，アンジーに歩み寄り，彼女のペースを落とさせる力がいくらかあるんじゃありませんか？」

　「このことについては，あなた方二人は正反対なんです。ここで少しの間たたずんで，とても相反する部分について一緒に思いやってみてはいかが

ですか？」
　「私は息をしている感じがするわ」とフィビーが少し沈黙した後で言った。「私は大好きなあなたと一緒にここにいたいわ。口論するのではなく，あなたが私のことを聞いてくれていると感じられれば，とっても助かるの」。アンジーは「ちょっと変な感じもするのだけど，でも心地がいいわ。私はあなたを感じることができるみたい，フィビー。私たちはつながっているみたいだわ」と静かに返した。私はつけ加えた。「たとえ，あなた方が物事を違って見たとしても，二人を近づけるのは同意をすることではないことが分かりましたね。スピードを緩めて，真にお互いに耳を傾けることが役立つのです」と。

ちょっとした心理教育を加える
　アンジーとフィビーは今やいくつかの明確な情報を活用するために十分な1つのチームになりつつある。二人は一対一の時間をより多く過ごすという考えを気に入った。フィビーはそれまでもアンジーの息子のアンディーの昆虫採集を手伝ってやっていた。二人は，「私たち二人の中ではるかにより女の子っぽい」。フィビーがアンナにフレンチ・マニキュアのやり方を教えることを決めた。とても口達者なアンジーが，おしゃべりではないフィリップにいくつかできることを探すのには全員が途方に暮れてしまった。突然，フィビーが活気づいた。「フィリップはピッチャーなんだよ！　アンジー，あなたなら助けてあげられるわ」「完璧です」と私たちは賛成した。

コニーは勇気をもって心の中を探索する旅を始める
　コニーとバートの間の感情の反応性（reactivity）は常に高いレベルにあった。アンジーとフィビーとは違って，ジョイニングのストラクチャーは，一度にわずかの時間しか持ちこたえられなかった。相手の感情を高ぶらせることなしに，わずかな言い分も話すことができなかった。個人セッションを何度も持ったことが，よく聞いてもらっているとそれぞれが感じられる一つの機会となった。また，それらのセッションによって，彼らがチャレンジに立ち向かうのに必要な，かなりの精神内的作業を始めるにあたっての安全な空間が提供された（ジェノグラムは

6ページ参照）。

> **「寂しいわ」**
> 　コニーは，かなり意気消沈した様子で個人面接にやってきた。バートは土曜日を一日中息子のブランドンと一緒に過ごしていた。「どうして，自分の夫と一緒に休日を過ごせないのに，結婚なんてしたかったのかしら？」。私たちはインサイダーとアウトサイダーについて話し合った。私たちは，夫婦の時間と実親子だけの時間のバランスを取ることについて話を始めた。ブランドンは父親から目をかけられることを私は知っているので，私はコニーを何とか黙らせたい気持ちに駆られている自分自身に気がついた。そこでひと呼吸してみた。私は彼女の激しさは非常に傷つきやすい何かを守っていることの表れであることを思い出した。
>
> **チャレンジを妥当化し，心の内部に舵を取る**
> 　私はコニーのアウトサイダーの立場に対する憐みの感情を総動員して，再び口を開いた。「これは，あなたが心から望んだことではなかったのでしょうね？」「もちろん違うわ！」と彼女はすぐさま飛びついてきた。さてここで私は腹がすわった。「あなたと親密な人がまったくそこにいないのは，どんなに苦痛なことでしょう。家族の中でアウトサイダーの立場を好きな人はいないでしょう。アウトサイダーの立場は過酷なものです。だれも好まないでしょう」。
> 　コニーはため息をついた。私は心の中へと少しずつシフトしながら，やさしく言った。「バートとブランドンが一緒に出かけると，心の中で何かが起こっている兆候がありませんか」。コニーは間を置いた。「それは寂しいの」。彼女は精神内部にある禁断の果実をちょっとだけかじった。静かに私は尋ねた「あなたの体の中のどこの部分に感じますか」「何も感じないわ！」と彼女は素早く答えた。「私はただ自分が固まって動けないだけだと思うわ」。
>
> **コニーには「感情的なセラピーの詰め込み」はしない**
> 　内的家族システムモデル（Internal Systmes model）(Schwartz,

1995, 2001) を適用して，コニーとバートの内的世界を相互に関係するいろいろな部分からなる一つのグループとしてみるように導いた。優しく，しかし確固として歩みつつ，私は内的世界へもう一歩足を踏み出した。「本当に寂しいあなたの傷つきやすい一面があるように聞こえます。そして，それをケアされたいと願っているのではないでしょうか？　でも，自分のことは自分でやるという姿勢を貫いている。それは「固まって動けなくなっているもう一つの部分」ですね。違いますか？」「そう，そうなのよ」と彼女はほとんど勝ち誇った様子で言った。「で，あなたはどうするの？」「バートに腹を立てるの」。

　私はできるだけ何食わぬ顔をして尋ねた「そして，バートはどう反応するんですか？」。「彼はだいたいはいなくなるわね」。「散々ですね」と私。「もっと寂しくなるのではないですか？　違いますか？」。私たちはしばらくの間そこでたたずんでいた。「コニー，どうやったらそのあなたの寂しい部分を救うことができますか？　だったら，そんなに早く，固まって動けなくなった部分は出てくる必要はないんじゃないのかしら」。「私は感情的なセラピーの詰め込みは**しないわ**」と彼女は体をこわばらせて言った。

　私はジェノグラムを眺めた。コニーの両親は彼女が生まれる直前に中国から移住してきた。両親は，長時間にわたりコニーと弟を残して，両親それぞれに 2 つの仕事を掛け持ちし働いていた。6 歳になるまでに，コニーは他の移民の多くの子どもたちと同じように，大人の世界の中で英語を話さない両親の通訳としての役割を果たした。私は，軟化することが選択にない場合，おそらくコニーの凝り固まった部分は同時にとても彼女の役に立ってきたのだということを思い出した。しかしながら，現在では，この本来の守りの部分が彼女の結婚生活を蝕み，彼女の継息子との関係に取り返しがつかないほどの脅威となっていた。しかしながら，彼女はその部分によって守られてきたのだから，その部分を緩めるように頼むことは圧倒されるような感情を暴露するよう求めることになる。

コニーは彼女の白馬の騎士と出会う

　コニーは明らかにそこに行くための準備ができていなかった。私はこれを尊重したかった。でも，もし，私が完全に手を引いてしまったら，彼女

は身動きできないまま，悲惨な状態になるであろう。私は守りとしての固まった部分との尊重すべき関係を築く代わりに，話を続けた。「私は，その固まった部分によって，あなたは長い間いたわられてきたのではないかと確信しているんですが，間違っていませんか？」「ええ，そうよ！」「私たちはそのことについて知ろうではありませんか？」。これは恐れを和らげ，私たちを前進させてくれた。

　彼女の注意が完全に心の中に向いた時，コニーは固まった部分が彼女の胸を締め付けていることを認識した。私たちがその感情に対する私たちの好奇心と興味を広げた時，よりその感情の輪郭がはっきりとし，巨大で美しい盾を携えた一人の白馬の騎士が現れた。IFS（Internal Family System：内的家族システム）の臨床ではしばしば起こることなのだが，その白馬の騎士が私たちに彼のストーリーを語り始めた。彼は，コニーが5歳の時，彼女を救うために歩み寄った。白馬の騎士は，彼がその小さな女の子に「強くなれ，弱虫になるな」と，助けるために鎧を与えた。だからこそ彼女はギャングがはびこっている危険な地域にある彼らの小さな家で，2歳の弟の世話をすることができたのだと，自慢げに話した。

白馬の騎士はコニーに信頼を寄せ始める

　ゆっくりと時間をかけて，時々は個人面接で，パートとの同席面接を増やし，コニーは彼女自身の大きくて愛情のこもった思いやりのある大人の自分自身に近づき始めた。騎士はもはや一人ぼっちではないと感じ始めた。また，彼は，一生懸命に働いたにもかかわらず，彼は実際のところその少女の恐れと孤独を取り払うことができなかったと告白し，そのために自分の仕事にかなり疲弊していることも認めずにはいられなかった。

　また，他に守っている複数の部分も現れてきた――その一つは感覚を麻痺させ，非常に激しい自己批判的な完璧主義者だ。コニーの若い他の部分は，コニーに「トラブルを起こす感情」を抱えていることを彼女の両親に対して恥ずかしいと思う，と話した。ある一人の激しい青年がその内的なグループに加わった。女の子全員が自分には価値がないという感覚を分かち合った。それぞれの女の子がコニーの慈悲深いあり様を吸収していたので，これら古い重荷のいくつかは取り除かれ始めた。

> 徐々に，コニーのアウトサイダーの立場は落ち着いてきた。ブランドンが父親を必要とした時，コニーは気長に座っていたり，その場を離れることが少したやすくなってきた。彼女は「頑なになる」よりもむしろ，かなり自分自身を落ち着かせることができるようになってきた。このことによって，コニーは寂しい時夫を攻撃するのではなく，むしろ夫に近づくことができるようになったのである。

第3章のまとめ

　膠着したインサイダー／アウトサイダーの立場は，ステップファミリーの中核となる1つのチャレンジである。悲しいことだが，懸命に交じり合うように急かすことで，このチャレンジはかえって難しくなる。このチャレンジに立ち向かうには，ステップカップルの両者がいくつかの大変に不快な感情に耐える必要がある。成功するためには，3つすべてのレベルがしばしば重要とされる。つまり，十分な一対一の時間をもって家族のすべての関係をサポートし，（非難や撤退といった反応ではなく）理解と共感をもって気持ちを分かち合い，また場合によっては過敏な感情反応性を引き起こす原因である古い打撲傷を癒す必要がある。

第 4 章

第 2 のチャレンジ
子どもたちは喪失と忠誠葛藤，過多な変化と格闘している

　　1つの混合家族を形成しているカップルがセラピストを探している。二人はそれぞれ二人の青年期の子どもがいる。子どもたちは反抗的で非友好的，そして対立している。3カ月以内に何とか結婚したいと思っているカップルである。

　これは，Eメールで，あるセラピストの保存されたリストからほとんど一字一句そのまま引用してきたもので，そこに登場する大人たちは多くの複雑な物語を一側面からしか語ることができない。そのカップルは熱愛中で，当然のことだが，二人の関係を進展させたがっている。しかしながら，大人たちにとって新しい関係がとても心が安らぎ，刺激的なものであっても，特に物事があまりにも早く進むときは，しばしば子どもたちは喪失感を感じ，忠誠心が拘束され，その上，圧倒されるような変化にさらされる。あるステップファミリーに仲間入りする際には，たとえば，新しい匂いや味を経験するし，何が面白くて何がうるさいと見なされるか，ぬれたタオルで何をしてもいいのかという考えも含めて，子どもたちにとって家族の役割，習慣，人間関係が劇的にシフトするのだ。実際のところ，多くの子どもたちにとって，1つのステップファミリーに適応することは，実親の離婚によってもたらされる変化よりも，よりストレスの負荷が大きく，より多くの時間が必要となる（Ahrons, 2007 ; Hetherington, 1999b）。

子どもたちのチャレンジ

ステップカップルを得ることで子どもたちは何かを失う
　大人たちにとって彼らの新しいステップカップルの関係は素晴らしく，しばし

ば長い間待ち望んでいた贈り物を手に入れたように感じられる。再婚した夫婦は，少なくとも初めは，最初の結婚よりも幸せで満たされていると感じていることが，いくつかの研究によって示されている（Stewart, 2007）。対照的に，子どもたちにとっては，この経験は多くの場合喪失感に満ち溢れている。ステップファミリーの子どもたちをサポートするための最初の手順は，大人がこの重要な現実的な感情体験を理解することだ。

私はたびたび大人たちに尋ねる。「新しい恋人に対して"やれやれ"と突然あなたに向かって不満を言った友人がこれまでにいましたか。あなたは取り残されたと感じたり，こんなはずではなかったのにと感じましたか。あなたは二人がキスをしたり，寄り添っているのを見たかったのですか？ 安心感やウェルビーイングが幾度なく脅かされ，唯一頼れる人はアウトサイダーの方ばかり向いている状況を想像してみてください」。

ステップファミリーの中で暮らす子どもたちの経験に関する画期的な質的研究では，親子の時間が失われ，子どもに注意を向けられなくなることが大きなテーマとして浮かびあがることを，Claire Cartwright たちが7つの研究で報告している（Cartwright, 2008）[1]。

実際，実親子関係は再婚初期では非常に危ういものである。つまり，子どもたちが温かく，よく応えてくれるペアレンティングを，まさに最も必要としている時に，実親子関係がより距離ができたり，葛藤を帯びたり，否定的になったりしてくる（Cartwright, 2008）[2,3]。この点を考慮に入れながら，第1章のクレア・アボットの不満について考えてみよう。それは継娘のケティが「自分からソファーにやって来て，私たちの間に座るじゃない！」と述べる一方で，ケビンはそれについては「君は分かってない」と話したことについて振り返ってみよう。ここには子どもたち側から見たストーリーがある（3ページのジェノグラム参照）。

「抱っこの夜」のもめごとを解決する

ケビンとクレアはここ2, 3カ月の間デートを繰り返していた。彼らはそろそろクレアをケビンの実娘たちに合わせる時だと決心した。ケビンの家では実娘たちは金曜日の夜は「抱っこの夜（"snuggle night"）」になっていた。実娘たちは週末を過ごすためにお父さんの家にやってきて，バッ

クパックをおろして，荷解きをした。全員がパジャマ姿になった。ケビンと実娘たちはピザを注文し，ソファーで共に寄り添い，一緒に映画を見た。ケビンは家族の重要なこの特別な時間にクレアを連れてきたかった。彼は，ある金曜日の夜に彼と彼の実娘たちに加わるようクレアを招待した。それは明らかに理にかなった考えのように思えた。

　その映画が始まった時，クレアはどこに座ろうと思っていただろうか？もちろん，彼女の新しい恋人ケビンの隣だ。ケビンの一人目の妻であるエレンは彼らが離婚する前の何年かは，愛情を示すことはなかった。ケビンは喜んだ。ケビンとクレアが愛情に満ちた目でお互いに見つめあいながら，ソファーで寄り添っていた間，子どもたちは除け者にされたような気持ちで恐れや気まずさを感じながら，脇に追いやられ座っていた。彼らが実父といつものように心地いい触れ合いを望み，期待していたまさにその瞬間に，よそ者が侵入してきたのだ。ケンドラはその場を離れ，友達にメールを送り始めた。

　ケンドラより元気がいいケティは屈託なく状況を改善した。ケティは起き上がって，彼女の実父の隣，つまりそれはケビンと不愉快な侵入者であるクレアの間に座ったのだった。クレアは自分がソファーの隅に一人で座っているのにはたと気がついた。彼女はケンドラに近づこうとしたが，ケンドラは応じなかった。

　事態が悪い方向に向かうと，競合への欲求や感情の高まりは何度も何度も繰り返される。ステップカップルが「交じり合い」を切望するのは当然ではあるが，不安と失望がたくさん詰まった「家族の時間」という結果に陥ってしまう。クレアとケビンが助けを求めにやってきた時，私たちの初めの戦略のうちの2つは，抱っこの夜は父−娘たちの時間にすること，カップルが寄り添うのはもっとプライベートな時のためにとっておくということであった。

子どもたちの忠誠葛藤を理解する
忠誠葛藤は正常なものである
　ステップファミリーの子どもたちにとって，2つ目の大きなチャレンジは忠誠

葛藤という問題である。「もし，私が継母／継父を愛したら，私は自分のお母さん／お父さんを裏切ることになる」[4]。子どもたちの喪失については文献に書かれ始めたばかりではあるが，臨床家や研究者たちは数十年の間継子の忠誠葛藤について述べてきた（Pasley & Lee, 2010）[5]。忠誠葛藤はほとんど遺伝的に組み込まれているかのように見える——友好的にお互いに納得して離婚したとしても，子どもたちは継親と会う時に「罪」の意識や「不誠実」だと感じることが報告されている。しかしながら，実親の葛藤がこうした拘束をより耐えられないものにする。

　子どもたちは非常に多くの場合，彼らの忠誠葛藤を表現する言葉を持たない。このことは，大人が子どもの忠誠葛藤の存在にしばしば思いを寄せる必要があるという意味である。下記のクレア・アボットがケンドラに特別なバースデー・ケーキを作ってあげるという善意が，不注意にも忠誠葛藤を刺激してしまい，それは初めは「恩知らずな大きなお世話」のように映った。

クレアがバースデー・ケーキを作る

　彼女の継娘の実母エレンはケーキミックスを混ぜるだけの簡単なケーキしか焼かないことを知っていたので，クレアはその日の午後仕事を休んで，ケンドラの 13 歳の誕生日のために愛情をこめて彼女のお気に入りの人参ケーキをはじめのはじめから手作りで焼いた。バースデーの夕食が終わった時，クレアはケンドラが大喜びするのをとても期待して，彼女の傑作を運んだ。ところが，ケンドラはほとんど何の反応も示さなかった。彼女はそのケーキをちょっとつまんだだけで，「調子が悪い」と席を立った。後に残されたクレアの心を傷つけ，落胆させた。

　数年後，ケンドラはついにこの経験について語る言葉を見つけた。「私はあなたのケーキを食べなかったことをとっても後悔したわ」。夜遅くにめずらしく彼らが話をした時，ケンドラはクレアにそう言った。「でも，私はなんだか変な感じがしていたわ。自分でもその理由は分からないの。ただ，気持ちが悪かったの。それは奇妙だったわ。もし，私があのケーキを食べたら，私のお母さんに悪いことをしているみたいに思えたのよ」。

一人の子どもが「より反抗的」な時

　一人の子どもが非常に疎遠であるか，もしくは「反抗的」な場合が時々ある。クレア・アボットは第1章でケンドラが彼女を「家具のようにしかみなしていないのよ！」と不満を述べた。私が特に疎遠な子どもの話を耳にする時はいつも，その子が別の家に住む実親と格別に仲が良いのかどうかを聞く。多くの場合にあてはまるのだが，ケンドラと彼女の実母は非常に近い関係にあった。ケビンの元妻であるエレンはケビンの再婚については協力を惜しまなかった。いまだにケンドラにとっては，いかなる場合であっても継母であるクレアに近づくことが，忠誠葛藤に身動きできなくなる。私のジェノグラムには，このことを思い出せるように，ケンドラと彼女の実母の間に3本目のラインを書き加えた。「忠誠葛藤の話」（この章の最後にある最善策を参照）によって，たくさんの子どもたちがこれらの拘束から解放されるのを手助けすることができる。ケンドラにとってそうであったように，この拘束が激しい時は，取り除こうとするのではなく，再保証をすることでつらい立場を和らげることができる。たとえもっともな理由があったとしても，拒否されることはつらいものである。クレアにとっては，思いやりに満ちた彼女の夫からの必要以上の抱擁（「おや，まあ！　一生懸命にあのケーキを作ってくれたね！」）はとても助けになったであろうに。しかしながら，この初期に起こった出来事で，ケビンは実娘を擁護し，妻を気遣わなかった（何を大騒ぎしているの？　大したことじゃないじゃないか）。

　特に，忠誠心の激しい拘束の中でとらわれた子どもたちと彼らの継親の間で，繰り返し不幸せなドラマが展開される。子どもたちはさらに離れると，継親はますます努力するのだが，その結果はより子どもたちを遠のけてしまうことになる。アボット／アンダーソン家のもう一つの初期の戦略では，私たちはケンドラと親しい関係を築くというプレッシャーからクレアを解放し，よりとっつきやすいケティについて知ることに集中するように促した。

より多くの子どもたち：継きょうだい（step sibilings）と新生児たち

　ステップファミリーにはしばしば新しい継きょうだい，そして，時々半分だけ血のつながった新しい継きょうだいができる。

継きょうだい

継きょうだいの出現は子どもたちの家庭生活に劇的な変化をもたらす。一番年少の，もしくは年長の子どもたちも突然子どもの真ん中になるかもしれない。

自分たちがほかの継きょうだいたちと親を共有していることに気づくのは子どもたちだけだ。2，3人の子どもがいる家庭が突然5，6人に増える。また，継きょうだいたちもインサイダー／アウトサイダーの立場に膠着してしまう。パートタイムだけその家族と同居している子どもたちは，非同居の実親の新しい家族のルール，リズム，人間関係に，アウトサイダーとして入ってくる。フルタイムで同居している子どもたちもこれと等しく，彼らが選んだわけでもなく，関心があるわけでも好きでもないかもしれない継きょうだいたちと，物理的なスペース，両親，それに時々は友達さえもシェアすることを期待され，インサイダーの立場に行き詰まっている。

しばしば，大人たちは子どもたちが新しい継きょうだいたちができて喜ぶであろうと想像する。信頼できるデータによると，継きょうだいの人間関係は血のつながった兄弟関係よりも，ある時はよりポジティブにも，ある時はよりネガティブにもなりうると示唆されている（Anderson, 1999；Stewart, 2007）。バート・シジンスキーで示されているように，同じ家族の中でもある時はポジティブとネガティブの両方が当てはまる（ジェノグラムは6ページ参照）。

兄弟より良くて，今までで最悪

私の息子のポピーとコニーの息子のコディーはすぐに大の仲良しになった。コニーと私は両者ともある意味では彼らは兄弟よりもいいという。ポピーとコディは私が私の兄弟たちとそうしたよりも，ずっと競合しない。彼らはほとんどけんかをしない。彼らは一緒に自転車に乗り，一緒に散らかし放題やり，私たちには内緒の隠し事を共有している。私の年上の息子ブランドンはまったく違うストーリーだ。ブランドンは，もう一人の小さい弟は今までで最悪だと言い続けている。

あなたが同い年の継きょうだいたちはよりうまくやっていけるものだと信じこ

まないように，ここでノーマン・ヘラーの 16 歳の娘ニコルの話を紹介しよう。ニコルが彼女の二人の姉妹と一緒に，継母のモナとモナの二人の娘マディーとモリーと暮らし始めたのは，彼女が 10 歳の時だった。

> **私の継妹……考え事をしている時でさえうるさい**
> 　私たちが初めて一緒に暮らし始めた時，私のお父さんとモナはマディーと私に 1 つの部屋をシェアさせたの。私が思うに，お父さんとモナは私たちが同い年だから親友になるだろうと考えたんだと思う。ところが，私にとっては，マディーは最悪の継妹なの。お父さんと私は家の中ではかなり静かに暮らしている。でも，継妹ときたら何をするにもうるさいの。マディーは大声で話すし，大きな音を立てて食べる。マディーは考え事をしている時だってうるさいわ。しばらくしたら，私は本当にマディーのことが嫌いになっていたの。
> 　私のお父さんがそうする前に，モナがそのことに気づいたの。ありがたいことに，モナがお父さんに私の話に耳を傾けるように促してくれた。私たちは屋根裏に部屋を 1 つ作った。そこは冬は寒いし，夏は暑いけど，でもずうっっっとましだわ。マディーは時々は私をイライラさせる。でも，離れることができて，私はマディーと少しうまくやっていけるようになったの。

新生児たち

再婚した全カップルの半数が計画的に子どもを作ろうとする（Pasley & Lee, 2010）。とはいえ，たいていの子どもたちは明らかに「私の実兄弟」と「私の継兄弟」を区別しているが，half-siblings（半分血のつながった継兄弟たち）について言うときは，あたかも彼らをまったくの本当の兄弟もしくは姉妹であるかのように語る（Bernstein, 1990；Stewart, 2007）。多くのステップカップルたちは，新しい赤ちゃんを共に持つことがその家族を硬く結びつけるだろうと信じている。しなしながら，Ganong と Coleman の「コンクリート・ベイビー（家族をコンクリートのように結合させる赤ん坊）」の研究によると，より複雑な事態に陥ることが

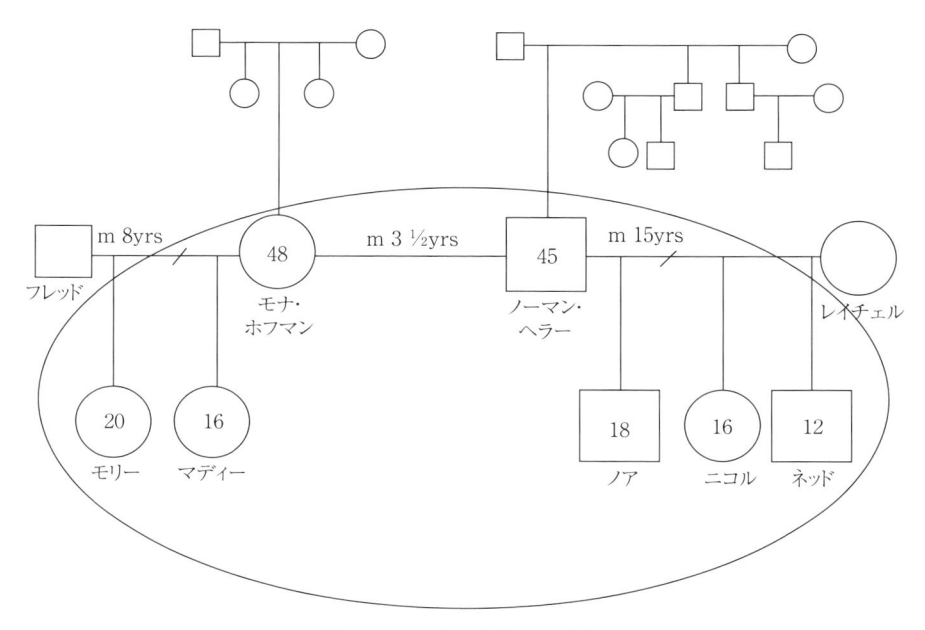

図4-1 ヘラー家族の6年目

明らかにされた。ある時は新生児は家族を一つに「のりづけする」が，むしろそうならないことの方がずっと多い（Ganong & Coleman, 1988 ; Stewart, 2005）。

　実子の誕生によって，以前は独身だった継親二人が実子をもつということは，予期せぬ「首ったけ」の親の愛に導かれ，継親子関係とは質的に異なると感じられる（そしてそう見なされる）。年上のhalf-siblings（半分血のつながった継きょうだいたち）は，継親が新しい赤ちゃんをより心の底から愛するのを見て，それまで以上に疎外感を強くする。

より傷つきやすい子どもたちのステップファミリーになること
気質の問題
　より柔軟な気質の子どもたちは，より不安になりがちで敏感な子どもたちよりも，ステップファミリーになることへの適応も含めて，より柔軟に大きな変化に対処できる。週末にアウトサイダーとして家族の一員となる明るくて社交的な子

どもたちは，内向的な子どもたちがするよりも新しい継親や継きょうだいたちに臆することなく，気楽に時間を過ごす。エリックの娘のエリサ・エメリーは，彼女自身の「より内気な」体験について話している（ジェノグラムは6ページ参照）。

> **「私は二重のアウトサイダーだった」**
> 　エリサ・エメリーは内気で，詩人的で，いくらか心配性の女の子だった。離婚後，「お父さんと私だけ」の4年間を過ごし，エリサが12歳の時，彼女の実父は再婚し，サンディ・ダンフォースとサンディの快活な9歳の娘サビナと同居するために引っ越してきた。
> 　「私はほとんどそこには住んでいなかったし，サビナよりも随分年上なの。だから，すでにまるで自分が第二バイオリン奏者であるように感じていたわ。その上，私はサビナよりもとても内気なの。サビナは当然のように私のお父さんの膝によじ登るの。私は一人だけでお父さんの膝の上に座ろうとしてみたけど，できなかったわ。それは，まるでサビナが強い振動を持っているみたいだった。私はただ私自身の音しか出すことができなかったの。サビナが周りにいる時は，私は二重にアウトサイダーになったようだったわ——まるで第二バイオリンの**控え**の奏者みたいに。私はとても多くの時間を自分の部屋で過ごした。私は不愉快だった。でも，他にどうしたらいか分からなかったの。私のお父さんとサンディは，私にただ一緒にいて家族に加わりなさいと言うだけだった。私にとってそれがどんなに難しいものか二人が理解するまでに時間がかかったわ」。

多重の喪失を抱えた子どもたち

　幾人かの子どもたちにとって，非常に急な積み重なる喪失体験のためにステップファミリーの一員に加わることは特別に重圧となる。

> **ブランドン：2本の折れた足と傷ついた心でマラソンを走る**
> 　コニー・チェンとバート・シジンスキーは，双方のパートナーを癌で亡

くした直後に，友達の紹介で「希望も期待もないうちに」恋に落ちた。性急なロマンスの後，コニーとバートは二人とその子どもたちとの新しい生活を築く期待を胸に同居した。大人のカップルにとっては，少なくとも初めの時点では，この新しい家族は希望の光であり，新しい門出であった。コニーの8歳の息子のコディーとバートの8歳の息子のボビーはわりと簡単にこの変化を受け入れた。でも，コニーにとっては，年長の継息子であるブランドンは「私たちの結婚をぶち壊しにしようと固く決意している」ように思えた。彼女は深夜に自分の母親に電話をかけ，「ブランドンはすべてを台無しにしようとしている」と苦々しく愚痴をこぼした。

　ブランドン側から見た話はまったく違っている。ブランドンと彼の実母はとても親しかった。実母の病気のために，実母が亡くなる前の2年間，実親はブランドンに目が行き届かなかった。次の1年のうちに，ブランドンは癌で実母を亡くし，コニーに実父をとられ，コディーに小さな弟を奪われ，彼の子ども時代を家に置き去りにしたまま，新しい学校生活をスタートした。ブランドンが後になって彼のセラピストにこう語った。「僕は，2本の足が折れた状態でマラソンをするように言われているように感じていたように思う」と，彼は一瞬間をおいて「そして，傷ついた心でね」と付け加えた。

ステップファミリーの子どもたちの特別なニーズ

深刻なメンタルヘルスの問題を抱えた子どもたちや，過去に虐待されたり，もしくは育児放棄された経験のある子どもたちの場合は，ステップファミリーの形成過程で次々と起こる変化のために，さらに悪化する要因が劇的に増える。上手に方向転換するためには，格別な温かさや多くの共感性，ほどほどに厳しいペアレンティングで，とりわけゆっくりと進むことが求められる。

共感的なペアレンティングの重要性
神経生物学からの最新の知見を取り入れる

対人関係の神経生物学と愛着理論の交叉する領域では，安全な親子の愛着がレジリアンスのある子どもを生み出すこと，および動揺する出来事が起きた際には

彼らの苦悩を調整することに，重要な役割を果たすことが指摘されている。Dan Hughes（2007）は，安全な愛着を生み出すペアレンティングについて，PLACE の頭文字をとった言葉で記している。Playful（子どもと楽しく遊ぶ），Loving（子どもに愛情を注ぐ），Accepting（子どもを受け入れる），Curious（子どものことに好奇心を持つ），Empathic（共感性を持つ）(2007)。Dan Siegel は共感的でよくコントロールされた親的な存在という 2 つの重要な要因について述べている。子どもたちの感情に共感的に呼応することで彼らの「感じる，感じられる」のを助けること，そして，その**子どもの観点からストーリーを話せること**（Siegel & Hartzell, 2003）[6~8]の重要性を指摘している。

ステップファミリーの構造は親の共感性の妨げになりうる

　ステップファミリーの構造そのものが，両親と子どもたちに異なる波長を引き起こすので，よいペアレンティングの重要な側面に主要なチャレンジを生む。ケンドラ・アンダーソンは実父に「私，クレアが大嫌い」と話す。ケビンは，一生懸命ケンドラのストーリーに精一杯の共感をしようとする。それらは苦痛な喪失体験とクレアがいることによる忠誠葛藤である。「クレアがここにいたら，状況が変わるじゃない？　前は，私たちだけだったのに」。しかしながら，ケビンはクレアを愛している。ケビンは娘のコメントに明らかな不快感を感じ，それを慌てて否定する。「なんてひどいことを言うんだ！　クレアは素晴らしい人だ」。他の親はもっと激しい反応をするかもしれない。「二度とそんなひどいことを言うのを聞きたくないね！」。

　ケンドラの妹のケティは実父を激怒させて，けんかを売るであろう。ケンドラは離れて行き始め，弱々しく「パパには分からないのよ」と言う。ケビンは少しパニックになり，さらに強固に続ける。「どうして君がクレアに対してそんなにひどいことを言うのか分からないよ。クレアは君のために一生懸命やっているじゃないか」。これは事実だが，ケンドラのストーリーではない。ケンドラはますます孤独感にさいなまれる。彼女はもう少し言おうとしたが，あきらめた。ケンドラは落ち込み，途方に暮れて夕食の間座っている。ケンドラの苦しみに気付かないクレアは，ケビンに向かって，不機嫌にテーブルに座っているなら出て行きなさいと注意しないことを非難する。

ステップファミリーの子どもたちについて研究が示していること

統計的には明らかにネガティブな結果であるが，差異は大きくない

　ステップファミリーに関する初期の研究は，Larry Ganong と Marilyn Coleman が初めて（家族が全員そろった「欠損がない」）の家庭とシングル・ペアレントの家庭とステップファミリー（「壊れた家庭」）の子どもたちの比較を行った「欠損の比較（deficit comparison）」と呼ばれる研究であった（1994）。この分野はここ25年の間に熟し，研究者たちはこの「欠損の比較」のパラダイムを捨て去り，ポジティブとネガティブ両方の結果に寄与する特定の要因について，より複雑に理解する方向に向かっている。学術的，行動的，心理的なウェルビーイングを測定すると，継子たちは初めての家庭の子どもたちと比較して，より得点が低いことが定評となっている。しかしながら，これらの差異は統計的に有意である（それは，偶然には起こらない）ものの，分散（差異の実際の大きさ）は実際には非常に小さいことを，研究者たちのレビューによって理解できる[9]。

多様性があることが標準である

　初期の研究は継子たちを同次元の1グループとしてみなしていた。このアプローチによって，より多くの複雑な現実が見えにくくなっていた。たとえば，Amato たち（1994）が行った21ケースのメタ分析では，43％の継子たちは離婚の経験がない初めての家族の子どもよりも高い得点を示した（Amato, 1994）[10]。

9歳以下の子どもたちはより適応しやすい

　より年齢が低い子どもたちは年齢の高い子どもたちよりも，ステップファミリーに適応しやすい（Van Eeden-Moorefield & Pasley, 2012）。9歳以下であれば，再婚そのものはさほど多くの問題行動に結びつかず，徐々に適応していくことができる（Hetherington, 1993）。青年期初期には，再婚によって課題が多くもたらされる時期であり，特に女子にとっては格別に難しい時期であることが明らかになっている（Hetherington & Clingempeel, 1992；Hetherington & Stanley-Hagan, 1999；Van Eeden-Moorefield & Pasley, 2012）。しかしながら，この青年期初期の女子のサブグループの中でさえ，初めての家族の女子の適応のレベルの

非常に低いから非常に高いまで広範囲にわたっている（Hetherington, 1993）。

いくつかの主な縦断的研究では，青年期の継子の行動上の問題が急増すること，以前はよく適応していたように見える子どもたちの間でさえ「スリーパー効果（訳注：情報の発信者が信頼できる人物であるかどうかで信憑性が変わり，その信憑性は時の経過とともに薄れていくこと）」が現れることが報告されている（Bray, 1999a）[11]。

男子は女子より難しくない

一般的に，あるデータによると，男子は離婚によってうまくいかなくなり，再婚によってうまくやっていくが，女子には逆のことが起こる（Hetherington, Bridges, & Insabella, 1998）[12]。ケビン・アンダーソンの娘ケティのように，より年齢が低い女子はよりあからさまに対立の姿勢を取り，一方でケティの姉のケンドラのように青年期の女子はよりひきこもった態度を示す（Hetherington, 1993）。青年期後期の継娘はもっともよくない結果を示す危険性がある（King, 2006）。

私は，女子にとってはより大きな困難をもたらす多数の要因があると考えている。シングル・マザーとその娘たちはしばしば温かくて，慈愛に満ちた関係を作り出す。女子は，シングル・マザーと娘の関係の中で健康に育つことができる[13]。母親が恋愛をすることで娘とのこの親密な関係から母親はしばしば不意に，そして完全に引き出されてしまいうる。加えて，女子のアイデンティティとウェルビーイングは彼女らの人間関係に根差している傾向が強い。これは，特に青年期初期の女子に見られ，仲間集団でインサイダー・アウトサイダーの問題に満ちみちていることはよく観察されるところである。女子の行動は長い期間にわたってチャレンジが続くが，徐々に改善がみられるという報告はよい知らせである（Hetherington, 1993 ; Hetherington & Jodl, 1994）。

ペースの問題

子どもたちは約2年以内に離婚の痛手から回復することができる一方で，ステップファミリーに適応するのには2年から7年以上かかると見積もられている[14]。状況の変化の頻度と強度が増すことで，子どものウェルビーイングは障害を受ける（Amato & Booth, 1991 ; Hetherington & Stanley-Hagan, 1999 ; Jeynes, 2007）。ゆっくりと変化することによって，子どもにはより良い結果が生まれ，

またステップファミリーの発達が促される。

時が経つとステップの関係は明らかに変化する

初期のステップファミリーの研究は，初期のステップファミリーと成熟したステップファミリーを区別しなかった。リサーチでは，臨床家とステップファミリーが経験していることが真実であるということが圧倒的に支持されている。つまり，初めの何年かは，子どもと大人の両者にとって，もっとも難しい時期である（Ahrons, 2007)[15]。徐々に，初期のステップファミリーの子どもたちに見られたネガティブな事態は緩和されるだけではなく，実際に消失した[16]。長い時間を経た（平均9年）ステップファミリーには，適応に男女の差はあるものの，より初期に見られた変わらない否定的な所見は消失した（Bray, 1999b）。

家族構造よりもファミリー・プロセス

より洗練されたリサーチが増加するにつれて，今までの「欠損の比較」の問題は明らかに一段落した。**ファミリー・プロセス**，特に親子関係の質と葛藤のレベルが，家族の構造（たとえば，初めての家族か，シングル・ペアレントの家族か，もしくはステップファミリーと暮らしているか等）よりもずっと強力に子どものその後の経過を予見する（Lansford, Ceballo, Abbey, & Stewart, 2001）。

家族のより高い葛藤レベルが子どもの悪い経過を予測する

第7章にあるように，数十年にわたる研究によって，あらゆるタイプの家族において，大人の葛藤が子どもたちに有害な影響を及ぼすことが明らかになってきている（Grych & Fincham, 2001)[17]。離婚していなくても，高い葛藤状況にある子どもは，シングル・ペアレントやステップファミリーの低い葛藤状況にある子どもたちよりも，恒常的に悪い適応状況にあることが分かった（Fosco & Grych, 2008）。近年では，これらの所見をヤングアダルトやアダルトチルドレンに広げて研究を行っている。現在も続いている未解決の葛藤を抱えた，離婚経験のない両親を持つ子どもたちの経過は，両親は離婚しても葛藤が低い子どもたちと比べて有意に悪い（Amato & Afifi, 2006）。

親子関係の質が子どものウェルビーイングの中核である

　かなりの量の経験的なデータによれば，親子関係の質が，あらゆる家族の子どものウェルビーイングを予測するカギとなるばかりではなく，社会経済的な状況，家族構造と状況変化の頻度といった他の多くの要因を軽減するものである（Dunn, 2002；Hetherington, 1993；Hetherington et al., 1998；Isaacs, 2002）。何人かの研究者によると，質の高い親子関係を持つことで家族の葛藤の影響もまた緩和される（Isaacs, 2002；Shelton, Walters, & Harold, 2008）。

陥りやすい方向性

カップルを最優先にする

　初婚の家族モデルでは「もし，成人したカップルが親密なら，子どもたちもうまくいくであろう」というものである。これは一見妥当なアドバイスのように思えるのだが，「結婚が第一」，「あなたたちの結婚を家族の中心に据えなさい」ということは，継親を膠着したアウトサイダーから移動させ，インサイダーの立場で膠着している実親を安心させる。これは，特に，ウェブサイトを熱心に信奉しているような，継親には受け入れやすいであろう。

　初婚の家族では，成人カップルのより良好な関係は，子どもたちのより好ましい適応と家族のウェルビーイングを予測するものだと，一般的にはみなされている[18]。ステップファミリーの分野における臨床の初期の文献では，ステップファミリーの発達において大人のステップカップルの関係が最も重要であると，一様に強調されてきた（Mills, 1984；Visher & Visher, 1979, 1996）。しかしながら，ステップファミリーでは，非常に親密な大人のステップカップルの関係は，継子たち特に前青年期の女子の適応上の問題を**より多く**生み出してしまうのが実情である（Hetherington, 1993；Hetherington & Jodl, 1994）。実親子関係よりも大人のステップカップルの関係を優先させることによって，実親は子どもたちから引き離され，結果として子どもたちにとって非常にチャレンジングな変化を起こすことになる。

子どもを責める

　苦しんでいる継子たちの行動というものは，著しく不快だ。私たちがEメー

ルを開くと,「反抗的な」とか「非協力で」という言葉が頻繁に目に飛び込んでくる。大人は自分たちの新しい関係に夢中になっているので,子どもたちのサインを簡単に見逃し,誤解してしまう。[19]

子どもたちのチャレンジに立ち向かった ステップファミリーのストーリー

「両方／共に」,「どちらか一方／片方」

　大人たちがこのチャレンジに立ち向かう時,継子たちは最終的には新しい家族の中で健康的に育つことができるし,育つ。「両方／共に」あるために必要とされる指針は,大人のステップカップルの関係と実親子関係の「どちらか一方／片方」ではなく,両方を共にサポートすることである（ヘラー家族のジェノグラムは70ページに,ダンフォース／エメリー家族は6ページに掲載）。

モナとノーマン・ヘラーは自分たちにふさわしい方法を直感的に見つけた

　モナとノーマンは5人の子どもたちを連れて,新しいステップファミリーを作った。6年後,モナは「私には前青年期の女の子もいたの。それに,ノーマンには6歳から12歳までの子どもが3人もいたわ」と,回想した。物事は必ずしも思うようにはいかなかった。私たちはその大変な仕事についてたくさんのことを学ばなくてはならなかった。でも,私たちは,子どものうちの誰かが私たちを必要とする時は,そのことを最優先にすべきだとわかっていたの。それに,私たち二人にとって特別な時間も作るようにしたし,それぞれ自分の子どもたちとだけ一緒に過ごす時間も持つように心がけていたわ。

　若いサビナ・ダンフォースは実母と一緒に岩がごつごつとした道を通って,適切な場所にたどり着いた。

サビナは実母を取り戻したかった

　しばらくの間，私のママはどうしようもなかったの。だって，ママはエリックと電話で話すか，エリックとコーヒーを飲むか，エリックとメールするか，っていう感じだったのよ。だから，私はエリックのことを毛嫌いし始めたわけ。私が一度エリックの写真を破いて，すごく面倒なことになっちゃった。終いには，大声を上げてママとすごいけんかをしちゃって，私はあらいざらい思っていることをぶちまけたわ。これは，良かったことなんだけど，あなたが間に入ってくれて，それからママはちゃんと聞いてくれるようになったの。それから，ママは，ほとんど毎夜「Our Time（私たちの時間）」を作って，一緒に過ごすことになった。これを私たちは「O. T.」って呼んでいるんだけど，私はこの呼び方が好き。なぜって，反対から読んだら「Time Out（タイム・アウト）」じゃない。ママはこの「O.T.の時間」はエリックと電話できないから，エリックにこのことを言わなきゃいけなかった。それも良かったのよ！　エリックとエリサが引っ越してきた時，最初は大変だったもの。でも，私たちは「O.T.」を今でも続けているしね。そのおかげで，ママがちゃんと私の話を聞いてくれるって分かるし，事態は前よりずっと良くなったと思うよ。

　コニー・チェンとバート・シジンスキーも有効な援助を受けて，前進した。初期のセッションで，私たちはブランドンとの問題について話し始めた。

「ブランドンは私たちの結婚を邪魔しているわ」

　「彼は私たちの結婚を邪魔しているわ」と，コニーは抑揚なく話した。バートの表情は暗かった。バートが聞いているのを承知の上で，私はコニーに向かって言った。「あなたとまったく関わりたくない子どもと一緒に暮らすのは，とてもつらいことですね」。それから，バートに向かって，「あなたが愛している人との仲を引き裂かれるのは，とっても苦しいことだと思いませんか？　私はあなた方のお手伝いができると思うのですが。でも，そ

れはあなた方が望んだものではないかもしれません」と言った。
　「これは，聞くに堪えないことなのかもしれませんが」と私は始めた。「でも，あなた方がブランドンに何が起こっているのかについてもう少し理解できれば，そのことを通じて彼を助けることができるし，そうなれば家族全員にとって物事がより良い方向に進むでしょう。試してみませんか？」私は，昨年起こった出来事について，コニーとバートがブランドンの立場に立って考えることができるよう促しながら，ゆっくりと穏やかに進めた。私は情報を伝えることに細心の注意を払ったのにもかかわらず，バートは実息子の経験を理解すると今度は罪の意識にさいなまれ，コニーには今までとは違うつらい失望感が押し寄せた。私たちは彼らのあらゆる感情を抱えて，しばしの間一緒にただ座っていた。「一緒にやってみましょう」と，私はもう一度彼らに働きかけた。私たちは，その後何年も続く集中的なセラピーの出発点に立っていた。3つの段階をよろよろと進みながら，私はコニーとバートの夫婦面接，個人面接，それに他のメンバーを加えた家族面接を行った。

継親もリソースを運んでくる

　継親を得ることはチャレンジだが，それもまた新しいリソースを家族にもたらすことができる。外向きで時々気まぐれなサビナ・ダンフォースの実母がエリックと出会ったのはサビナが9歳の時だった。

「エリックは私たちを感情の嵐から守ってくれる」
　私も私のママも短気なの。エリックはたいていどちらの肩も持たずに公平に接してくれる。エリックが怒るのは1つだけ，エリサのママにカッカッする時だけよ。たいていの場合，エリックは私たちを感情の嵐から守ってくれるのよ。エリックはビジネスマンで，どうやって物を片付けるかを知ってる。エリックは私に部屋を片付ける方法を教えてくれたわ。私のママは，片付けろってそう言うだけなの。それで，私は片付けに行くんだけど，何も片付かなくって，それでママがすごく怒るわけ。エリックはというと，

第 4 章　第 2 のチャレンジ　81

> ママを追い出して，私を手伝ってくれるの。エリックは私に整理整頓のやり方を示してくれるのよ。

　現在 18 歳のノア・ヘラーは，彼女の新しい継母についておそらく的確に理解しており，継母が彼女を助けてくれたと感じている（ヘラー家族のジェノグラムについては 70 ページを参照）。

> **「モナは私の人生を救ってくれた。同じように私の家族も救ってくれたと思う」**
> 　僕は自分が男の子であったことを知っていたのだけれど，僕は女の子として生まれた。僕の実母は僕に長い巻き毛の髪形をさせ，そして僕にドレスを着せようとした。僕はジーンズと T シャツを学校に持って行き，そこで着替えたんだ。でも，そのことに気づいた実母が僕のジーンズと T シャツを全部滅茶苦茶にして，燃やしたんだよ。自分の胸が膨らみ始めた時，僕は心から自分の体が嫌になった。僕は自分を傷つけ，ドラッグをやって，そしてお酒を飲み始めた。僕は自分が女の子として生きていくのを想像できなかった。だからと言って，他の解決策も見つからなかった。僕は暗い場所へと落ちていく，まさにその途中だった。
> 　僕のパパがモナと知り合ったのは，僕が 12 歳の時だった。モナについては大変なことがあったよな。たとえば，僕の実弟と実妹と僕は本当に静かな人たちなんだ。でも，モナの娘たちは僕が今までに会った中で最も騒々しい人々だった。でも，モナは僕の人生の中で，そのことを最初に理解してくれた人だった。モナは僕が話ができるように手伝ってくれた。モナは僕と同じような子どもたちに会えるよう，僕をある場所に連れて行ってくれた。モナは僕のパパがそういうことを理解できるように手伝ってもくれた。モナは PFLAG（レズビアンとゲイの親，家族と友人たちの会）にパパをむりやり連れて行ったんだよ。
> 　今，モナは PFLAG に実母を連れて行こうとしている。モナはとても頭がいいよ。モナは僕のママ（実母）を攻撃したりしなかった。モナは僕のママ（実母）がすごく大変な時を過ごしていたのを理解して，そして実母

> にたくさん話しかけた。モナは性転換について，僕が誰かに話せるように手伝ってくれた。モナは僕を救ってくれた。僕はモナが同じく僕の家族も救ったと思うよ。

　新しいステップファミリーの関係は「すでに違っていること」に苦しんでいる子どもたちに，さらなる孤独とスティグマをもたらす。さらなる重荷につぶされてしまう。研究は，ノアのような子どもたちを大人がわずかでも受容することで，自殺，うつと薬物乱用のリスクが下がると示している。これは，新しく加わった受容的な継親は大きく岐路を変えることができることを意味する[20]。これらの調査結果は，同じ世代の子と「違っている」と感じ，苦しんでいる他の継子たちにも確かに適用できる。

最善策：継子たちのウェルビーイングを サポートするために，カギとなる方策

　子どもたちのことをよく考え，状況の変化を注意深く，うまく対処すればより適応しやすくなる。

（Cartwright, 2008, p.217）

一般的なガイドライン

- **子どもについて尋ねる**

　私自身の臨床は大人に焦点を当てている。だが，私がどんなチャレンジに焦点をあてようとも，前もって，ステップファミリーの子どもたちそれぞれについて少しは知っておきたい。それぞれのお子さんについてあてはまる形容詞をいくつか教えてくれませんか？　それぞれの大人にとって，一番接しやすい／難しい子どもは誰ですか？　各々の子どもは何が得意で，何に困っているのか，ご存じですか？　子どもたちのチャレンジに焦点を当てる時は，以下のパラグラフにあるように，アセスメントのための質問を付け加える。

- **誰がセラピーを受けるべきか？**

　子どものセラピストとスクールカウンセラーは，「言うことを聞かない子ども」

や「元気のない子ども」を見るようしばしば要請される。特に，ステップファミリーでは，子どもたちの適応の問題は，大人の期待そのものが的外れなものであったり，親の思いやりの不足や葛藤にさらされていること，あまりにも多くの早過ぎる変化にしばしば由来する。スキルと思いやりのあるセラピストは，困難な状況にある子どもたちにとても助けになる。だが，重要な点は，その親と一緒に注意深くアセスメントをすることである。ここにチェックリストがある。実親子二人きりの十分な時間があるかチェックする。大人が子どものチャレンジについてどう理解しているか，どれくらい共感的に反応できる力があるのかを聞き取る。しばしば大人は興奮して子どもが耐えられる以上のスピードで事態を動かそうとする。第5章には，継親ではなく実親が子どものしつけを担うことが書いてある。第6章では，変化のペースを調整することについて詳細に触れる。第7章では，大人たちが，どれくらいのレベルで緊張と葛藤に晒されているのかについて詳しく述べる。

　親の共感性を深めることに焦点を当てた親子面接は，ステップファミリーの子どもたちにとってしばしば極めて重要なセラピーの一部である。また，大人のステップカップルをサポートするために，インサイダー／アウトサイダーの問題や子どもたちからのチャレンジ，実親と継親についての効果的な役割について心理教育とガイダンスを与えることが重要である。[21]

- **ステップファミリー全員と会うのはあまり得策ではない**

　元気がない継子の親たちが家族療法を求めることが増えてきた。また，大人たちもスクールカウンセラーやソーシャルワーカー，牧師やユダヤ教の指導者，医師にステップファミリー全体と会ってほしいと頼み込むかもしれない。しかしながら，子ども，継親，実親それぞれが同席する場面でそれぞれの思惑を達成することは難しい。それぞれのサブシステムの多様なニーズを満たすための一番いい方法は，ステップカップル，実親子のユニット，兄弟／継きょうだいのグループ，そしてもし必要なら元の配偶者のペアレンティング・チームというように，別々に会うことだ。家族療法のセラピストにとっては，Scotto Browningによって書かれたステップファミリーのセラピーに関する素晴らしい本が役に立つであろう（Browning & Artfelt, 2012）。

- **「救世主願望の罠」に気をつける**

　ステップファミリー全員との面接は得策ではないが，一方で**システミックに考**

えることによって，救世主願望の罠にかからないようにするのも重要である。この章の冒頭に出てきたEメールの中で，大人たちは継子たちを「反抗的」「操作的」「対立している」と特徴づけていた。子どもたちは私たちに，圧倒されるような激しい変化と，ぞっとするような愛着の断絶に対処しようと最善を尽くしていると話す。状況が絶望的になってくればくるほど，実親，継親と子どもたちは一方向からのストーリーしか話せなくなるであろう。

特に，子どものセラピストは大人の行動が彼らのクライアントである子どもを傷つける時，怒りの感情にさらされやすい。悲しみにくれた青年ブランドン・シジンスキーは彼のセラピストに「僕の継母は，パパと一緒にいたいと言うと怒るんだ。僕のパパは本当に継母に言われるがままなんだよ」。ブランドンのセラピストであるジルは，継母が冷たい人で，父親は流されやすい人だという彼の言葉を簡単に鵜呑みにしたかもしれない。この善意の「サポート」は，ブランドンをより孤立させ，彼の新しい家族をバラバラにするのに拍車をかけていたかもしれない。

私はブランドンのために，彼の気持ちをよく理解でき，しかも実父や継母と対立関係を作らないセラピストを注意深く選んだ。ジルはこう話した。「おや，君は今まさにお父さんを必要としているのね」と。その後で，彼女はこう付け加えた「ステップファミリーの大人は，子どもたちの気持ちがどんなものか理解するのが時に難しくなるのよ。それで，子どもたちは辛く感じるのよね。このことをどうやってお父さんに伝えたらいいか，やってみましょう。私たちがここにお父さんを連れてきて，私がお手伝いをするのはどうかしら？」

ジルはまた，ブランドンをうまく誘導し，当初は反対していたジルが私に連絡を取ることを承諾させた。「あなたが私とシェアしたくないことがあったら，そう言ってね」と確認した。さらに，「でも，私はあなたに何が起こっているかをパトリシャが理解してくれたら，もっとあなたの助けになると思うわ」と彼女は言った。

レベルⅠ　心理教育

子どもたちの喪失体験を和らげるよう援助する

- **実親子で定期的に，計画を立て，一貫した一対一の時間を作る**

実親子のサブシステムの中で一貫した時間を増やすだけで，「アクティングア

ウト」やうつが明らかに減少することがある。他のことをしながらの時間はこれに含めない。「これは私たちの時間。私たちだけ」。もし可能なら，実親子で休暇に行く機会を作る。

- **どちらか一方／片方ではなく，両方／一緒に**

実親子の時間と確実にカップルの一対一の時間のバランスをとる。

- **意識的に実親子の間で温かさとつながりを維持する**

初期のステップファミリーの生活上のチャレンジは，実親子間にネガティブな反応がかなり増えることである。新しいパートナーが来る前にも後にも，一緒にいる時も，実親の温かみと共感を増すように実親を指導する。大人たちにとって，彼らが子どもたちに与えたポジティブなメッセージとネガティブなメッセージの数を実際に数えることも有用である。一つのネガティブなメッセージに対して，少なくとも5つはポジティブなメッセージを送るように心がけよう。

- **実親子のつながりの時間のために「合間の空間」を用いる**

ステップファミリーの日常生活でいろいろな感情や，生活の具体的な細々したことについてアドバイスすることは，彼らのペアレンティングを楽にする。Ron Taffelのいう「合間の空間」と呼んでいるものをうまく用いて，子どもたちの話に耳を傾け，抱き寄せ，子どもたちと一緒にいるのを勧めたい[22]。朝食の前に少しだけ時間をとる。毎日，子どものベッドタイムを親密なものにしよう。子どもと一緒に学校まで出かける。編み物をしている時は静かな時間を過ごす。

- **家族の時間が張り詰められたものであれば，短くしよう**

家族の時間がうまくいっているなら，そのまま続けよう。もし，そうでないなら，家族の時間を短くし，一対一の時間を作り家族全員の関係をサポートするのに集中しよう。

- **子どもに何が同じで何が変わるかを伝えよう**

「僕たちはこれからも『抱っこの夜』は続けよう。それに，僕たちだけで過ごす時間も引き続き確保するようにしよう。夜8時以降は静かに過ごす，これが大きく変わった新しいことだよ。それを一緒にやろう」。

- **スキンシップは大人だけで**

新しいカップルは非常に愛情に満ちており，それを体で表現することが多い。多くの大人たちは，これが子どもに良い見本を示すことになると信じている。一般的には，これはいくつかの**初婚**の家族にはあてはまる。ステップファミリーで

は，子どもたちは実親が継親とスキンシップを取っているのを目にすると，喪失体験が増し，忠誠葛藤が強くなる。侵入されたと感じるのだ。もちろん，ステップカップルも寄り添い，キスをし，抱き合うのを十分に楽しめるし，楽しむべきだが，それは子どもたちの目に見えない二人きりのところで行うべきである。初めの頃は，手をつなぐことでさえ，子どもたちには刺激が強すぎるのである。

- バスローブが必要だ！

初婚の家族の中では許されるかもしれないヌードやセミヌードは，継親，子どもたち，血縁関係のない継きょうだいたちにとって，性的な意味が数多く含まれている。非常に幼い子どもたちは別としても，お互いの前ではきちんと洋服を身に着けて過ごすことが必要だ。

子どもたちの忠誠葛藤を和らげよう

- 子どもたちの忠誠葛藤は普通のことである

「忠誠葛藤」は，円満に離婚した場合でも出てくる問題だ。「もし，私が新しいママ／新しいパパ」を好きになったら，自分の本当のママやパパを裏切ったような気持ちになる」。特に忠誠葛藤が強い場合は，子どもが非同居の実親と特に関係が近いことを示しているだけなのかもしれない。

- 「ほかに情報が漏れる」のに注意する

攻撃的な元配偶者や子どもの別の家庭にいる継親に対する不満は強い力をもつかもしれない。私はクライアントに「あなたの友達や美容師，もしくは私に話して下さい。**あなたの子どもたちに話すのはタブーですよ**」と言う。大人の意見が一致していないことは，必ず子どもの耳に届かないところで話されなければならない。第7章で子どもたちが抱える葛藤の影響についてより詳細に述べる。

- **「忠誠葛藤について話そう」**

「忠誠葛藤について話す」ことは，子どもたちの拘束をほどいてくれる。忠誠葛藤は，実親，継親，元の配偶者，先生やカウンセラー，伯母・叔母さんや伯父・叔父さん，祖父母と話し合うことができるし，話し合うべきである。ここに1つの例がある。

「継親を持つことで，ある種混乱するかもしれない。君に知っていてもらいたいのだけど，君のママは君の心の中にずうっといるよ。そう，まるで太陽や地球みたいにね。パパは，君がクレアのことを大切に思ってくれたらいいなあと思う。

でも，君がそうしたからといって，クレアの存在は君の心の中で君の本当のママとはまったく違う場所にある」。思春期の子どもたちは，自分たちが何でも知っていて何でもできると思いたいものだ。「多分，もう君はそのことに気づいているでしょうけど……」と言って始めるのがいい。

継きょうだいの問題を援助する
・**子どものインサイダー／アウトサイダーの問題に気を配る**

非同居の実親の子どもたちがアウトサイダーとしてやってくる。逆に，彼らの継きょうだいにとっては，継親の子どもたちは侵入的で脅威的だとさえ感じる。分け合うことは大事なことではあるが，複雑な家庭の子どもたちは誰かとシェアしなくてもいい場所がいくつか必要である。それぞれの子どもが，たとえば特定の衣装箪笥の引き出し，ベッドルームの壁の一面，バスルームの特定のエリアなど，彼らだけのスペースを確実にいくつか持つように保証する。インサイダーが今までと同じように過ごせることを尊重しつつ，かつ，アウトサイダーがテレビ番組，食べ物，スペースの使い方，家族のアクティビティなどについて希望を言うことを尊重するような家族のルールを決めよう。

・**継きょうだいたちがつながりを持つ，もしくは距離を保つように援助する**

継きょうだいたちの関係は親密で，お互いにいい影響をもたらすものもあれば，子どもたちのチャレンジによりストレスが高まる場合もある。「私たちは一つの家族なのよ」というのは大人の願いであって，子どもたちにとって現実味を帯びたものではない。もし，継きょうだいたちがお互いに嫌っており，間違ったやり方で傷つけあうなら，彼らの間にいくらか距離を置けるように支援しよう。

・**安全で尊重できるような行動についてのルールを取り決めよう**

「子どもたちに任せてみよう」と言うには，まだ早い。実きょうだいと継きょうだいの間で尊重すべき行動について，明確なルールを決め，家族の子どもたち全員を守ろう。近くで見守り，さりげなく子どもたちにやらせてみよう。

他に役立つこと
・**スピードを減速することで事態がうまくいく**

継親子には控えめなイントロダクションから始めよう。プレイグラウンドや公園などの中立的な場所がしばしばうまく作用する。継親にもいくつかのアクティ

ビティに参加してもらい，駒を進めよう。宿泊はゆっくりと始めよう。特に，初期は「家族の時間」を中断してゆったりとした実親子の水入らずの時間を持とう。特別な実親子のアクティビティに継親を加えるのはやめよう。子どもたちに，いつアウトサイダーが一緒にいるのか伝えよう。ステップカップルが同居を急がないように手助けしよう。何人かの子どもにとっては，家族のイベントに友達を連れてくることで，摩擦を少なくする。

- 同じ家族の中でも子どもによっては違うペースで変化する

うまくいくステップファミリーは「心理的な変化のスピードの違い」を受け入れている（Pryor, 2008, p.583）。一般的に，9歳以下の子どもたちと男の子たちは，年上の子たち，とくに女の子よりも適応するのはたやすい。度重なる喪失を経験した子どもやより強烈な忠誠葛藤を抱える子どもたちは，より引っ込み思案で不安が高い。特別なニーズがある子どもたちは，たいていの場合はよりゆっくりと変化していく必要がある。疑わしい時は，スピードを落とし，「家族の時間」を減らす，（カップルの時間とのバランスが取れた）実親子だけの時間を増やしなさい。

- 愛ではなく，礼儀正しさを求めよう

私たちは，継子や継親に対して互いを愛するよう，もしくは好意をもつことを求めることはできない。でも，すべてのステップファミリーに礼儀正しく，相手に親切にするよう期待することはできるし，そうすべきだ。重要なことだが，一緒に過ごしたくない人に対して，礼儀正しくするのは難しいことを忘れてはならない。

レベルⅡ：大人たちが子どものチャレンジに立ち向かうために必要となる対人関係スキル

- 親の共感性を高めるようなジョイニングを使う体験

ジョイニングの構造は，子どもの抱える喪失体験と忠誠葛藤に実親が共感するのをサポートするのに非常に役立つ。「ブランドンが話したことについてあなたがどう理解したのか，彼に伝えられますか？」（第15章のジョイニングのための段階的な進め方）。ジョイニングは「相手が感じたことを感じられる（feeling felt）」安定した感覚を持って調整するので，子どもの立場から両親が伝えるのを助ける（Siegel, 2003）。実親子のペアで取り組む時は，ジョイニングは，実親**か**

ら子どもたちへと一方通行で始まり，しばしばその状態が継続する。幼い子どもたちや非常に傷ついた年上の子どもたちに実親の気持ちを理解するよう求めるべきではない。ただ，青年期の子どもとより年齢の高い子どもたちには，実親から十分に理解してもらったと彼ら自身が感じられた**後で**，他人の話に耳を傾けるスキルを学ぶように促してもいい。

- **喪失感について子どもたちが表現する言葉をもてるよう大人を援助する**

「前は，あなたとお父さんだけだったのよね。それから，お父さんはパウルと一緒になって，すべてが変わったのね」。

- **PLACE**

Dan Hughes（2009）の頭字語 PLACE（playful 楽しい，loving 愛情のある，accepting 受け入れる，curious 興味を持つ，empathic 共感する）は親のとても良いガイドになる。古典的な本『How to Talk So Your Kids Will Listen and Listen So Your Kids Will Talk（あなたの子どもが耳を傾けるような話し方，あなたの子どもが話すような聞き方）』（Faber & Mazlish, 1980/2012）の前半は，親の共感について，順を追って説明された素晴らしい入門書である。町の図書館に行くと，Faber の素晴らしいビデオがおいてある。私はカップルに一緒にそのビデオを見るようしばしば宿題を出す。

- **大人たちは気持ちを落ち着け，子どものエネルギーに半分だけ合わせる**

「カッとなりやすい」大人は子どもたちの調整機能を阻害する（Siegel & Hartzell, 2003；Siegel, 2010）。一方で，大人たちがやっきになったり，逆に無関心になることでコントロールし続けようとすると，子どもたちは一人ぼっちで取り残されてしまう。Dan Hughes は役立つヒントを提供してくれている。子どもがとても怒っている時，あなたの気持ちを落ち着けなさい。ただ，半分くらいだけ子どものエネルギーに合わせなさい（Hughes, 2008）。「クレアが来る夜は，君は本当にプンプン怒っているよね」とジョーク交じりに言う（こうすることによって，実親たちにも愉快なものになる）。

- **子どもたちが困っている時，ステップカップルがつながっていられるように手助けする**

大人の間でもそうだが，子どもたちを落ち着かせる共感的なつながりという神経生物学的な同じ回路を開くべきである。継親にとって，拒否され無視されるのは苦痛なのだ。ある実親の思いやりは，もう片方の憤慨した継親を落ち着かせる

のにしばしば最強のツールになりうる。実親たちは気づかないことも受身なこともある。だが，それは関心がないわけではなく，子どもたちについて基本的に異なる経験をもっているからなのである。

レベルⅢ　子どもたちが悪戦苦闘している時に実親が抱える精神内的問題

　子どものセラピストたちは，これらの問題について専門知識をたくさんシェアしているので，臨床の文献で彼らがどう貢献しているのか見てみたい。一方で，大人と取り組むことが，子どもたちにチャレンジに立ち向かうよう助けるカギとなることが多い。この章の終わりに示すケースはまさにこの一例である。

子どもに影響を与える大人の問題
- 親の傷つきやすい部分

　ステップファミリーで効果的なペアレンティングをするためには，実親は子どもたちの苦痛に寄り添うことが求められる。子どもが苦しんでいるのを見たい実親はいない。しかし，実親自身が十分な養育を受けてこなかった場合や，激しい感情を処理するのに誰にも寄り添ってもらえなかった経験をした実親は，子どもの苦痛に対処するのは特に難しいと感じるかもしれない。

　ある人は，急いで「修理」作業を始めるかもしれない。別の人は拒絶するか，ぼおっとしてわけがわからなくなるかもしれない。子どもたちの苦痛のことで頭がいっぱいになる人もいるかもしれない。心理教育やいくつかのスキル形成にもかかわらず，実親が子どものケアをできない，落ち着けない，子どもたちと思いやりに満ちたつながりを一貫してもてない場合は，精神内部に注意を向け始めるか，もしくは相談先を紹介する時である。

　情報やスキルを積んだにもかかわらず，システムがまだうまく動いていないなら，外部の出来事（パートナー，子ども，元の配偶者の行動）に焦点を当てるのはやめて，個人の内的世界を探索する時なのである。このより深いレベルに移行するには，内部への「逆戻り（Uターン）」とDick Schwartzが呼んでいるものが必要とされる（Schwartz, 1995, 2001, 2008）。精神内部のワークに移行し始めるカギとなるのは，「くり返し，くり返し」の感じとか「もう過ぎた話だ」という感覚である。

- 継親にとって手強い部分

　部屋に入ってもあなたのことをまったく視界に入れない，もしくはあからさまに不満を言う子どもたちと一緒に暮らすのを楽しめるような聖人はどこにもいない。しかしながら，子どもとして受け入れてもらえず，身体的もしくは心理的虐待から守ってもらえなかった継親，それに，注意や安全なつながりという基本的なニーズを満たされなかった継親は，特にこの行動に我慢できないのに気づく。子どもたちの喪失感や忠誠葛藤についての心理教育，それに実親子の時間と十分なカップルでの時間のバランスをとることは有用だ。継親が継子の行動に非常に刺激される時は，精神内部レベルに舵を切るか，別の相談先を紹介する方向に動く時だ。

大人の意識を内側に向け，子どもの悩みに気づかせる

　例のごとく，いきなり質問してみよう。「あなたの心持ちはどうなりますか？　もし娘さんが悲しんでいるとしたら……」「息子さんが継母のことが嫌いだといってきたら……」「あなたの継娘が挨拶すらしなかったら……」。初期のセッションにおいては，時間をかけてよく共感して，それからこれを心理教育やスキルの形成に織り込んでいく。

　もし反発が続くようであれば，(「彼の子どもがあいさつしてくれないの」といった）外部事象の羅列を聞くことではなく内部処理のほうに注意を向ける。常に問題の現実を確実に認識しながら一手一手内に内にと打っていく。「子どもが悲しい思いをしてほしいと思う親なんていない」「自分のことを見てくれない子どもと一緒に暮らすことが好きな人なんていないんだ」。そしてさらに「**さらに，このことについては，あなたがどんなに賢明でも，取り扱うのがとりわけ難しそうですね**」。このことについては第16章に詳しく載っている。

2つのケース

　この2つのケースにおいて，二家族は子どもを支えるという難問に対処するためにそれぞれ大きく異なったアプローチを取った。数回の心理教育のセッションは，ジョディ・ジェイキンズやそのパートナーのデュエイン・キングがより良いチャートを示す助けとなった。一方チェン／シジンスキー一家の道のりはまだま

だ険しい（ジェイキンズ／キング家族のジェノグラムは7ページ参照）。

ジョディとデュエインの座礁回避

ジョディ・ジェイキンズは昔の個人クライアントである。彼女は長期休暇の後私に電話してきて、ついにすばらしい人に出会えたと言ってきた。しかし、ジョディは困惑し恐れているようであった。彼女の11歳の娘ジェンナの態度が悪化してきて「事態が緊迫している」らしい。

娘は父親ができて喜ぶと思ったのだけれど……

ジョディは新しい恋人デュエイン・キングとやって来た。二人は同棲を始めて6カ月になる。ジェンナの態度というのはデュエインの言葉を借りると「どんどん生意気に、泣き散らし、母親にべったり」。デュエインは「僕がジョディと二言以上しゃべろうとすると必ずジェンナが割って入って邪魔してくるんだ。腹立たしい限りだよ」とも言った。私はジョディがデュエインに手を伸ばし、優しく諭すのを見た。「ジェンナと私は11年間も一緒に暮らしているんだもの。大きな変化なのよ」。私はデュエインが伸ばされた手を取るのに気づいた。「何年間もずっと父親がいなかったからこそ、父親ができてうれしいはずだと思ったのだけれど……」とすこし寂しそうに言った。「分かっているわ」とジョディも答えた。「新しい家族を作るというのはとってもよいことだと思ったんだけれど、散々な結果になるなんて」。

ジョディとデュエインのためのより良い地図

期待を裏切られたが、この男女は落ち着いて情愛にあふれていた。お互いに消極的な気持ちを顕にしたものの、責めや批判の意はこめられてはいなかった。私はデュエインのジェンナへの「生意気な」というどちらかというと冷淡な表現が気になったが、とげのある言い方ではなく、ジョディの過去を思い出させる発言を受けデュエインは口調を和らげていた。これらのことは彼らがかなり分別のある対人関係スキルの高い男女であることを示唆している。私はより良い地図とある程度的確な案内があれば正しい

道へ戻すのに十分かもしれないと期待した。

「思った通りにはいかなかったみたいですね」と，私は口火を切った。二人とも頷きソファーに一緒に寄りかかった。「いったい何が起こっているのかを理解する手助けができると思います。いいニュースとしましては，恐ろしくつらいものの，これはかなり一般的に起こりやすいであろうこと，それに間違いなく助けになるものがあるということです。いいですか？」

「まず，難しいところから」私は，大人にとってプラスになったと思えることがよく子どもにとってはマイナスになっていること，そして思春期直前の女の子にとって自分の母親が恋愛をしているというのは特にその傾向が強いことを説明した。「まさしくジェンナだわ」とジョディは断言した。デュエインとジョディは，デュエインが越してきてからジェンナが母親と二人だけで過ごす時間が消滅してしまっていたことにすぐ気づいた。「私たちは全員一緒に時間を過ごすことが正しいことだと勘違いしていました」とものの悲しそうにジョディは述べた。「別にそう思うのはあなただけではありませんよ！」私は彼女を安心させました。「お互いに私の話を聞いてみてどう思ったか伝え合ってみてはいかがですか？」彼らはお互いに失望や安堵を率直にそして穏やかに分かち合った。デュエインはジェンナの喪失の度合いを理解し「彼女が不平を言っていたのも無理もない」と思慮深く言った。

「交じり合い（Blending）」から「区切ること（Compartmentalizing）」へのシフト

変化を加える準備が整った。われわれはいつもの午後や夕方の時間のいくつかを「ママとジェンナの時間」として築き上げた。われわれは簡単にジョディとデュエインのインサイダー／アウトサイダーの立ち位置の行き詰まりについて話した。「聞き覚えありますか？」私が聞くと気さくに「モチだよ（もちろんだよ）」とデュエインが言った。われわれはジョディとデュエインの定期的なデート日を決めた。彼らは快くジェンナの前では身体的接触を抑え，朝のハグなどのもっとプライベートで親密な行為で置き換えることに同意した。われわれはジョディ抜きでデュエインとジェンナが独立した関係を気づけるよう，彼らだけで一緒にできる作業を考えた。ジョディはデュエインが好きなことでジェンナも間違いなく楽しんでくれるであろ

うパン作りを提案した。
　私はデュエインがアウトサイダーの立場から免れ引きこもるための「隠れ場所」を家の中に作ることを提案した。私が彼にこの点についてどう思うか聞いてみたところ，デュエインは小さく笑って言った。「いやあ，実は僕は罪悪感を感じていたんだ。もし逃げたいという思いがあったら家族の一員になれていないんじゃないかって。肩の荷が下りたよ」。彼はジョディのほうを向いて「ねぇ君はどう思う？」ジョディは「ちょっと失望しちゃうけれど，分からないでもないわ。ジェンナがあなたの気に障っている時そんな感じのしかめ面をしているもの。それをみるとこっちもピリピリしちゃう！　思うに，そんな時はあなたはどこかへ行ってしまうのが一番いいのかもしれないわね」。少しの間彼女は静かだった。そしてそっと「一人で育てるというのはまだまだ終わりじゃないもの」。
　ジョディとデュエインと私は数回会った。この数カ月でこの新しい家族のストレスは和らいだ。ちょっとした衝突はまだあるが，ジェンナの行動は驚くほど改善した。デュエインは，私にメールで「船を座礁から抜け出せた」とほこらしげに伝えてきた。

バートが彼の息子の親となるための内的探求

　ジョディとデュエインが落ち着いて愛情深かった一方，バートとコニーはクリニックでよく背中を丸めて緊迫していた。ジョディとデュエインは比較的簡単に自分たちの混合（blending）の理想を放棄し，もっと現実的な道を選んだ。彼らのジェンナに対する感情移入は明らかであった。まったく同じ事実がコニー・チェンとバート・シジンスキーを打ちのめしていた。第3章において，コニーは彼女の家でのアウトサイダーの立場に陥りやすくしている打撲傷を直すための自身の内的探求を始めていた。バートについてもかなりやることが多い。

　バートの青年期の息子ブランドンはうまくいってなかった。コニーが新しい家族内の悪者と決め付けることはたやすい。しかし，ブランドンのセラピストのフィードバックは，バートの心理的存在の欠落が彼の実息子の

落ち込みを引き起こしている主な原因であるとはっきりと述べていた。
　バートは取り乱しながら個人セッションに来た。彼はすぐに次から次へとコニーとの悲惨なやり取りと，急を要しかつ失敗している，ブランドンとコニーを共にとりなすための試みについて話し続けた。夫婦面接ではバートがお決まりのアドバイスをすることが，さらにコニーの絶望に火を注ぐのが見て取れた。バートは考え深く愛すべき男であるが，人の気持ちになることはなかなか難しかった。今では，頭の中では彼の実息子（そして妻）が彼が共感しながら側にいることを必要としているのだと理解している。しかし，彼に近しい人が苦しんでいるとき，彼の中の何かが反射的にほぼ麻痺，または修理モードに移行してしまうようであった。われわれは「ペーパーナウの感情の打撲傷理論」について話した。これまでバートは自身の内的世界を探求してみることをたびたび拒否してきた。しかし，ブランドンとの関係が深刻化したことがついに扉を開いたのだ。

問題を認識し「逆戻り（Uターン）」させる
　私は自分を落ち着かせて次の段階へと足を進めるためにさらに一歩踏み込んでみた。「どんな親にとってもブランドンのように落ち込んでいる子どもを見るというのはとてもつらいものです」「最悪だよ。まるで拷問を受けているようだ」バートはため息をついた。「あなたは何とかしてあげたいと思っているんですね」と，私は言った。「だが，なにかが踏み留まらせているのではないですか？　頭の中ではブランドンにとって一番必要なのはあなたという心ある存在だと分かっているはずなのに」。もう3度目か4度目になるが「あなたの中になにかあなたを痛めつけているものがあって，それが物事を難しくさせていることはあなたと私の間ではお互い分かっているじゃありませんか。そろそろその傷を治していきませんか？　そうすればブランドンが望む父親になることができます。誓って言いますが，コニーさんにとってもそのほうが楽ですよ」。今回は，何とかして息子の力になりたいという思いから，バートは私の誘いを受け入れた。

壁を知ること
　内的家族システムモデル（Internal Family System model）に基づき，

バートの「思考停止のような」という感覚の根本を追った。バートは6歳の頃疲れて寝てしまうまで泣き喚く自分の姿が脳裏によぎった。そして「何もないんだ。空っぽだ」と言った。バートの両親は移民2世で「成功した」人だった。父親は外ではみなに愛される医師であったが、家庭では暴力的な恐怖の対象であった。「空っぽ」は当時小さな子どもであったバートが完全に押しつぶれされないための自己防衛ではないかと予想した。「(心の中の)誰かさんはそこへ行きたくないようですね。それも無理のない話ですが。それを探ってみてみましょう」。

バートは目を輝かせた。「大きな壁があるんだ。そして壁が言うんだ「もうたくさんだ」。「もうたくさんだった、なのでは？ 6歳の小さな子にとってはね」と私は答えた。この真実はバートの中で何かの堰が緩んだ。まだ壁は動く準備はできていないものの、われわれに姿を現した。壁はわれわれに、誇らしげに小さな男の子が自我を保つためにいかに自分が役立ったか、そして誰も大人は助けてくれなかったということを語った。そこで壁は自慢げに話し、首尾よくすぐに、わずかな感情的な苦痛のシグナルを放った。壁は、無力で怯えた小さな男の子の面倒をみようとしたが、確かに孤独だったと打ち明けた。しかし、他に手立ては無かったと言った。

私は壁に向かって「確かにそれは本当のことだった」と再び意図的に過去形で言った。「もし、今なら、私とバートがその男の子を助けられるとしたら？」。壁は、当然だが、とても疑り深かった。むしろ、壁ができた理由を考えてみれば、それはとても馬鹿げた案であった。しかし、壁は、己の努力は空しく、男の子の無力さを隠しただけで直すことはできなかったと認めた。

白馬の騎士が壁を攻撃すると……
二人でのセラピーが平穏になっていくにつれ、バートとコニーの双方とも自分の個人的な課題をお互いの前でやるようになっていた。バートはコニーに打ち明けた「僕の親父は我を忘れるんだ、弟や僕やお袋に暴力を振るったりね。お袋はよく「人に言ってはいけないよ。さもなくば家族を滅ぼすことになる」って。だから僕たちは言わなかったんだ」。結果として生じた「おぞましい物を隠している」という意識は恥の泥沼を大きくし、壁

の出現の原因となった。後に，われわれは壁と密接に協力し，共に無力さや恥を留めていた「修理屋」の役割について学ぶ。

　幾多のセッションを通じて，彼を蝕んでいた欠如の意識が浮かび上がってきた。バートはだんだんブランドンに対してだけでなくコニーに対しても存在感を示すようになってきた。私たちはバートとコニーの役割の相互作用についても記録をつけ始めた。なにか少しでも欠如しているという意識によって，バートの擁護者が呼び出され，コニーの中の寂しく怯えた女の子を傷つけ，次は女の子が彼女の白馬の騎士を呼び出し，怯えた無力な男の子を傷つけ返すのだ。これによって壁は「兵士を集めろ！」という命令をださせる。コニーは「白馬の騎士が壁を攻撃すると，めちゃくちゃになっちゃうわ」と冗談交じりに言った。

バートとブランドンの関係の修復

　コニーのなにやら渋々といった同意の下，バートと私はブランドンと彼のセラピストであるジルと何回か面談をした。ジルの助けの下でブランドンは自分の父親に母親が病気だった間，どんなに怖かったか，どれだけ未だに母親のことが恋しいか，未だにどんなにひどく寂しいか語り始めました。1回に1, 2の言い分を表現する程度のペースで，われわれはバートを落ち着かせるためにジョイニングの構造を駆使し，バートは自分の息子と真にわかりあうことができた。

　頻繁にあることだが，コニー自身ではなくバートとブランドンの関係に問題の中心があったのを見て，コニーは安堵したようであった。これによりバートに対し息子からこのようなことを聞いてどう思ったか遠慮なく聞くことができた。「とてもつらいものだった。だけどそれと同時に安心したよ。やっと息子を取り戻した気分だよ」とバートは答えた。のちのセッションでコニーはバートに「あのね，あなたがここによく来ているのに気づいたの。私やブランドンどちらかのためだけなら来なくてもよかった日があったはずなのに。私たち両方のためにいっぱい来てくれているのね」。

第4章のまとめ

再婚というのは子どもにとっては自然なことではない

(Claire Cartwright, 2008, p.213)

　ステップファミリーになることで,子どもは喪失,忠誠葛藤,そしてついていけないほどの早さで大きな変化に直面する。実親は自分の幸せを差し置き,子どもの気持ちを考慮し,より良い状況の変化をもたらすことができる。ステップカップルが新しい人生を一緒に歩みたいという思いと子どもの拠り所やつながりとの間でバランスを取ることができた時,子どもというのはうまくやっていくことができ,時には新しい関係さえもより良く育むことができる。

第5章

第3のチャレンジ
大人を分極化させてしまうペアレンティングの課題

ステップファミリーにとって，ペアレンティングは独特の問題を生じさせる。ステップファミリーという家族構造は，ペアレンティングにまつわる課題で継親や実親を，対立を深め合うサイクルに引き込む可能性を潜在させている。いくらかは初婚家族でのペアレンティングの経験を応用できる一方で，初婚家族とステップファミリーの違いとペアレンティングの違いを理解しておくことは，こうしたチャレンジに立ち向かう際に重要である。

チャレンジ

ペアレンティング・スタイルを理解する

この便利な図はそのチャレンジを明確で見やすい形で表す。Daniel Amen の功績が原型となっているこの図は，愛情と敵対，厳格と許容という軸を設定することで4つのペアレンティング・スタイルを分類している。ゴシックで重ね書きした4つのうち3つは，Diana Baumrind と彼女の同僚が行ったペアレンティング研究の大部分と完全に合致している。[(1)]

- **権威的な子育ては愛情と厳格さを併せ持つ**（「ジョンを受けいれるのが難しいというのは分かる。でも彼に礼儀正しく敬意を表す必要はあるよね」）

権威的な実親は温かく，共感的で，優しい。さらにそうした親は子どもに発達的で現実的な態度を期待すると同時に，彼らの感情の自主性を尊重しつつ，その活動を監督する。権威的な親は基本的に適正な覚醒の下で子どもと関わる（p.20, 図2-1を参照）。多くの経験的データが，左上のセクション（権威的）のような子育てが，どのような家族形態（離婚のない家族，シングル・ペアレント，ステッ

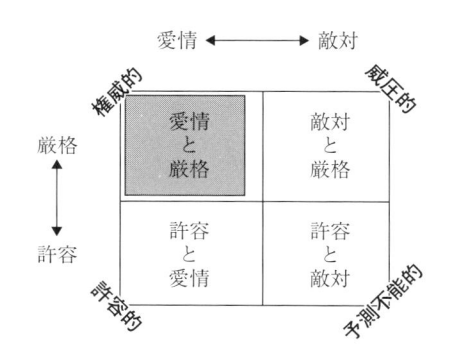

図 5-1　ペアレンティング・スタイル
Daniel G. Amen, M.D.（2000），「疲弊した親のための新しいスキル」p19 より，転載許可済み

プファミリー）であっても，子どもに最良の経過をもたらすことを予測させる最良の指標である。権威的な子育ては高度な感情面のウェルビーイング，より向社会的な行動，より良い学業成績，うつ病やアクティングアウトが生じにくい，といったことと関連している。権威的な子育てはさらに，離婚や再婚といったストレスに満ちた出来事（Pruett & Pruett, 2009）に，よりレジリアンスをもって適応できるようにする（Ganong & Coleman, 2004）[2・3]。

• **威圧的な子育ては厳格だが，愛情がない（「やれといったらやれ」）**

威圧的な子育ては，子どもにうまく調節された感情面でのつながりをほとんど与えない。子どもへのしつけは，双方向的でお互いに尊重しているわけではなく，厳格で威圧的である。威圧的な子育ては激しい過覚醒か冷たい過少覚醒の下で子どもに作用する。子どもへの期待はしばしば発達的もしくは，感情面で非現実的である。残念なほどしばしば，子どもへのメッセージは過度の強制力と不十分な優しさを伴って伝えられる。穏やかな行動の描写（「おっと，床にタオルを置き忘れたようだよ」）ではなく，恥ずべきレッテル貼り（たとえば，「怠け者」「馬鹿」「わざとだろう」）が一般的である。継親は時々もっと威圧的（より厳格でより愛情が少ない）なペアレンティングをパートナーに主張する。こうした威圧的な子育ては，ステップファミリーにおける子どもにとって，とりわけより低いスコアの感情面でのウェルビーイングや学業成績や社会的な能力と結びつく

(Hetherington & Clingempeel, 1992)。

- **許容的な子育ては優しく温かいが，厳格さに欠ける（「あなたが何をやっても私はいいのよ」）**

許容的な子育てはしばしばとても愛に満ちているが，責任感や精神的な成熟に必要な発達的に適切な要請が少なすぎる。左下のセクションでのペアレンティングは子どもに求めなさすぎていて，十分な監督，監視，指針を提供しない。[4]

- **予測不能的な子育ては極端な調節不全をもたらす**

右下の「予測不能的」セクションは感情的コミットメントがほとんどない過少覚醒と効果のない過剰覚醒の間を揺れ動く。予測不能的なペアレンティングは極端な調節不全を子どもにもたらす。

- **無関心または感情的コミットメントがほとんどないペアレンティングは子どもをたいへん孤独な状態にする**

Baumrindはこの図に綺麗には収まらないもう一つの次元を追加する。すなわち，無関心で感情的コミットメントがほとんどないペアレンティングである。感情的コミットメントがほとんどないペアレンティングは温かさもしつけも提供しない。親は本来過少覚醒の下で対応する。彼らが物理的にはそこにいたとしても，感情的にはいないままである。われわれはふつう，トラウマを侵害的で攻撃的な虐待の産物と考える。しかし，非常に感情的コミットメントがほとんどないペアレンティングは実際には，ヤングアダルトの解離を予測する最も強い要因なのである（Dutra, Bureau, Holmes, Lyubchik, & Lyons-Ruth, 2009）。

継親と実親は子どもを違う形で経験する

実親と継親はかなり違った視点から子どもとの問題に直面する。実親は子どもの傷つきやすさや強さを知っている。彼らは子どもの挑発的な態度の裏にある歴史的背景を知っている。子どもが不調なときでさえ，継親とは違って，実親は長期的な愛着という基盤で自分自身の感情状態をリセットできる。さらに，実親と子どもは「私たちのやり方」についての理解を共有している。また，調査によると，離婚後のペアレンティングは権威的な傾向が弱く，許容的（左下のセクション）もしくは予測不能的（右下のセクション）に陥ることが指摘されている（図5-1を参照）（Hetherington & Jodl, 1994 ; Kurdek & Fine, 1993）。

一方，継親は，継子との間に長期的に育まれた愛情があるわけではない。子ど

もが執拗に欲しがる親からの情は，多くの継親にとって，実親よりかは，侵害的なものに感じる。継親子は整理整頓の程度，礼儀正しさ，お金の使い方などの許容範囲についての取り決めを共有していない。継親は継子のために料理を作り，洗濯をし，芝刈りをし，車で送り迎えをして，金銭面でサポートしてあげる。しかし，新たな環境への適合に必死である継子は，そうしたサポートに対してしばしば十分な情や感謝を返すことができない。

　継母は特に，母としての仕事に忙殺される割に母として得る対価が少ないという事実に打ちのめされる。このように，子どもなら普通な程度の乱雑さ，やかましさ，衝動性などは，実親よりもイラつくものに感じられる。

　聖人でもない限り，継親としての役割は男女両方に対して重荷である可能性がある。継親は，特に継子から少ない情や感謝しか受け取れない場合は，パートナーからの共感的なサポートが必要である。しかし，実親は継親と違い，そうした子どもの拒絶を同じようには感じないし，それどころかしばしば見ることもない。残念なほどしばしば，実親は継親がとても上手に同情を求めても，「なんでそんな大げさなの！」とか，「いいからちょっとでも手を差し伸べてあげればいいんだよ」と反応して，継親をますます失意と孤独にしてしまう。

ステップファミリーの構造が大人たちを分極化させる
実親と継親は正反対の方向へひっぱられる

　実親と継親には図 5-1 の正反対の方向に互いがいることを認識する時がくる。より秩序とコントロールを望む継親は容易に右上の「敵対と厳格」の威圧的なペアレンティングにひっぱられる。継親の要求に対応して，守護的な実親は時々行き過ぎた許容さを見せる。

　程度の差はあれ，単純にいって実親と継親には物事が異なって見える。継親はより構造化され明確な境界が引かれた状態を望む。実親は自分の子どもが愛されサポートされることを望み，また自分の子どもに何を要求することが現実的かということについての情報をより多く持っている。この2つの観点からの協力的な対話は権威的な子育てという良い結果をもたらすかもしれない。

　しかしながら，ステップカップルにとってこうした対話は簡単ではない。継親にとっては「口答え」に聞こえるものが，実親にとっては「快活な会話」に聞こえる。継親は，家族で集まる時の子どもの態度を「粗雑でしつけがなっていない」

ものと見る。実親は同じ態度を「いとこに会えることにわくわくしている」と見る。継親が「なあなあ態度」とみなすものを実親は「柔軟」もしくは「大げさ」と見る。実親が子どもについてより多くのことを聞こうと頑張っていると思っていても、継親は圧倒されイライラを感じているかもしれない。継親は「私の話を全然聞いてくれない！」と結論し、実親は「いや、聞いてるよ！　本当に頑張ってるんだ！」と答える。モナ・ヘラー曰く、「ノーマンと私は初めて会った時から本当にうまくやってきた、ただ子どもの問題を除けば。その問題についてもうまくやれるまで、しばらくかかった！」

　物事がうまくいかないとき、継親はますます右上の威圧的なセクションに強く引きずられ、実親は左下の許容的なセクションにより深く沈み込む。私はこれを「分極化のポルカ」と呼ぶ。ケビン・アンダーソンとクレア・アボットはそれに囚われた（アボット／アンダーソンのジェノグラムは3ページ参照）。

分極化のポルカを踊るケビンとクレア

　ケビン・アンダーソンの13歳の娘ケンドラは自分と妹のためにココアを作った。夕食を作りに台所にやってきたクレアは床に落ちている茶色のパウダー、電子レンジの中のぐちょぐちょのチョコの塊、そしてシンクの汚れたコップを見つけた。彼女はケビンに詰め寄り、「あなたの子どもはいつまでたっても自分で片付けができないの!?」と言い放った。

　クレアにとっては非常に気分を害する散らかしが、ケビンは防衛的に「まあ落ち着けよ！」と返す。クレアのぶっきらぼうな口調とは裏腹に、彼女は夫からのサポートを欲していた。彼の非同情的な反応に失望し、彼女は「あなたはいつも私の言うことを聞いてくれない！」と言い返す。感情的になって、ケビンは少し強めに「何回言っても、お前は満足しないじゃないか！」と言い放つ。完全にポルカ状態に入った今、クレアは「どうして私が満足するかしら？　あなたの子どもはだらしなくてあなたはそれを気にしないわ！」と叫び返す。言い争いはいくつかの予想される痛ましい段階を経て続いていく。ついに、ケビンはさじを投げてテレビを見に戻り、クレアはより見捨てられた気分を味わい、二人は憂鬱でみじめな気持ちになる。

ケビンとクレアはさらにもう一段階先の分極化のポルカへと入っていった。最も哀れで反復的な関係悪化の連続はステップカップルの関係に深い傷をつけた。分極化した関係が極端になるにつれ，実親はペアレンティングでしっかりと子どもに要請しなければならない一面を放棄する。継親は優しく共感的な顔を放棄する。子どもたちはしばしば温かな親子関係も親からの継続的な注視のいずれをも失う。

ライフステージの違いで更なるチャレンジがつけ加わる

ステップカップルの二人がそれぞれ異なるステージでのペアレンティングにいることはよくある。これはさらなるチャレンジを上乗せするかもしれない。以下では，三人のヤングアダルトの子どもたちの巣立ちを無事に終えた母親が，夫の青春期の娘をペアレンティングすることになったその感想である。

私は母でいることはとても好きだった。でも私にとってその仕事はもう終わり！　私は夫を愛している。彼の娘も気をかけている。でも本当に彼の子どもを育てようという気になれない。彼女の散らかした後を片付けたくない。自分の子どもには，自分で片付けをしてご飯の支度を手伝って食器を洗うようしつけた。彼の娘はただそこらへんに座っているだけ。そこらじゅうにものを置きっぱなしにする。娘の代わりに夫をつかまえて，私が怒らないうちに彼に食器を洗ってもらう。それがさらに私を嫌な気分にさせる。結局，本当に気分を害してしまう！

研究がステップファミリーでのペアレンティングについて明らかにしたこと

この分野での研究は豊富で複雑だ。このセクションではいくつかのカギとなることを要約する。巻末の注釈セクションではさらに詳細な情報を閲覧できる。

継子のペアレンティングは実子のそれとは異なる：継親になるチャレンジ

　予想に難しくないことだが，継子のペアレンティングは，通常の子育てより一般的に困難で満足度が低い（Afifi, 2008；Stewart, 2007）。継母子の関係，特に継娘の場合は，継父子より骨が折れる（Ahrons, 2007；Brand, Clingempeel, & Brown-Woodward, 1988；Nielson,1999；Weaver & Coleman, 2005）。パートタイムの継母の方が，フルタイムのそれより問題に満ちているだろう（Ambert, 1986）。忠誠葛藤の問題は特に継母と実子の間では難しく（Hetherington & Stanley-Hagan, 1994），継母は二人の距離が遠ざかりあからさまな抵抗を受けるという経験をする。

　特に早い段階では，継親が活発にしつける役を担うことは，より大きな抵抗や低いウェルビーイングといった望ましくない結果との明白な関連が指摘されている（Ganong & Coleman, 2004）[6]。権威的なペアレンティングでさえ，継親によって早期に行われると逆効果となる（Hetherington& Kelly, 2002）。調査によって，あまりにも簡単に継親がとる威圧的なペアレンティング・スタイルが最も継親子関係に害であることが詳細に明らかにされた[7]。継親子関係と子どもの適応の両方が最もよい結果になりやすいのは，継親がしつけをするのではなく実親のしつけをするのをサポートする時である（Bray, 1999a）。

　一方，「親密さ維持」的な態度（Ganong, Coleman, & Jamison, 2011）は，アクティブリスニング，オープンで柔軟なコミュニケーション，建設的なマネジメントスキルの活用，ほめる，共感を表現する，そして侵害的でない優しい態度といったものだが，これらは良好な継親子関係を築きやすくする[8]。

継親子関係は変遷する

　他のあらゆることと同じように，時期によってステップファミリーの関係も違ってくる。時を通じて，最初は温かく優しさに満ちた関係を築いた継親も，**ゆっくりと権威的（威圧的ではない）なペアレンティングの役割に移行し**，非常に良好な結果をもたらせる（Hetherington, Bridges, & Insabella, 1998）。これに費やされる時間は日月単位ではなく，少なくとも2年は必要である（Bray, 1999a）[9]。

　親が権威的なしつけを行う，行わないにかかわらず，ここで引用したすべての研究が，継親がゆっくりと信頼と愛情を育んだ時に継親子関係が改善するばかりか非常に親密で満たされた関係になることを発見している。さらに，相手を思

いやる継親子関係は男の子にとっても女の子にとっても良い経過へとつながる（King, 2006 ; White & Gilbreth, 2001）。

権威的なペアレンティングがカギである

　長年の間，臨床家と研究者の両方は，あたかも実親子関係には問題はないと言わんばかりに，主に明らかに問題のある継親子関係だけに着目していた。しかし真実は大いに違っていた。第4章で見たように，ステップファミリーになるということは，実親子関係をリスクにさらす。数多くの研究が，ステップファミリーで暮らしているということがそのままより好ましくない結果をもたらす要因では**ない**ということを報告している。これに適合しようとする実親子関係がカギとなる要因なのである[10]。逆に，ステップファミリーの中における実親が非常に温かで柔軟なコントロールを維持していると，その家族はより幸せで健康な子どもたちを育む[11]。良いニュースは，ステップファミリーにおける母と子の関係でも同居の父と子どもの関係でも，時間と共に良好な進歩がみられるということだ（Hetherington, et al., 1998）[12,13]。

継親子関係がカギである

　数十年にわたる調査が，良好な継親子関係が充実したステップファミリー実現の中心的な役割であると指摘する[14]。HetheringtonとKellyによれば，

　　最初の結婚においては満たされた夫婦関係が幸せな家族の生活に肝要であり，それがより良好な親子関係とより気心の合った兄弟関係へとつながる。多くのステップファミリーでは，この過程が逆転する。継親と継子の間に何らかのうまくいくような関係を確立することが……，幸せな第二の結婚生活とステップファミリーの良好な持続をもたらすだろう。　　　　　　（Hetherington & Kelly, 2002, p.181）

ペアレンティングの課題に取り組むチームの結成

　ペアレンティングに関して実行可能な同盟を結ぶことが，ステップカップルの充実にとってカギとなる課題である（Bray & Kelly, 1998）。親であることをよく保つことは最初の結婚生活の時でさえ十分に難しい[15]。ステップファミリーにおいては，われわれがすでに見てきたように，そのチャレンジは手強いものになるか

もしれない。葛藤の深さは最初の結婚時とステップカップルの時とではあまり変わらないが、最初の結婚時には主にお金について対立が深まる。ステップカップルにおいては、子どもたちとペアレンティングについて主に争う（Hetherington, 1999a ; Stanley, et al., 2002）[16]。

大人と子どもの関係は多方向に向いている
　親はより社会的に振る舞える若者に対して肯定的なペアレンティングを増やす。同じように経済的リサーチでは、継子の否定的行動が継父のより否定的行動を引き出しやすくする（Hetherington, 1993）。また、実親子関係がより肯定的だと、その結果、継親子関係もより肯定的なものになることが明らかとなった（King, 2009）[17]。

（非常に）陥りやすい方向性

あまりに早急にしつけの役目を担おうとする継親たち
　これがステップカップルが最も犯しやすい過ちである。さまざまな経路でこれらはなされる。

- **統一戦線の逆効果**
　ステップファミリーについてのサイトは一般にステップカップルに対して「共同戦線を形成する」よう助言する。しかし、この助言は通常は実親が継親のしつけを後ろから支え助けるようにとの推薦と共になされる。この一見もっともな助言は継親を早熟なしつけ係に配置し、多くの失望と苦悩をもたらす。
- **継母を追い込む父親**
　ステップカップルは初婚時よりも平等主義である（Hetherington, 1999a）。にもかかわらず、ステップファミリーにおける女性がなお子育てと家事の多くをこなす（Demo & Acock, 1993）。骨の折れる仕事生活を送る父親は特に、妻に「家のことをまずはこなす」ことを期待するのに慣れている。このアレンジは、よくても希薄な関係でしかない継親子関係において、継母が一人で継子の制服を買い、継子の部屋を飾りつけ、休日の過ごし方を考え、誕生日パーティーを計画するという任務を課す。こうして継母は効果のない早熟なしつけの役割を担ってしまい、

継子の反抗やひどい時は敵対をも受ける。

挫折感と不安が入り混じった状況に打ちのめされながら，自分は母親として不適格なのではという感覚に恐怖を抱くことで，継母は絶望とかつてない無力な行動をとることが多くなる。特に早期のステップファミリーでは実父は全力で家族にコミットして，継母に継子について知ることに使える自由なエネルギーを確保させることが必要である。

- **継父はしつけようとする**

男なら責任をとるべきという期待が，継父が威圧的なペアレンティングに陥るさらなる要因になり得る。シングル・マザーに疲れた，あるいは単純に新しい夫をサポートしたいという気持ちから，夫の威圧的なしつけにのっかってしまう。不可避的な子どもの反抗はさらなる強制を継父から引き出し，誰にとっても不幸な結果をもたらす。

- **誰かがやらねばならなかった**

継親はしばしば散らかしがちで，きちんとしていなくて，態度が悪い継子に直面する。実親が「するべきしつけをしていない」ように見える時，干渉して「物事を正しくなおす」という衝動がかなり強くなる可能性がある。私がよく聞く言い訳は「誰かがやらねばならなかったんだ！」というものだ。この宣言は継親を役立たずの役割に導くので，ほぼ常にかなりのイライラと怒りと共に発言される。

もう一つの方向：撤退

継親にも息抜きをすることが必要だ。しかし，拒絶しがちな継子やペアレンティングでの対立は，元々は一時的な休憩としての撤退だったものを，お手上げ状態として日常化してしまう。子育てに関して，文化的規範は今でも男性には女性より少ないプレッシャーしか与えていない。最初の1，2年においては，継父は特にどんどん継子と関わりが薄くなりがちである（Bray & Kelly, 1998；White & Gilbreth, 2001）。

興味深いことに，ステップカップル生活の満足度は，**初期の頃**（最初の6カ月）には継父が継子と距離を保っているほうが，より高い。とはいえ，2年後には，継父が継子と近しいほうが夫婦仲はより良い（Bray & Berger, 1993）。

間違ったところ（右下のセクション）で出会うステップカップル

　ステップファミリーは構造的にステップカップルを，左上の「権威的」コーナーではなく，右下の「予測不能的」コーナーに引きずり込んでしまうことがある。すなわち，継親はできるだけ言いたいことを言わないで我慢する。そしてまたしても，継子はきれいな台所に泥の跡をつけ，また工具を外に置きっぱなしにして錆びさせ，継親がかんかんに怒りだす。同様に実の父母も，最初は子どもを守るが，気分を害した継親からの更なる不満によって，実親は乱雑な態度をとる子どもに激怒する。「なんだって後片付けができないんだ！」

愉快なブレディー家が白雪姫に出会う：継親に実親さながらに子どもを愛することを期待すること（訳注：愉快なブレディー家はアメリカのホームコメディー。子持ちの二人が再婚するという設定）

　ここ数十年で，一般的に公にも継親子関係がそう簡単にうまくいくというのは現実というよりはむしろ神話に近いという認識がより深まった。にもかかわらず，多くの継親は新しい家族であるパートナーの子どもに真に思いやりを持って接しようと思い，またその優しさに対して実子も応えてくれることを望んでいる。実親も自然と自分の子どもを新たなパートナーが愛情をこめて大事にすることを望む。実親も継親も，継親が元の配偶者よりも良い（より愛に満ちていて，よりしっかりしていて，より頼もしい）親であり，実子も嬉しく思うということを願う。

　こうした愛し愛されること，そして親しく思う人を愛し，優しくしたいという願いは，人間なら心の底に根付いている思いである。しかし，ステップカップルがこうした願いを「そうあるべき」姿として強く抱いてしまうと，ひどく困った結果になるかもしれない。ビビアンとハンク・クレイマーが結婚してから3年が経った。彼らはホリー（2歳）を授かった。さらにビビアンは初婚時に授かったビンス（5歳）とビッキー（6歳）がおり，ハンクはヘザー（18歳）の父である。

とうとう自分の子どもに父親ができると思っていたのです

　ビビアンは親友に言う。「再婚したときはようやく自分の子どもに父親ができるんだと思っていたわ。でもハンクは，決してホリーに対してビンスとビッキーに近づかない」。で，ハンクは家庭医に相談してこう言う。「自

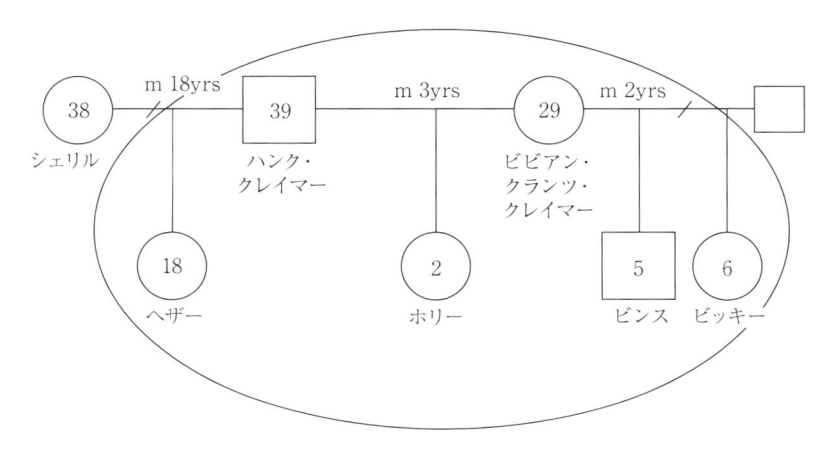

```
        ┌─── m 18yrs ──┬── m 3yrs ──┬── m 2yrs ──┐
       (38)           [39]         (29)         [ ]
      シェリル      ハンク・      ビビアン・
                    クレイマー    クランツ・
                                  クレイマー
            │             │         │       │
          (18)          (2)       [5]     (6)
         ヘザー        ホリー     ビンス   ビッキー
```

図5-2　3年目のクレイマー家族

> 分には父親の資格がないんじゃないかって思うんだ」そして不安を取る薬を求める。

子育てのチャレンジに直面する
ステップカップルのストーリー

おとぎ話を捨てて現実を見る

　現実的な期待をもってステップファミリーの生活に入るのが非常に役立つ。お互いのテリトリー地図を持ち合わせないステップカップルは，その度に障害や進路変更に遭遇する。ビビアンとハンクが悲哀のプロセスを踏み始めるにあたっては，いくらかの手助けが必要だった。

> **「こうあるべき」を「こうあってほしい」に変え始めるビビアンとハンク**
> 　「何が悪いのか分からないわ」ビビアンは言った。「ハンクは私の子ども

に父親として接しないの」「どういうことだ！ 当然君の子どもにも父として接している！」とハンクは素早く異議を唱える。「いいえ，あなたはそうしてないわ！」とビビアンは主張する。「あなたはビンスとビッキーにはホリーより厳しくあたるわ！」「それはビッキーの方が年上だからさ」とハンクは反論する。

　よくありがちな会話だったので私は二人の会話を遮った。ハンクには，「あなたは本当に子どもたち全員に対してよき父親でありたいと思っている」そしてビビアンには「自分の子どもを愛してほしい願いは本当によくわかります」と言った。少し間をおいて，「しかし，継親と実親はまったく違う方向から出発するというのが実際のところなんです」と言った。これはビビアンを非常に落胆させてしまうかもしれないので，補足をした。「受け入れるのが難しいでしょうか」と彼女に聞くと，彼女は深くため息をついた。

　少し勢いをなくし，また少し悲しげに，「私の最初の夫は息子が生まれてすぐ去ってしまったわ」とビビアンは言う。自分の子どもに父親を，という彼女の願いは痛いほど分かるものであった。私はこのビビアンの心の穴としっかり向き合うことが，彼女が無理な理想に囚われる状態からステップファミリーの人間関係の現実を悲しみつつも直視する状態へ移行する助けになればいいと願った。「悲しいですね」私は言った。「必ずそういう違いがあるというのは悲しいですよね」。彼女は顔を上げて，「悲しいです」と繰り返した。この話し合いの中でおそらく初めて彼女はハンクにまっすぐ目を向けたが，彼はそれに応じようとはしない。

　もしかするとハンクはまだ自分の罪悪感や恥にとらわれているのかもしれないと思い，私が他の継父たちから学んだことを彼に共有した。「新しく自分の子どもができると時々，何かが起きるのです。心がうきうきとするような感じです。すでに娘さんがいるとはいえ驚くほどの変化なのです。何か心当たりはありますか？」ハンクは驚いたようだった。そしてためらいながらも初めてホリーを抱いたときのことを話した。そして彼のホリーへの心からの愛情と，継父としてのどこか調節された感情との矛盾にどれだけ苦しんだかを説明した。そして人一倍努力して継子たちを同じくらいの感情で愛そうとして失敗し続けたことも詳しく話した。私が「自分に父の資格がないんじゃないかと思うことはほとんどの人を緊張させます。私

はあなたのその膨大な努力こそ，むしろあなたが感情をコントロールできなくさせていると思うのです！　この意味が分かりますか？」と言うと，「すごく正しく思えるよ」と彼は言った。

　ビビアンは床を見つめていたが，心が動かされている様子だった。私は「もしできるなら」と言って，「ただお互いを見つめ合ってみてほしいのです。何が見えますか？」と言うと，ビビアンはハンクに顔を向けて，少し優しげな口調で「悲しさ。そして優しさが見えます」と答えた。ハンクは長い深呼吸をして「君はずっときつい目をしていた。でも今はすごくやわらかな目をしてる！」と言う。「私はあなたも傷ついているって気づけなかったみたい」と言うビビアンにハンクは「悪かった」と応じた。今となっては，彼の目は彼女の目線をしっかり受け止めていた。

　「あなたたちは継親と実親の差異という現実に長い間もがいてきました。それがきっと，あなたたちを孤独にさせたのでしょう」と私は言った。しばらくわれわれは静かに座っていた。先は長かったが，最初の一歩を踏み出したのだ。

良好なステップカップルの子育て同盟をつくる

　　カップルはよく子どもに関する決定についてコミュニケーションすることをさほど難しいものとは予測しないものだ。一見，それはとてもシンプルな問題に聞こえる。しかし現実には，これより困難な家族問題はないくらいである。それは，子どもの年齢，両親の個人的な背景，結婚生活の状態にかかわらずそれぞれの家族メンバーのニーズに見合う行動パターンを確立することである（Pruett & Pruett, 2009, p.5）。

　この初婚時の夫婦について述べたものは，ステップファミリーにはより当てはまる。このチャレンジに直面したステップカップルは家族問題に取り組む際に破滅的な分極化のポルカよりかは協調的なチャチャという方法で取り組むとよい。サンディ・ダンフォースとエリック・エメリーはまさにそれをやってみせた（ジェノグラムは 6 ページ参照）。

エリックは「2つのB」の決まり：喚き声（Bellowing）と寝る時間（Bedtime）に取り組むサンディを助ける

　サンディは「エリックと住み始めた時，サビナは9歳だった。彼女は自分の思い通りにいかないと癇癪を起こしてしまうというのがいつものことだった。私はそれに慣れていた」と切り出すと，エリックは「私の娘はとても態度がいい。あんなふうに声を荒げて叫ぶ子どもには不慣れだった！サンディは私に「サビナは感情が豊かなだけよ」と言い続けた。とうとう私はサビナがエリサみたいに静かになるなんてことはないと理解するに至った。それでもなお，もう少し感情をコントロールするうまいやり方があるだろうと思った！」と続ける。

　「最初は自分を守るのに必死でした」とサンディは言う。「でもエリックが私とサビナにとっての最善を願っていることは分かっていました。彼は大抵において優しくしっかりしています。彼はよく，『今のは問題だよ。少し話し合う時間をとる？』などと言うものでした。エリックはサビナが気分を害したときに喚き散らすのではなく，落ち着いて私と話すのに十分なくらい大人だと確信させてくれた。さらに寝る時間になったときのいざこざを避けるためにただ自分で寝るようにさせていたけれど，それがうまくいっていないことも分かっていました」。

　エリックは「ここに感情的になりがちな子どもがいて，その子は十分に睡眠を取っていない。その組み合わせは僕にとっては当たり前に見えるよ。だいたい，サビナが寝に行かないということは，僕と彼女の二人っきりの時間がないということだ。僕はサンディにつらいことの多くを僕がなんとかするが，僕には君とだけの夜の時間がどうしても必要だったんだと伝えたのさ」。

　サンディは，「だから，私たちは2つのBの決まり：喚き声（Bellowing）と寝る時間（Bedtime）という取り決めをしました。夫も私も，これはエリックではなく私がサビナにやらせねばならないことだと分かっていた。私が合わせることは得意だけど，これはかなり困難な役割だった。エリックは常に満足という感じでもなかったが，とても協力的でいてくれた。驚くことに，なんとかサビナにしっかりした睡眠時間を守らせることに成功した。

> サビナはまだ豊かな感情をもった子どもだけれど，少しずつ癇癪を起こすのではなく，自分を落ち着けて言葉で表現することを覚え始めているのよ」。

逆の子育て役割が子育てを楽にする

　時折，継親が温かい子育てをして，実親がもっとコントロールを好む威圧的子育てをすることがある。この逆転した位置関係は継子を擁護し子育て問題をかなり簡単化する。以下はモナ・ヘラーの例である（ヘラー家族のジェノグラムは70ページ参照）。

> **ノーマンが子どもに対して穏やかに接することを助けるモナ**
>
> 　結婚したての頃，ノーマンは何でも子どもに怒っていました。それは，自分の子どもが「口答え」（私には「普通の会話」にしか見えないけれど）をすることから，それが数分遅れたという程度のことまでありました。最初から私は自分の子どもを彼にしつけさせませんでした。だが，次第に彼の子どもへの扱いも見ていられなくなってきました。だから私は『あなたは彼らを傷つけているわ！　あなたは自分が怒鳴るときに彼らがどういう顔をしているか知っているの？』と言うようになったんです。最初はノーマンは抵抗して，『僕はこうして育てられたんだ。そして問題なく育ってきたんだ』と言ってました。
>
> 　「そうね」私は彼に忠告しました。「海軍士官のお父さんを持っていたものね。彼はあなたに命令して部屋を一点の汚れもないようにきれいにすることを期待したし，あなたに腕立て伏せをさせたわ。でも見てみなさい，そのせいであなたは心配性になったのよ！」
>
> 　ノーマンはこう振り返る。「モナはよく『あなたの子どもは兵隊じゃないわ。子どもなのよ。丁寧にお願いをして。優しい口調にして。なんなら，笑顔でもいいのよ』なんて言ったものだ。彼女は僕と子どもたちに大きな変化をもたらした。私の子どもはモナが自分のために頑張っていることを知っていた。間違いなくそれで僕の子どもがモナに懐くのが，モナの子どもが僕に懐くよりも早かった理由の1つだ」。

ステップファミリーの親になることのチャレンジに直面すること

モナにとって,継子たちのために頑張ることは実際簡単な方だった。モナとノーマンにとって,モナの子どものしつけ方の相違のために非常に骨が折れるものとして現れた。こうした問題に直面する親は,「最高のパートナー」であり「最高の親」であれるような方法を模索するべきだ（Rodwell, 2002）。

何度も行き来する外交官

私の娘はノーマンの機嫌を損なわせていたわ。私はノーマンに,自分は彼が心地よく思っていないことは理解していて,惨めな思いをしていることにも気付いている,ということを知らせようとしたの。だけど同時に,私にとって娘を活発で真心に溢れた女性に育てるということはとても重要だということも伝えたわ。私は彼が望んでいるみたいに「子どもを取り締まる」ようなやり方では,私は問題を解決できないということを伝えたのよ。

私はマディーとモリーに自分らしくあることに安心と安全を感じてほしかったけど,私たちが元気がよすぎて,ノーマンと彼の子どもたちにはとてもついていけないものだと話したの。私たちはせめて夕食の席では声のトーンを落とすということに取り組んだわ。少なくとも最初の1年間は,すっかり行き来する外交官のようだったわ。夫とは別々にそれぞれ自分の子どもたちと時を過ごしたの。

継親になることは共同作業

実親と継親の両方が,良好な継親子関係に寄与する。以下では,継母の優しい心と夫の愛に満ちたサポートと継娘の心構えがそれぞれうまく進んだケースである。サンディ・ダンフォースと彼女の継娘エリサとの間の折り返し地点になった例である（ジェノグラムは6ページ参照）。

継親子関係は与えられるものではないが,でも「得る」ことができる

数年が経ってもなお,サンディは継娘に対してアウトサイダーの立場で

身動きが取れなくなっていた。「私はルークを授かってから７カ月が経っていて，俗にいう「情緒不安定」の状態にあったわ。１分前まで有頂天で笑っていたのに，次の瞬間には泣いていた。バレンタインの日には，エリサは彼女の母に贈るための美しいカードを作ったの。いつも通り，私には何もなかった。時によって，こういうことは私にとって問題ではない。今回は，本当に胸にこたえたわ。そういうわけで，午前２時，暖炉の前で座って泣きじゃくっていたのよ。顔を上げるとそこにはエリサがいた。その時でさえ彼女はほとんど私のことを見ようともしない様子だった。それでも彼女はそこにパジャマ姿で立っていて，私に何があったのかを聞いてきたの」。

　「心の声が叫んでいたわ。"むしろ何があったと**思っているのよ！**」と。とはいえ，こんな状態にあっても，これは特別なことであってどうにか優しく接するべきだと分かっていたの。エリックの腕の中で１時間を泣いて過ごしていたので，傷ついてはいたけれど，十分に愛されているとは感じていた。おなかに赤ちゃんがいたから深呼吸をまずしたわ。そして「まぁ，私の中の大人な部分は，あなたが美しいカードをあなたのお母さんにあげて私にはくれなかったのは，彼女こそがあなたの本当のお母さんであって私はそうでないからだと分かってはいるわ！　でもどうやら，私の中の子どもの部分が，傷ついてしまったみたいなの」。

　「驚いたことに，もの静かでむっつりしたあの娘が，私の隣に座って，"傷つけようと思ったわけじゃないの。"と言った。私は本当に感動したわ。しばらく私はそこに座っていた。台無しにしたくなかった。少しこの機会を試したいと思ったの。私は手を伸ばして彼女の手を取った。彼女は許してくれた！　われわれはただそこに座っていた。私は初めて口を閉じたままにしていることができたのよ」。

　「その夜，エリサは自分の声を探すのに，少しの間の静けさを必要とするということがとうとう分かったの。途端に彼女は喋りだすようになった。そして彼女がどれだけ私と似たような感情を持っていたかについて喋ってくれた。「サビナがお父さんの膝の上に座っている時，心が痛いの。でもそう思うと私は自分がわがままに思えてくるの。だから２階に行くのよ」。私はいつものように「でもあなたのパパはあなたを愛してるわ！」思わず舌を噛んでしまった。エリサは「そもそも，私は自分の言葉を探すのにとっ

ても時間がかかるの。それで、いつも手遅れよ」。サンディは続けて、「エリサに拒絶されてると感じるばかりで、彼女がどれだけつらかったかについて思いを巡らすことはありませんでした。それを彼女に伝えた。すると、最も驚くことに、赤ちゃんばかりで自分がかまってもらえないんじゃないかと不安に思うと伝えてきた。私は心から驚いた。私が彼女にとって、大切な存在になっていたなんて！」

「それから、エリサといるときにはいつもの早口のおしゃべりをやめるよう心がけた。私はより多くのことをサビナ抜きでエリサと二人でやるようになった。時々ぎこちなかったが、それがエリサとの関係改善の第一歩だったわ」。

継親子関係は普通、最初からあるものではない。しかし、忍耐、パートナーの支援、いくらかの柔軟性、そして子どもの心構えがあれば、とても距離が離れた継親子関係であっても互いを分かり合える道を見つけることができる。

最善策：継続できる養育同盟を形成するためにカギとなる方策

一般的なガイドライン
- **子育ての実践を査定する（責めてはいけない）**

親の共感と暖かさ、現実的にはどんな行動をとるのかの両方について聞きなさい。もし、子どもたちが苦しんでいるようなら、継親たちは子どもたちをしつけようと急ぎすぎているのかもしれない。ステップカップルは、お互いの子育てについては正確に査定しない可能性があることを覚えておこう。継親が、手ぬるい、寛容すぎる、「弱気な」親だと文句を言う時は、そのストーリー（「それから、あなたは／彼は／彼女は何をしたのですか？」）について尋ねよう。時々、継親は、共感的な反応をしようとして許容しすぎてしまう。同じように、実親には「要求がましい」と思えることでも実際には権威的で厳格な態度を求めている場合もある。この問題に関するペアレンティングのスタイルもまた多様である。ある親は宿題に関しては良い権威的な子育てを行うが、アルコールの使用については許容

しすぎるか，助けにならない予期できない爆発を起こすかもしれない。

・**備忘録：子どもに焦点を当てた紹介には大人たちを取り込むこと**

子育ての対立によって，しばしば子どもに焦点を当てた紹介がなされることがある。継子たちを援助するためには，大人たちと会うことが求められる。時々は，大人たちだけに焦点を当てるのも役に立つであろう（第4章の82ページにある子どもたちの難題に取り組むための一般的なガイドラインを参照）。

レベルⅠ　心理教育：ステップファミリーの子育てについてカギとなる情報

継親の役割についてより明快であることは，継親子とステップカップルの関係の両方に，より高い満足感と結びついているのは明らかである（Fine, Coleman, & Ganong, 1998）。何がうまくいって，何がうまくいかないのかについての心理教育は大きくステップファミリーのウェルビーイングを向上させることが明らかに示唆されている。

実親による子育てと継親による子育ては異なるものだ：課題を視覚化させるためにペアレンティング・スタイルの図を用いる

私は100ページにあるペアレンティング・スタイルについての図をオフィスの目に見えるところに貼っておく。私はそれを使って，権威的，愛情的，厳しい子育てについて教え，またステップファミリーの構造によって生み出される対立を一般化する。いつもではないが，実親たちはしばしばより厳格な方向に上昇するのに助けが必要とする。一方で，同じように，継親たちはより理解に満ち，共感性に「満ち溢れる」のに援助を必要とする。

・**親はしつけの責任者でありつづける**

特に初めの何年かの間は，「部屋を片付けなさい！」と言うように，直接的な命令は，継親ではなく，実親から発せられるべきである。子どもたちの準備が整わなければ，継親は子どもたちの聞こえないところで実親に信号を送ればいい。実親たちは自分の子どもたちのために最善の選択ができるように力を残しておく。

・**実親が不在の時，継親は「わが家のルール」を守る**

実親が家を離れる時，継親はルールを決めるもう一人の親としての機能をもつわけではない。むしろ，大人であるベビーシッター，親戚のおばさんやおじさん

がそうであるように，実親の期待や「わが家のルール」について話し合う。「宿題をやる前にテレビを見てはいけないというのがルールです」。実親は「私がいない間は，あなたの新しいお父さんがこの家の主よ。もちろん，あなたもルールを覚えているわね。テレビは宿題が終わってから見ること。9時半には寝ること。何か問題があったら私にも連絡がくるからね」と言って，枠組みを設定しておく。継親ではなく，実親がその重要性について強く説いておく。[18]

- **ゆっくりと時間をかけて，継親は権威的なペアレンティングを時々行えるようになる**

特により年少の子どもたちと，一度温かくて信頼できる継親子関係を築くことができたなら，継親はゆっくりと少なくとも2，3年かけて，時々は権威的なしつけの役割をとっても良い結果を得られる。子どもたちと継親もまた，しつけの役割を含まない非常に満足いく関係を築くことができる。

- **葛藤から子どもたちを守る**

対立した子育てはステップカップルの葛藤の主要な原因である。実親と継親の間で激しいやり取りがあると聞いた場合はいつも，子どもたちが同席していなかったかどうか尋ねるようにしている。

- **計画を練る**

時折，私は実親や継親に子どもたちの行動の重要部位についてリストを作るように頼む。私たちはそのリストを眺め，その親が使っているペアレンティング・スタイルチャート上にどのコーナーに自分たちがいるか確認する。私たちはどんなスタイルでも，どのような権威的な子育てでも肯定する。そのあとで，もっとも改善がみられるであろう，1つか2つの事項を選ぶ。継親と実親が互いにチェックする時間を持つのも認めている。実親は何が一番大変なのか，そしてそのことについてどう感じたかを話す。継親の初めての仕事は，どんな小さな変化でもポジティブなものを書き記すことだ。彼もしくは彼女は改善のために1つか2つ提案できる。

- **子どもたちに関するポジティブとネガティブな交換の割合に気を付ける**

ステップファミリーの生活上の課題によって，親たちはよりイライラし，思い合った行動がなかなかとれない。しばしば，私は実親と継親に，実際に彼らが子どもたちに言ったポジティブとネガティブなコメントの比率を数えるよう提案する。ポジティブなコメントがネガティブなコメントを大きく上回る時，子どもた

ちは最もよい。第4章からの親への備忘録である。あらさがしや批判せずに，毎日の生活の中で思いやりに満ちたつながりがもてるように，子どもたちとの時間を持ちなさい。

継親へのヒント
- **正す前につながりを持とう！**

研究は明確に訴えている。私の同僚であるBeverly Reifmanは「ルールの前に関係を築くこと」と述べている。100ページにあるペアレンティング・スタイルの威圧的（敵対と厳格）のコーナーは，特に継親子関係にとって有害である。

- **協力してできるアクティビティを見つけ，興味を分かち合おう**

私は継親に彼らも継子たちも一緒に楽しめるアクティビティを見つけるよう勧めている。たとえば，木工品を作るプロジェクト，実親のホリデーのための贈り物を買いに行く，一緒にキャッチボールをする等である。実親の興味がない，もしくは得意でないアクティビティから始めれば，格別にうまくいく見込みが高い。実親なしに継子と穏やかなやり方でチームを作ることは，継親子関係の絆を作るもう一つの糸口になる。

- **先生としての役割はうまく作用する**

継親は，子どもが特に習いたがっていること（好物の料理の作り方，泳ぎ方等）についてスキルや知識を共有することができる。継親はもし我慢強く親切に教えることができるのであれば，宿題を手伝うことも可能だ。その先生役が板についてくれば，継子もまた継親が困っているコンピューターの問題を解決するのを手伝ってくれる。

- **継親の役割は救世主の言葉ではなく，共鳴板のように響くのがもっとも良い**

継親は実親の子育てをサポートする重要な役割を担える。直接的なしつけ（「お母さんに口答えしてはいけない」）の代わりに，継親は静かに子どもの耳に入らないところで，実親にこう言えるだろう。「ケティは怒っていたね。でも，今日は君に対して行儀悪かったよね。君はそのことを問題だと思っているかい？　僕は，ケティが君のことを呼び捨てせずに，自分の感情を表現できるよう学んでいくのを見たいと思うよ。君はどう思う？」。

- **しつけよりも「モニタリング」をしよう**

James Brayは，継親が子どもたちの活動をよく見て，興味を持っていること

を伝え続けるよう提案している。「バスケットの試合はどうだった？」「算数のテストはどうだった？」。心配するのは実親に任せよう（Bray & Kelly, 1998）（たとえば，「ケンドラは本当に算数に苦しんでいるみたいだよ」等）。Bray はこれを「モニタリング」と呼ぶ。質問に答えたくない子どもたちには「それは難しい試合だったね」「君が算数でBをとったって聞いたよ。よくやったじゃない」と言ってみよう。

- **「公共放送」はとても有用だ**

子ども，特に思春期の子どもと約束をするとき，相互の会話は非常に苛立たしい。静かで事実に基づいた公共放送はとても役に立つ。会話と違って，公共放送はメッセージが伝わった時に完成する。「あなたが知っているように，私たちは両方とももう少し礼儀正しくなれると思う。私は自分も努力する。だから私は，あなたが努力するのも見たい」。

- **口答えに耐えよう**

実親が口答えされているよりも，継親がそれを見ている方がずっとつらいのが一般的である。Ron Taffel が指摘しているように，大人の権威を築くためには，子どもたちが無礼なやり方で反対するのをいくらかは許すことが実際には必要である。そうでなければ，そのルールにこだわるのはやめよう（Taffel, 2009, p.27）。

- **子どもが「あなたは僕のお父さん／お母さんじゃない」と言う時**

私は継親にこう提案したい。まず初めに深呼吸をしよう。もし，あなたが感情的にまだ高ぶっているなら，もう一度深呼吸してください。それから継親はこう言いましょう。「ああそうだね，君の言うことは正しいよ。君にはパパがいる。僕は彼の居場所をとるつもりはないよ。でもね，今夜は僕は大人としての責任を果たさなきゃいけないんだ。僕たちは，君の宿題が終わるまでテレビを見ちゃいけないっていうママのルールは知っているよね。僕は，君がどうしたかについて正確にママに話したいんだ。どうするかは君次第だよ」。

- **継親にタイムアウトを取るよう勧める**

継子たちがあなたがイライラしたり無礼なことをしている間，第三者の立場でそばにいるのは，どんなに辛抱強い継親であっても消耗してしまう。結果として緊張が生じ，そのために行動を制御できない方向に引きよせられる。継親が家の別の場所に引きこもる状況から解放し，火に油を注がないよう助けてくれる友人たちと過ごせるようにしよう。

- **継親が希望をもっていられるよう援助する**

　もう一度言わせてほしいのだが，継親子関係の間に愛情がなかったとしても，ゆっくりと時間をかけて愛情が芽生える場合がたびたびある。なかなか変わりようのない強い力のために継親子関係の扉がすばやく閉じられても，何年も経過した後で忍耐が実を結ぶことができる。

レベルⅡ　子育て上の困難に立ち向かうために必要な対人スキル

　初婚の夫婦への子育てのための教育プログラムはステップ・カップルには適切ではない。一方で，ステップファミリーの子育てに特化したトレーニングは，子どもの順応を高めることや，子どもの感じる強制力を和らげること，子育てをする中で起こる夫婦間の衝突を減らすことに大いに役立つ（Adler-Baeder & Higginbotham, 2010, 2011 ; Nicholson, et al., 2008 ; Whitton, et al., 2008）。ステップカップルと向き合い，そしてステップファミリーの教育プログラムを実施するためには，このような特化したトレーニングを中心に据える必要がある。

ステップカップルが協調して子育てに取り組むよう仕向けるスキル

- **分極化のポルカを敵とせよ，友とするな**

　ステップカップルが手を取り合って困難から脱することを教える。「おっと。もう一度やってみよう。ちょっと休もう」。私のオフィスでは，分極化のポルカを招くような身体的な緊張と感情の昂ぶりを探知するために，生理的覚醒レベルの図（p.20　図2-1参照）を用いている。「あなたはこの図のどこに位置すると思いますか？」。また，覚醒レベルの急激な低下にも注意する。これは，その人が感情にとらわれて押しつぶされそうになっていることを示す。

- **実親のために行き来する外交官**

　ステップファミリーが結婚してから数年の間は，時にもっと長い間，実親は，等しく最重要でありながら競合する2つの人間関係を維持せねばならない。実子たちは実親の温かみと，実親からの対応を必要としている。それと同時に，パートナーは互いの助けと，思いやりを必要としている。行き来する外交官ということは，相手に対して否定的な人物像を持つことなく，どちらの側の**感情**にも共感ができるようになることである。ケンドラは「クレアは意地悪よ」とケビンに言う。ケビンは，「彼女がそんなことをするとは心が痛む」と答える。クレアは「ケ

ンドラは恩知らずよ」と言う。ケビンは「君がそんなに頑張っているのに，あの子が感謝しないなんて，ひどいね」と言う。

- **継親が落ち着くこと**

継親が子どもの振る舞いに苛立った時は，深呼吸するか，一休みして，問題についてパートナーと建設的な話し合いができるようになるまで待つことを勧めている。もし継子にカッとなってしまったなら，私の助言は，自分を落ち着けて，後で戻ってきて謝ることだ。「私がそうしたのはあなたが……」というのは謝罪ではない。謝るとはこういうことだ。「私はカッとなってしまった。怖かったでしょう。ごめんなさい。これからは落ち着きを失わないようにするよ」。大人は子どもに対して合わせることができるが，逆は成り立たない。

- **2つの問題を抱える**

ほとんどの実親は，親らしく振る舞うことと，子ども自身のことに，極度に敏感になっている。優しさと配慮をもって接すれば，否定的なフィードバックは必ず避けられる。パートナーが防衛的であることに不平を言う継親は，おそらく，実親が耐えられないようなより心苦しいニュースを伝えているのかもしれない。

このように，継親でいることは大変である。パートナーが相手を理解し，愛情を注ぐことは，この上ない助けとなる。もし継親が過酷な子育てに邁進していれば，パートナーである実親の共感は不足し，怒りに火を注いでいる可能性もある。

- **ソフト／ハード／ソフトを教える**

まったくお互いに意見が合わない時であっても，"ソフト／ハード／ソフト"は，子育てにおける問題について話し合うにあたって，分極化のポルカを招くおそれを減らす。例を挙げよう（"ソフト"はゴシックで示す）。クレアが子どものサッカーの道具にまたしても躓く。「**あなたが気にならないことは分かってはいるのだけど**，玄関にこれが置いてあったら私はイライラするのよ。子どもたちにこのサッカー道具を片付けるよう頼んでくれない？ **私と一緒にいつも協力してくれてありがとう**」。次のように言ってはならない。「子どもたちに片付けを教えなかったの？」段階的な進め方と，より多くの例については第15章で扱う。

- **エスカレートした会話に割り込むために"ジョイニング"を使う**

実親や継親が分極化のポルカにどんどんはまりこんでしまいそうになった時には，私は"ジョイニング"の構造を使って，会話をスローダウンさせ，それによって共感的なつながりの窓を開かせる。一度に言うのは1，2文だけにすることが

肝要である。そのたびごとに，会話の聞き手が，本当に聞く状態に入れるよう助けるのだ。「いまさっき彼女が**何と**言ったと理解していますか？　それを彼女に伝えてくれませんか？」ジョイニングの詳細についても第 15 章で扱う。

継親による子育てを成功させるためのスキル
・心からの関心と我慢強さがカギである

うまくやっている継親は，子どもに押し付けたり，頑なに殻にこもったりすることがない。彼らは思いやりと，柔軟な態度をもって，子ども自身が必要としている空間・時間を持てるように許容する。

・継親が継子たちに対して気になることを伝える際は，I メッセージを用いる

継親が子どもに対して何か気になることがあれば，黙っている必要は**ない**。とはいえ，命令をしたり，こうだと決めつけたり，You メッセージを発するよりは，I メッセージを使うほうがはるかに得策だ。「部屋に入ってきて僕に挨拶してくれないなんて，悲しいよ。別に僕にいつも愛想良くしてくれっていうわけじゃないけど，もし君が『やあ』とひとこと言ってくれれば，僕はかなり嬉しいのだけれど」。こう言ってはならない。「大人には礼儀正しく**しなさい**」。そして，特にこれは禁句である。「お前は恩知らずで失礼な子どもだ」。

子育てのスキル
・冷静に明確なルールを設定する

効果的な規則を設けることで，子どもに対して明確な期待ができる。そのことで子どもの取るべき行動をはっきりさせることは厳しすぎることではない。親は，穏やかで，思いやりのある対応がとれる。実際のところ，良い意味で威圧的なペアレンティングは，子どもへの指示に対して敏感に反応する。『How to Talk So Kids Will Listen（子どもが聞きやすい大人の話し方）』の後半には，子育ての毅然とした様子が，明確で具体的に描写されている（Faber & Mazlish, 1980/2012）。権威的なペアレンティングの，共感的で感情に即した側面については第 4 章を参照。

・具体的であること

具体性に欠ける注意をしても，明確かつ具体的にお願いをすることと比べると，効果が低い。「継親を尊重しなさい」と言う代わりに，「ジョーが部屋に入ってき

た時には挨拶をするようにしてくれない？　彼の足じゃなくて，ちゃんと目を見て，ってことよ。彼にもそうしてもらうわ」と言う方がよい。

- **ポジティブなフィードバックはネガティブなフィードバックより良い**

子どもに小言を言うのは，うまくいったことを控えめに，前向きに認めてやるよりも効果が低い[19]。これは実親にも継親にも共通してあてはまる。ここで言っているのは，ありきたりな誇張法のことではない。「君はなんて素晴らしいんだ！」と言うより，子どもには具体的なフィードバックのほうが良い。もし子どもが，何か困難なことや，新しいことを始めようとしていたら，特別に注意を向けるとよい。たとえば継親に笑いかけたり，片付けを率先して行ったり，拗ねるのではなくお願いしてきた時である[20]。

レベルⅢ　子育てのチャレンジに影響を与える原家族の問題

- **継親と実親が変化しない時**

ステップカップルのいずれかが，ペアレンティングのスタイルで間違った方法にはまった時は，私は次のように尋ねることにしている。「あなたが育った家庭での子育てはどのようなものでしたか？」。継親が育った家庭が，子どもは親に黙って従うのが当たり前とされているような家庭だった場合，彼らにとって，子どもが不従順であるというのはこの上なく耐えがたいこととなる。彼らにしてみれば，威圧的な子育てはまったく"正しい"対応に思われるのだ。彼らはとりわけ，上手な子育ての，子どもに思いやりを見せたり，よくかまったりする面を，甘やかすことと混同しがちである。同じように，許容的な家庭，あるいは過度に支配的家庭で育った親は，子どもに対する至極まっとうな要求ですら"厳しすぎる"とみなすことがある。

- **気づきだけでは足りないこともあり，より深く取り組むことが必要なこともある。**

心理教育と気づきを与えるだけで十分なこともある。「わあっ。泣きっ面に蜂だね。このステップファミリーの中では，君は右上のコーナーに立たされているね。それに，君が元々居たところから見ると，普通に思えるね！」。とは言うものの，ペアレンティングはすべての人を，最も繊細で，傷つきやすい場所に近づける。もし，激しいトリガーによって高まった気分が落ち着かない時は，より深いレベルまで取り組む必要がある。第16章では，この，ステップファミリーへ

の取り組み方のレベルについて，より詳しく記述する。

2つのケーススタディ

　実親による子育てと継親による子育てについて少し情報を与えて，気づきを向上させただけで，ジョディ・ジェイキンズとデュエイン・キングは行き詰まりから脱出し，仲直りすることができた。クレア・アボットが彼女側の分極化のポルカから脱するためには，心の中まで踏み込んで，彼女の反応を強めていた子どもの頃のトラウマを癒やす必要があった。

ジョディとデュエインは「小さな修正」のために戻ってくる
　初めて話し合いを持ってから8カ月後，ジョディ・ジェイキンズは再び電話をかけてきた。彼女が言うには，「私たちはちょっと軌道修正が必要だと思うんです」。デュエインは，「ジョディはジェンナの身の回りのことを何から何までするんです。僕が彼女と同じ歳の頃には，僕は自分で洗濯をしていましたよ」と言う。「それは極端よ！」とジョディは反論した。とはいえ，敵意を持った言い方ではなかった。デュエインは優しく「だけど，ジョディ，君は彼女のことを本当に何から何までしてるじゃないか」と言った。「だって彼女は私の子よ！　彼女の世話をしてあげたいのよ！」ジョディが語気を強めて言う。「でも，ジョディ，お母さんは子どもの家政婦じゃないんだよ。ジェンナはもっと自分のことをすべきだと思うよ」。彼らの口調は互いに打ち解けたものであったが，だんだん雰囲気が張り詰めていった。
　私はタイムアウトのサインをして，いつもオフィスの見える場所に貼ってある生理的覚醒レベルの図（p.20）を示した。「図中のどこにいると思いますか？」「上のほうに向かっていますね！」デュエインはあくまで機嫌よく認めた。それを聞いてジョディはくすくすと笑った。彼らがこのように，冗談めいた態度をあえて取ることができるのは非常に好ましく思えたので，そのことを伝えた。
　私はペアレンティング・スタイルチャートを取り上げて，「あなたたちは二人とも正しいということが分かりましたよ」と言った。彼らは即座に，

分極化のポルカが始まっていることに気づいた。原家族での子育てについて質問をしたところ，デュエインもジョディも，かなり威圧的な家族で育ったことが明らかになった。しかし，彼らはそれに対して真逆の反応を示していたのだ。ジョディが自由放任的な教育方針なのは，自分の子どもには自分が受けたような冷淡な扱いはするまいと堅く誓っていたからだったのだ。デュエインは単に，これまで通りの厳しさの基準を受け入れていた。

　こうして，私が少し情報を与えたことで，彼らは10歳の子どもに対する現実的な要求について合意した。たとえば，夕飯の後に机を片付けるのを手伝わせるようなことだ。この新しい方針は，（穏やかな）予告が必要だということを彼らには念を押した。デュエインはジョディに「できるよね？」と言った。「忘れているかもしれないから，たまに思い出させてね」とジョディは言って，それから，「優しくね！」と付け加えた。「まかせとけ！」とデュエインは言った。こうして，彼らはまた仲直りしたのである。

クレアは分極化のポルカの彼女のパートを変え始めた

　クレア・アボットはかなり元気のない様子で個人面談に来た。彼女とケビンは，夜，ケンドラがキッチンを散らかしたことに関して，ひどく口げんかをしたのだ。ペアレンティング・スタイルのチャートのコピーが彼らの冷蔵庫の扉に貼ってある。もっとうまくいっている時なら，彼らのうち一方が分極化のポルカが始まっていることに気づいて，タイムアウトと言うところだが，この時はそうではなかったのだ。ケビンは，クレアの失望に特に敏感になっていた，延々と続く満足できない感覚の中を放浪し続けていた。それは，クレアがどう自分が踊るべきか興味をもってもいい時だった。しかし，クレアは，ケビンの弱々しいペアレンティングに苛立ってばかりいた。

　私は彼女に，子どもの悪さにはほとんどいつも，実親より継親のほうがイライラしやすい，ということを思い出してもらうようにした。案の定，彼女は素早く頷いて，それから再び文句を言い始めた。私はもう一度，今度は，彼女ががなりたてる様子の裏にある心の痛みに近づくような言い方で言った。「あなたはケビンに助けてもらいたくて仕方ないんでしょう」。

彼女は一縷の涙を流した。「そのせいで，あなたはこんなに必死になってしまうのではないですか？」しばらく沈黙があった。「ほとんどパニックみたいな感じなのです」彼女は考え込んだ様子で言った。

　彼女のパニックを説明するには，彼女の子ども時代の記憶に遡らなければならない。子どもの頃，兄のランディが彼女の大事な人形を壊して，人形の頭でホッケーをして遊ぶのを，無力感と共に見つめていた。「私の物は何も大事にされませんでした」と彼女はひどく悲しそうに言った。「彼は全部ぶち壊しにしました。私の両親は役に立ちませんでした」。こうしたやるせない気持ちが原因となって，「私は透明だ。私などいてもいなくても同じなのだ」という思い込みが生まれてしまったのだ。こうした子ども時代の心の傷と，彼女の現在の継母というよそ者の役目の一致によって，彼女の心は痛んでいたのである。それを知って，私が彼女に対してたまに抱くいらだちはすうっと消えていった。クレアの常に警戒した様子は，元々，無力感と寂しさを二度と与えまいと，一人の小さな少女を守るために築かれたもので，今やケビンとやり直しをしようとしていた。

　われわれはこの小さな女の子や，彼女の中の似たような他の子たちについて何度も考えた。クレアは，自分の優しい思いやりを，子ども時代の経験にもたらすことを学び始めた。そうすることによって，絶望感と無力感が和らいだ。「私がいてもいなくても変わらない」という思いは無くなってきて，代わりに，自分にもちゃんと権利があるという，自信のある感覚で置き換えられた。より自信を持つようになったクレアは，彼女側の分極化のポルカから脱し始めた。

第5章のまとめ

　比較的うまくいっているステップファミリーの夫婦でも，子育ての問題に関しては真逆のスタイルにいることがある。というのは，継親は通常，コントロールを求め，実親は理解と寛容を支持するからだ。本当にうまくいっているステップカップルは，これらの問題を，協調的なチャチャで乗り切るのであって，分極化のポルカを踊ることは少ない。継親が子どもを正すのではなく，子どもとつなが

ることに専念し，実親が思いやり，責任感，毅然とした子育てを実践するときに子どもは成長する。継親は実親がしっかりとした対応を取ることを助け，実親は継親がつらい時を乗り越える助けとなることができる。時間をかけて（数カ月ではなく数年の間），温かさと柔軟さ，忍耐を持ち続ければ，継親は，お互いのためになるような固い関係を継子たちとの間に築くことができるし，実際築くものである。

第6章

第4のチャレンジ
新たな家族文化の創造

> かつては気づかずに，当たり前だったことが，表面化して絶えず折り合いをつけなければならない。
> (Whiteside, 1988a, p.286)

　あなたが私の継子であることを想像してみてください。望んでいないような，おびただしい変化がすでにたくさん起きている。「ほかのもの」が混ざっていない純粋なツナだけを食べて育ってきた。セロリ，玉ねぎ，めずらしいハーブなどは，入っていない。やわらかい白い食パンに，本物のマヨネーズをたっぷりつけたツナをはさんで食べるのが好きなのだ。あなたの好みを知らないで，おいしそうで健康にも良いペーパーナウ考案のツナサンドを作った。歯ごたえのあるおいしいセロリ2本と味わいのあるパセリを刻みました。ツナが油っぽくベタベタにならないようにと思って，低脂肪マヨネーズを軽くぬった。全粒小麦粉パンのトースト2枚に，私が作ったツナをのせた。

　私の作ったサンドイッチを口にしたら，あなたは何と言うのだろう。「私に新しいタイプのツナサンドを紹介してくれてありがとうパトリシャ」と言うのだろうか，それよりも口を滑らせて「おげえっ」と言うことが多いのではないだろうか。それとも，おそらくただ，念入りに作った傑作をお皿に残したまま食べないで去るかもしれない。

　子どもの頃，みじめな思いや，認められないことを経験していない継親は，こう言うかもしれない。「しまった。またたね。あなたと私，そしてツナサンドについてたった今新しく学んだわ」。この種の「ツナ事件」がステップファミリーでは普通に起こることだと認識することは，助けになるかもしれません。それでも，困り果てた継母は，この子を恩知らずで失礼だと思っても当然であろう。

初期のステップファミリーでは，このような出来事を無数に経験する。John と Emily Visher が述べているように「贈り物が贈り物でない」（1979, p.214）時に，家族生活のどんな小さな細かい事柄にでも突然に不具合は起こりうるのだ。

　研究者と臨床家は 30 年にわたり，「家族」という感覚に向かっている間に，次々と押し寄せる違いと共存することは，ステップファミリーにとって主要な課題の一つであることを見出した（Pasley & Lee, 2010）。このテリトリーに関する地図と，うまく進んでいくための戦略を持つことは，大いに役立つだろう。

チャレンジ

違いという海を航海するうちに新しい家族文化を築く

　Maya Angelou が感情的に「私たちが疑問視されずにいられる場所」と述べているように，人は「安全な場所」である「家庭」の感覚を求めて新たな関係にはいっていく。特に新たなステップファミリーでは，ある人にとっては「家庭」と感じるものが，ある人には居心地悪く気を悪くするようなこともある。多くの人たちは違いを認め合うのは，すばらしいことだと言うけれど，「与えられたもの」と思われるものを巡って親しい人と対立する実際の経験では「家庭」を感じられない。「混合家族」という言葉は，ここでは特に誤解を招く。事実ステップファミリーはケーキの材料をなめらかになるまで混ぜ合わせるというよりは，2 つの異なる国からの人たちが一緒になるというほうが正しい。「家庭」という共有する感覚を作っていくには，違いという海をうまく航海することが必要なのだ。何か新しいものを共に作っていくということは，お互いのことを十分に知っていくことと関連している。

しくじりから学ぶ

　想定外な「もの」が入っているサンドイッチのように，初期のステップファミリーの生活での「ツナ事件」は，心地よく何も起こらないだろうという活動の中で，もっとも予期せぬ時に起こりがちである。小さな振動として表れることがある。特に心の準備ができていない時には，大地震のように感じるかもしれない。これらの食い違う出来事の範囲と数に圧倒されるかもしれない。

　ステップカップルは，一緒に暮らす前に重要な問題を明らかにして直接話し

合って解消しておくようにすることで、あきらかな調節不全を回避することがしばしば勧められる。就寝時間、金銭、しつけ、将来の希望などについてオープンに話し合うことは、一部の問題点を解決し、すくなくともその他の問題を予測できる。この良いアドバイスにともなうちょっとした障害は、意識的に自覚しなければ、いかなる集団でも中間領域にはたどりつかないということだ。時が経つにつれて、もともと積極的な交渉から生じた合意でさえ、家族の推測する世界に埋没して、単に「当然のこと」に見えるのです。結果として、他の人には「どうでもよいこと」も、その人にとっては、すごく重大であると思われるようなことが誰かが偶然に「起動」させるまでは、言葉にされないままでいる。そこでこの課題の一部は、だれかが「何か不愉快なこと」をして、その感情的な打撃から回復した後に、たいていの場合会話がやっと始まることである（Pasley & Lee, 2010, p.241）。

3 領域の中間領域で現れるチャレンジ

この課題は3つの幾分ことなる領域に分けると分かりやすい[3]。(1)「日常」家族に特有の習慣、規則、決まり事、好みの共有。(2) 祝日、ライフサイクルにおけるお祝い事、および他の主な家族の行事。(3) 長年の民族、宗教、社会階級の伝統に根付いた中間領域。ステップカップル、初婚の夫婦のどちらにとっても大きな違いとなる金銭に対する異なる価値観は、中間領域のすべての3領域に見られるものである。

初婚の夫婦もこれらの3領域での違いを抱えて始まる。しかし第2章で分かったように、子どもが生まれるまでに解決するプロセスが始まり、家族が成長するにつれてじっくりと共有した理解を築くことができる。ステップファミリーは3領域において、親と子の間の中間領域を築いていくことから始まる。「私たちのやり方」という感覚は、しばしば元配偶者にまで広がって、両親、継親、元配偶者のさらに広い親族ネットワークへと拡大する。そして大人のステップカップルでさえ共有しておらず、まして継親と継子も共有していない。この挑戦がこれらの各3領域でどのようにあらわれるのかを見てみましょう。次からは多数のステップファミリーを紹介する。本の初めのxiiページからxiiiページのアルファベット順に並んでいる家族の表を思い出してほしい。

1. 中間領域の最初の領域：毎日の日常生活での家族特有の習慣と決まり事

時を経て家族などの組織は、毎日の習慣、規則、決まり事のようなたくさんの

通常のパターンを築いていく（Pasley & Lee, 2010, p.237）。中間領域の最初のレベルには，家族生活の確立したリズムやパターンと，ちらかった状態，うるささ，食べ物，個人的な境界について特有の家族基準が含まれる。

食べ物：私自身のステップファミリーでは，脂肪を含まないマヨネーズは，夫と彼の三人の子どもにとっては明らかに「本物ではないもの」なのだ。娘と私にとっては同様に間違いなく「健康的な選択」なのである。

ちらかった状態：ステップファミリーの中にはなじみのものであふれている居間を「くつろげる」と感じる人がいる。一方では「完全な混沌状態」と感じる人もいる。

「くつろぎと居心地の良さ」もしくは「完全な混沌」か？

　夫が死んで5年の間は，コニー・チェンは息子のコディーと暮らし，家の中を整然とこぎれいにしていた。しかし新しい夫，男やもめであるバート・シジンスキーと二人の子どもの騒がしさには圧倒されていた。バートと子どもには気楽で普通と感じることが，コニーの家庭，つまり彼女にとって通常は落ち着く静かな場所が，たえず緊張を引き起こすものに変わってしまった。

うるささ：一部の家庭は，他の家庭より音量が多い。

「エネルギッシュ」もしくは「行儀悪い」か？

　モナ・ホフマン・ヘラーは，彼女の姉妹とともに，「見てもらえても，聞いてもらえない」という家族で育った。そこで彼女は娘たちのかなりエネルギッシュなスタイルを尊重した。ノーマン・ヘラーと三人の子どもはもっと抑制的な生活に慣れていた。彼らにとってモナの娘たちの行動は「うるさくて」「攻撃で」「行儀悪い」と映った。ノーマンと子どもたちはもっと静かなので，最初の1〜2年はモナの娘たちは新しい家族の会話をリードしていた。

個人の境界：個人のスペースを使うパターンは家族によってかなりちがう。

> **「物を共有する」もしくは「物を取る」？**
> モナの娘たちは互いの部屋に出入りして，洋服，化粧品，スポーツ用品，学用品を，そして友達さえも共有することに慣れている。それとは対照的にノーマンと子どもたちは「最初にノックして」互いの持ち物を「借りる前に尋ねる」という明確なルールがある。ノーマンの子どもたちは，それぞれ自分だけの友達を持っている。モナとその娘たちが親密だと経験することを，ノーマンと子どもたちは侵入的で礼儀知らずだと感じていた。

なじみのもの：ステップファミリーの生活を築くためには，「家庭」という安全な基地に起こる，心を乱されるような多くの変化を経験する。1つの織物から1本の糸だけを引っ張り出そうとすると，予想外に激しい反応が起こることがある。コニー・チェンは，彼女にとってシジンスキー家の見苦しい不揃いのお皿を取りかえるために「素敵な新しい」食器セットを買ってきた。コニーの継息子ブランドンは，くつろげるなじみのあるものがもぎとられたように感じ，そのお皿からは食べようとしなかった。

家族の決まりごと：何年にもわたり，どんな家族も一緒に時間を過ごすために決まり事や習慣を発展させていく。これらのパターンは深くしみこみ，信頼関係とつながりのある確かなリズムを築く。ステップファミリーでは家族の一方では心がなごむ貴重な決まり事であっても，他方には不快で，心を乱すように感じることもあるのだ。

> **テントもしくはホテル？**
> ケビン・アンダーソンと彼の娘たちのケンドラとケティはドライブ旅行では60年代の歌を歌い，毎夏2週間，お気に入りの湖畔のキャンプ地で過ごす。クレア・アボットはクラシック音楽を好み，休暇中はテントでなく都会のホテルで過ごして育った。車で歌うことと休暇を過ごすことは，

> ケビンと彼の娘たちが楽しみにしている習わしを保ちながら，クレアの不快感を和らげる念入りな交渉が必要であった。

2. 中間領域の2番目の領域　ステップファミリーの休日

　休日，ライフサイクルの出来事，他の祝い事の行事により，家族らしさができてくる。ステップファミリーのそれぞれは，長年にわたって築いた特有の順序，リズム，におい，味で構成されている「決まった過ごし方」についての独自の感覚を持っている。行事によりステップファミリーはまとまってくることもある（Whiteside, 1988a）。ステップファミリー生活の最初の4年間についての研究で，ステップファミリーの3分の2が休日の祝い事が「家族のように感じる」ことへと向かうターニングポイントになったとあげている（Baxter et al., 1999）。

　しかしながら，Baxterの研究では，祝日について，3分の1がネガティブなターニングポイントになったということも示している。これには十分な理由があるのだ。休日は一体感への強い期待を高める。期待していたことが起こらなければ同様に強い失望をひき起こす。休日のしきたりの差はブランドン・シジンスキーの喪失感に油を注ぎ，ブランドン・シジンスキーと継母コニー・チェンの間の悪循環は助長される。

> **白色光もしくは着色光か？**
> 　チェン／シジンスキー家の一緒に過ごす最初のクリスマスで，コニーは上品な白色光をクリスマスツリーにつるし，一方，たくさんの着色光電球で，家族のツリーを飾ることに慣れていた青年期の継息子ブランドンにとっては，激しい孤立感の引き金となった。ブランドンはそれに反応して部屋にひきこもった。ブランドンの最近亡くなった母親が着色光を好んでいたことに気づいていたバートは息子を慰めに行った。コニーは夫に見捨てられたと感じ，継息子に「一緒に過ごす最初のクリスマスを台無しにした」と怒ったのである。

3. 中間領域の第3領域：ステップファミリーの民族，階級，宗教的伝統

中間領域の第3領域は広く見えにくい世界に根ざすものであり，コミュニティ全体が共有する，何世代も遡る，家族を越えたものである。この領域での違いは単なる個人的な習慣や好みというより，社会全体という織物に組み込まれた掟のようなものである。家族セラピストであるMonica McGoldrickと彼女の同僚が述べている通り，この領域での中間領域は，「あきらかなことも，ちょっとしたことも，考え方，感じ方，行動」を強力に形作る（McGoldrick, et al., 2005, p.2）。アメリカでは人種民族間の結婚率は過去30年間で倍になった（Wang, 2012）。英国ヨーロッパ文化は全般的に個人主義に重きをおき，ラテンとアジア文化は個人主義よりも地域社会と家族に重きをおく。階級差も同様に重要である。たとえば労働階級家族は借金を嫌い，上昇志向の中流階級は，融資は経済的な成功の手段とみる傾向がある。世代の違いも問題となる。第1，第3世代のラテンアメリカ人がステップカップルとなった時，第10章でみられるように大虐殺の経験に近いユダヤ人の世代は，現代に生まれた人たちよりも絶滅の不安を抱えている。

世話する，もしくは迎合するか？

　フィビー・ハガティーは上品，勤勉，独立を重んじる上流アイルランド家族で育った。彼女は子どもの時より，「行儀よく」，そして家事を分担するようにしつけられた。その価値感は，息子フィリップにうけつがれる。

　アンジーは女性が男性に仕える大所帯で多世代のイタリア人家族で育った。子どものために料理をし，洗濯するのを楽しんでいた。子どもが宿題をしているときには喜んで料理を準備した。アンジーの文化で「世話すること」はフィビーの文化では「迎合すること」であった。

お金は重要な交差点

　お金に関する相違する価値観は，中間領域に関するすべての3領域では強い影響がある。初婚夫婦でもステップカップルでも同じだけ葛藤がある。両方にとってお金と子どもは2つの主なけんかだねとなる（Stanley, et al., 2002）しかし，ステップファミリーの力動は，金銭問題について特有の在り方で対立感を強め

る。「資源分配について異なる規則は，しばしばジレンマを起こす核心となるのだ（Pasley & Lee, 2010, p.240）。

> **公立大学もしくは私立の教養学部か？**
>
> 　大工と教師の娘として，サンディは常に厳しい予算内で生活していた。パートナーのエリック・エメリーは3代続いて成功した弁護士であり，娘には常に惜しみなくお金を使っていた。最初，サンディとエリックは気がつくと冬のコートからカットの費用まであらゆることの「妥当な」金額について議論していた。
>
> 　4年目までに「ほんのちょっとしたきっかけで」エリックとサンディはエリサに車を買うことにともなう問題点を切り抜けた。エリックと妹は16歳の誕生日に新車を与えられてきた。エリックは同じことを娘にもしようと思っていた。サンディは，彼女や兄弟がやってきたように，エリサは自分でお金を稼いで中古車を買うべきだと思った。「かなり穏やかな話し合い」を重ねた後，エリックは広範な事故防止機能がある最近のモデルの中古車を買った。エリサは夏のアルバイト料を頭金にした。

拡大した家族のメンバーも，話に関わってくる

　親子の中間領域を共有することは，姻戚関係，おば，叔父，いとこを含むステップファミリーの外の拡大ネットワークにも関係してくる。このことはアンジーとフィビーに確かにあてはまることである。

> **子どもは子どもらしいか，ひどいふるまいの子どもか？**
>
> 　フィビーは，アンジーの父，継母，妹，継弟，とその子どもたちと食事をする頻度の多さに圧倒されていた。さらに不快なことにはアンジーの妹と義弟は子どもが食卓の下で遊ぶこと，家じゅう追いかけまわしていることを許していた。フィビーはこういう行動は，「ぞっとするひどいふるまい」だと言い張っていたのである。アンジーと家族はその行動を「子どもらし

くていい」と思っていた。

陥りやすい方向性

　違いという海の中で生活する不快感から、多くの善意のアドバイスが生まれる。その多くが意図するところは挑戦に直面するのでなく、避けて通ろうとすることである。

新たな家族文化を定める
　「失敗から学ぶこと」と度重なるカルチャーショックと生活する不快感に対し、よく使われる解決法は、新しい家族ルール、決まり事、行事のリストをすべて体系化することだ。実際に、この早い解決方法は、イタリア人の家族と日本人の家族が一緒になるのに、スパゲッティを食べるのにお箸を使いなさいと定めるようなものなのである。

　同様に重要なのは、ルールをまったく新たに命じることは、押し寄せてくる変化と喪失感をすでに経験している子どもにとっては、早過ぎて多過ぎる変化をもたらす。この戦略は幾度となく、行動をさらに悪化させる引き金となってしまう[4]。

　ステップファミリーは「私たち」という感覚に向かって忍耐強く、また互いを尊重して動く必要がある。ここでのキーワードは「忍耐強く」と「互いを尊重すること」である。

よその国のよその人
　連続性の反対側としてあるステップファミリーは、何事も変わっていないかのように、1つの親子どもという単位でのルール、家族の決まり事、行事の中で、活動し続けている家族もいる。こういうことは、片方の大人だけが子どもを連れているステップファミリーや、子どもとはめったに会わず同居親でない離婚した父親がいる家族の場合には、あり得ることである。継親はすでに存在している親－子の中間領域の一部になることが期待される。このことは子どもにとっては、安定感や安心感となるが、アウトサイダーである継親は、永久に「よその国のよその人」のままであり続ける（Papernow, 1993）。成功したステップファミリー

はアウトサイダーの継親が居心地の良さを感じられるように，わずかな変化を起こしつつ，安定性と一貫性という子どものニーズをみたしている。

違いを尊重して共有する基盤を創る話

チャレンジに臨む

　成功しているステップファミリーは，他の要求を無視して１つの要求を満たそうとする早急な解決に飛びつくことを避けている。また違いを床下に隠すということもない。そして彼らは忍耐と「学ぶという態度」と，うまく混ざりたいという前向きな気持ちを持って，この課題に取り組んでいる。善悪についての争いは比較的少ない。当然のことながら，ユーモア感覚は大いに役立つものである（ヘラー家族のジェノグラムは 70 ページ参照）。

モナの目の輝き

　モナ・ホフマン・ヘラーは彼女の最初のユダヤの過ぎ越しの祝いをノーマンの姉妹と過ごすために彼女のお得意のジェーン叔母の低脂肪クーゲルを焼いた。ノーマンは大部分をとったが，ノーマンの兄弟や家族はモナのクーゲルにあまり手をつけなかった。彼らはその間に義妹の脂肪分たっぷりのケーキを最後の一口までがつがつと食べたのである。

　「誰も私のクーゲルを食べなかった」とモナは翌日の夕食で叫んだ。モナの６歳の継息子ネッドははっきりと「まずかった」と叫んだ。10 歳の姉ニコルは一緒になって，くすくす笑った。ほかの継親なら二人を失礼だといって責めただろうし，もしくは怒りをため込んで黙りこんだだろう。

　「あーあ」とモナは言った。目を輝かせて「あなたたちが言っているのは私のお気に入りのジャネットおばさんのクーゲルなのよ」。ニコルは不満げに「本物のサワークリームが入っていないのにどこがクーゲルなの？」モナは軽くうなだれて「お腹が出ることもないし丈夫な骨をつくるのよ。本当においしいのよ。食べてごらんなさい。クーゲルは全部冷蔵庫にいれてあるわよ」「結構だよ」とニコルは不機嫌な様子もなく言った。「臆病なのだね」とモナは軽く冗談を言って，会話はいい感じで元気よく終わりました。

次の話ではダンフォース／エメリー家は不幸と思われる出来事をあらたな愛する家族の伝統に変えていった（ジェノグラムは6ページ参照）。

> **「最高な祝日」**
> サンディ・ダンフォースと当時9歳の娘サビナは，いつもクリスマスの朝をパジャマで祝っていた。新たなステップファミリーとしての最初のクリスマスの朝，エリックはスーツにネクタイで祝日の朝食に現れた。サビナは「私は泣き始めたわ」と当時を思い出して言った。サンディは微笑み「実際にサビナは大声をだして『何を着ているの，それはクリスマスじゃない』と叫んで感情的にすすり泣きながら2階へと行ってしまった」。
> サンディは続けて「あの晩全員が落ち着いてから，エリックは『祝日には一番いいものを着たい』と言ったの。サビナは私たちにむかって，すべての変化についてさめざめと泣き，クリスマスクッキーをおなかいっぱい食べたのよ」。
> 「次の日，サビナと私は買い物に行ったわ。クリスマスに「最高な祝日」の装いができるように，エリックにもっとも素敵な絹のバスローブを買ったの。翌年彼はクリスマスの朝食に，パジャマの上にバスローブを着て，さらにお気に入りの絹のネクタイをして降りてきた。それ以来エリックは毎年クリスマスにはこのスタイルで過ごしているわ。

おわかりのように，あまり成功しない仲間と同じように，うまくいっているステップファミリーは「失敗から学ぶ」必要がある。しかし彼らは「ツナサンド事件」からもっと早く立ち直ることができる。彼らは反応し，しり込みするよりも，立ち上がり，気持ちを切りかえて，お互いに手を差しのべて，状況を理解しようとし，つながりを求めて相手を気づかう方向へと進んでいく。

苦しむことと成功

同じ家族でも，問題の中には簡単に解決することもあれば，道が開けるまでには少し間違った方向に進んでしまうこともある。

> **「簡単なリクエストのように見えること」**
> 　クーゲル災難はヘラー家ではうまくおさまったようだが，他のことではもっと苦しんだものもある。ステップファミリーになって6年，モナは言う。「振り返ると私たちはかなり正義をめぐる口論をしてきたわ。私はノーマンを厳しすぎると言い，彼は私の子どもは抑えがきかないと言ったわ。あまりいい時期ではなかったわ」。
> 　ノーマンは言う「あきらかに頭を使わないでも，自然にできるようなことがたくさんあった。モナの子どもがまずはノックするとか，私の子どものサッカーボールや野球用具を借りる前に尋ねるということは，簡単なリクエストのように思える。マディーとモリーが実際にこのことを覚えておくのに，どれだけの力を必要とするのかは，しばらくして分かった。そこで子どもたちが忘れていた時にモナに叱りつける代わりに，覚えていた時に感謝し始めた。たしかにこのやり方は断然うまくいった」。

違いのある道を進むには

　うまくいき，十分にできあがっているステップファミリーでも，卒業や結婚などのライフサイクルの出来事は，長い間なりをひそめていたステップファミリーの分裂が再燃する時である。一緒になって6年目の，エリックの娘エリサがもう一度どこの大学に行くかと決めることについて，サンディの労働者階級の価値観とエリックのお金に関する上流階級の価値観が根本的な食い違いを明らかにした。とり乱したものの，エリックとサンディはこの時までに，お互いの関係において，大きな交差点にさしかかる時には，たちどまって，見つめ，よく聞くことを学んでいた。

> **サンディとエリックはエリサの大学について話し合う**
> 　サンディは「難題が片付いたと思った時，またもや問題が起こった。エリックがエリサが視野に入れている学校を言ったときに，私は愕然とした」と言った。サンディと二人の姉妹は州立大学へとすすんだが，エリックは，

姉や父のように家の遺産を資金として，プリンストンに行ったのだ。彼は完全にエリサは私立の教養学部に行くと考えていた。サンディは話を続ける。

「前の主導権争いに入ったわ。しかし大きな問題である大学についての会話をする時には，われわれ自身を落ち着けて，『エメリーはどのようにしたか』『ダンフォースはどのようにしたか』という決まったプロセスに切り替えることを学んでいたの。何年かかけてお互いについて多くを理解してきた。この問題でさらに多くのことがわかったわ」。

「金銭面では別にしているので，最終的にはエリックが決断する。しかし十分に話し合って，最終的に，大きな州立学校は特に学習障害のあるエリサにふさわしい場所でないということに同意したの。エリックがエリサに必要なことを与えるだけの余裕があることは，実によいことだわ」。

家族の話を語る

初婚家族は彼らの共にした経験のみならず，それぞれの親の家族史の話などを，何回も繰り返し話してお互いに共有している。二度目の家族の場合，これらの話は共有しないこともある。現在を形作る力は「失敗による学習」のひと時に遭遇するまでは，分からないままである。時を経てうまくいくステップファミリーは互いの育った背景について少しずつ把握しながら，共に生きていく上で感情の織物を色どる話をお互いに語っていく。

焼くことは思いやること

第4章では，クレア・アボットは仕事を休んで，継娘ケンドラにお気に入りのケーキを最初から手作りした。クレアがひどく失望したことに，ケンドラはほとんどケーキに口をつけなかった。1年後の彼女自身の誕生日に，彼女自身の子ども時代についてのクレアの話は，夫と継娘がクレアの驚きと苦悩を理解するのを促した。

「私の家の誕生日はまったく特別な日だったの。ママは最初からお気に入りのケーキを焼いてくれた。私のはチョコレートケーキで，たくさんのチョ

> コレートで覆われていて，一番上にはチョコレートの粉がかかっていた。兄のランディーはホワイトケーキで，中にはいちごが入っていた。弟ジェリーはケンドラのようにキャロットケーキが好きだった。小さい時から調理台にすわり，ボールと攪拌機をなめていたことを覚えているわ」。
>
> 　ケンドラは料理が好きでした。このふとした会話が，クレアと距離感のあった継娘の間で仲良くなるための努力の道を開いたのである。その時以来，二人は家族のバースデーケーキを一緒に作るようになりました。共同で作り出したケーキはアボット／アンダーソン家族の中間領域を強化する重要な部分となった。

最善策：違いという海を乗り越え新たな
ステップファミリー文化を育てるための主な方策

全般的ガイドライン

・同情という罠に注意せよ

　不運なツナのサンドイッチを作って，悲しんでいる継親は，牧師に恩知らずで失礼な子どもの話をした。子どもは指導カウンセラーに「ツナサンドの中のセロリが好きでないから，継母は頭にきている」と，まったく違うことを言うだろう。私たちは悩んでいる継母と大きな変化にとまどっている継子の両方に意識を向けて，ステップファミリーがこの挑戦に対処できるように手助けをする。同情の落とし穴を避けるために，互いの感情に共感し，話にでてくる登場人物を一緒になって責めようとする気持ちを抑制することが大切である。

　継母には「つらいですよね，そんなに頑張っているのに認められないように感じるのは」と伝えることができる。継親が落ち着いてきたらさらに付け足す。「このような違いはどの局面でもあらわれます。ステップファミリーの生活ではもっとも骨の折れる出来事の一つです」。

・視野を縦にも横にもひろげる

　文化的な挑戦は，核ステップファミリーの境界の外で横に広がり，世代を越えて縦に広がる関係に深く根付いている。お互いを知るために，好奇心をふくらます質問（p.150）を参照されたい。これらの質問をする時に，中心的な価値観の

歴史的な根源や，関連のある世代間のパターン，そして喪失，トラウマ，回復力から受け継いだものについて傾聴する。

レベル I　心理教育
チャレンジをノーマライズする
・メタファーの使用
「ツナサンド事件」は初期のステップファミリーでは正常なことと理解することは，より警戒しないで対応できるようになる。メタファーが有用である。この章の初めにもどってみよう。ステップファミリーになることはケーキの材料をなめらかになるまで混ぜ合わせるようなことではなく，2つの異なる文化からきた人たちが一緒になるための一歩ずつのプロセスなのである。このメタファーは最初の仕事がすぐに違いをなくしていくことではないことを分かりやすく伝えている。つまり，くり返すと，お互いに相手を知ることなのである。

・ある程度の「しくじりによる学習」を予測しておく
前もって，金銭，食べ物，家族，行事についてできるだけ話をするのは重要である。予測と異なるまでは，どのグループの文化も大半は認識されていないことを覚えておくべきである。

変化の量を調整する
・お互いを知るには時間がかかる
家庭という感覚を作りたいという大人の希望は，特に独身期間が長ければ，交じり合う気持ちを強める。しかし，ステップファミリーでは家族のように感じようとして，あまりにも早く進むことは，重要な道しるべを見失う機会が増え，事故にあう率も増加してしまう。Boston Globe の毎日の星座占いからの以下の引用は，じっくりとプロセスをたどる必要性とその不快感をうまくとらえている。

> 「あなたにはまだ知らないことが多すぎて，よい判断や選択ができないのです。質問はしなさい，しかし問題点を押し付けてはいけません。はっきりしない状況はつらいかもしれないが，誤った行動をとるよりも待っていることが望まれる」。

（Last, 2011）

- **馴染みのある習慣（対象物）はそのままにしておきなさい。**

　新たな家族による新しいスタートは，新しいルール，新しい寝室の家具，新しいカーテンなどすべての新しいもののための時間の**ように見える**。しかし子どもたちは（大人も）なじみのあるものに囲まれるともっと安心するのだ。馴染みのある習慣，たとえば就寝までの手順とか，お気に入りのものを食べ続けることは子どもの適応を助ける。

- **ルールの変更は一度に少しずつする**

　ステップファミリーは家族が十分に機能するために，ルールと決まり事について実際にせいぜい2～3のことを変えることに合意をしていく。子どもたちが順応しお互いに理解するまでは，その他は従来のままで一緒に生活する。安全の保証と相手への敬意が第一というのが原則である。ある子どもに朝食で全粒シリアルを食べることを要求するならば，大人は砂糖入りのシリアルを食べている人にはその権利があることを認めて押しつけてはならない。ダブルステップファミリーでは，それぞれの連れ子たちに求める変化の量は同じであるように心がける。

- **まったく変化がないと，継親はアウトサイダーになる**

　継親とアウトサイダーの継子にはある程度の変化が必要である。

- **しみ込んだ習慣や決まり事を変えるには時間がかかる**

　なじんだ習慣や決まり事を手放して，新しいものを作っていくには，驚くほど多くの優しい助言が必要である。小さい変化を起こしていく肯定的なフィードバックは批判やがみがみ言うことよりも効果的である。「そのことを覚えていてくれたのね。ありがとう」「残さずに食べているのはいいと思うわ。それを流しまでもっていってくれたらもっと嬉しいわ」。

- **一対一の時間で緊張を和らげる**

　この課題は，他のものと同じように，家族がみんな一緒になる時にもっとも緊張度が高まる。親子だけの時間は，新来者は合わせることに焦る気持ちを弱め，調節しにくい変化からのひとときの休息となる。ステップカップルにとっては，夫婦だけの時間は楽しむためであり，また共有する考えを確認し，拡大し，また入念な「立ち止って，見て，聞く」やり方で違いを理解するチャンスとなる。共有する興味は継親と継子の関係を培うのに重要な土台となる。それらを探索するにはさらに強力な実親子の絆とは別の時間を必要とするのだ。

・誰にでも発言権を与える。

　アウトサイダーである継親は，変化を口にすることが多い。実親は彼ら自身の子どもに発育の面からも感情の面からもふさわしいことを述べる。馴染みのある家具，絵画，家族行事でどれが一番大切かということの情報が入っていれば，子どもにとっても変化がスムーズに受け入れやすい。

　・違いがそのまま残ることもある

　違いをそのままにしておくことは「交じり合えていない」を意味するわけではない。日本人は寿司を食べる時に箸を使い続けるし，イタリア人はフォークとスパゲティを好むだろう。

休日の行事を「引き離すひも」でなく「結びつけるひも」にする
・楽しい休日の行事のためには交渉しなければならないことを予測する

　ステップファミリーの休日は，驚くべき数の質問をしながら緊張感を持って交渉を進めていかねばならない。クリスマスツリーには白い電球もしくは色のついた電球をつるすのか，ジャネットおばさんの低脂肪クーゲルを食べるのか，あるいはパパの妹の全脂肪のクーゲルなのか，その両方なのか。

　・手のついていない領域を見出しなさい（もしくは新たな休日を作る）

　新たな家族の伝統を作ることは，「私たち」という感覚をつくりだすのに役に立つ。問題は大切な家族の行事に少しの変化が加わる場合でも，誰かにとっては大切にしていた細かい事柄を切り捨てることになり，喪失感をもたらすことになる。どちらの家族にも伝統が確立していなければ，白紙のままである。「手のついていない領域」を見つけなさい，または新しいものをつくりなさい。私自身のステップファミリーは「Chanukmas（クリスマスとユダヤの祝日ハヌカ（Chanukah）を合わせたもの）」を考案した。12月の集まりでツリーやくつ下，ラートカ，点火する飾り燭台を用意しChanukahの祈りを歌う。日にちは子ども全員（今は彼らにも子どもがいる大人である）が都合のつく日に決める。

　・少なくとも最初はいくつかの休日は別々に祝うことを考える

　感情が高まった時に，初期のいくつかの主な休日を別々に過ごすことは実際にステップファミリーの発達を支える。寂しく感じることは，その後のすべての祝い事にまで尾をひく，みじめな記憶を作るよりも望ましいことである。

ステップファミリーにおけるお金の扱い方
・最良の方法というものはない

よく知られている「子どもじみた，でたらめなブロガー」では，家族全体では金銭をまとめるのが一番好ましいと述べている。ただ，経験に基づいたデータはこのことを支持してはいない。[5]

・1ポット　2ポット，3ポット，混合ポット

ステップカップルの中には貯蓄を共有していることもある。1つにまとめている「1ポット」解決という。平等にやりくりする夫婦は「2ポット」モデルを使っている。どちらの夫婦もお金をまったく分けたままにしている。そしてそれぞれが請求書で決められた分担を，それぞれの口座から払っている。多くの人はこの3ポットモデルを使っている。両者は共同支出を払う共同口座に払い込む。

それぞれのパートナーは彼もしくは彼女自身の個人および子ども関連費用については，別々の個人の口座を維持している。[6]

2ポット，3ポットを持つステップカップルのなかには，共同で子どもについて支出決定をしている夫婦もいる。夫婦は一定額以上になると，互いに話し合うようにする。ほかの夫婦は，継親は意見を言うが，実親が最終的に判断を下す。しかし，これらの決定をまったく，別々に行っている夫婦もいる。

多くのステップファミリーでは，これらのモデルの要素をすべて取り入れている。日常的な費用をもっともうまく扱うモデルはライフサイクルイベント，もしくは資産運用に有効なモデルとは異なるかもしれない。初期の段階でいいと思う方法が，その後何年間も最適であるとは限らない。[7]

・「公平な分担」とは何か？

一人のパートナーが相手の家に住むようになると両方が住宅ローンを払うかもしれないが，持ち主はその多くを支払うだろう。所有者でないものは所有権株が徐々に得られるという法的な契約によって，両者ですべての住居費を払うかもしれない。家族全員の健康を保護するには，ステップカップルがこれらのことに関して法的な契約を施行することを勧める。

共同日常生活費に対する分担費用は収入や資産，子どもの年齢（16歳は3歳よりもよく食べる）またそれぞれの子どもが一緒に暮らす日数を照らし合わせて考える。

- **再婚は確実に大学の資金援助にも影響する**

 時にCSS経済援助プロフィールと併用して，財政上の援助を決定するのにFAFSA（連邦学生援助の自由申請）といわれる書式を多くのアメリカの大学は使っている。アメリカでは，ステップカップルが結婚すると，親から教育費への寄与を計算するにあたりFAFSAとCSSでは**継親の収入も勘定に含まれている**。シングルペアレントは再婚によって学費援助をなくすこともある。大学への進路と家族のウェルビーイングへの影響は驚異的である。

 大学進学する子どもがいるステップカップルは最後の，もしくは1回目か2回目でさえFAFSAの支払期限まで（現行では大学年次に先行する2月）結婚を先延ばししようと考える。ある継親が言うには，「同棲するのは，貧しい家に行ったり，離婚裁判所に行くよりよい選択に見える」。この件についての融通性は大学により異なっている。両親には大学の学費の援助について職員と話し合うことをすすめている。

レベルⅡ　違いを橋渡しする対人関係スキル
違いとうまく共存する核となるスキル

 これらのことの多くは今ではもう分かるだろう。第15章はこれらについてさらに詳細に述べている。

- **一呼吸おく**

 あるステップファミリーにとって明らかに「考えなくていい」ほど当然なことは，別の人にはイメージさえつかめないことで，感情的に熱くなることは避けられない。多くの人がつい言ってしまう「**どうして！**」を言う前に一歩下がって一呼吸おいてみると，「おっとまだだ，もっと教えてほしい」と言いやすくなる。結果として出てくる情報は実際に有効な解決法を見出すのになくてはならないものである。

- **「ソフト／ハード／ソフト」は，意見の違いを持ち出すのに役立つ**

 一致しない出来事に直面すると，多くの人は「穏便にすまそう」と感じて言いたいことを言わないか，「正直に」真実を話してしまう。これらのことはどちらも満足な結果にならない。ソフト／ハード／ソフトは，成功をもたらす。具体的には，問題を取り上げる前になにか「ソフト」（肯定的なフィードバック，やさしいこともしくは信頼の表現）なことを探す。同じ「ソフト」な言い方で「ハー

ド」な言いにくいことを伝え，最後に「ソフト」を加える。
- お願いするための文章を試みる

お願いすることは批判よりもけんかになりにくい。「～してくださるかしら」「～してくれればうれしいのだけれど」。例として「床にジャケットをおきっぱなしにするのは私は嫌なの。かけてくれたらうれしいわ」。

- レッテルを張ることと「You メッセージ」はけんかの引き金になる

「あなたの家族は無礼で思いやりがない」のようなコメントは防衛本能をかりたてる。「I メッセージ」（「この騒音は私にはつらい」）は受け入れられるとは限らない。けれど，聞いてもらえる可能性を高めるだろう。

- ジョイニングに立ち戻る

私のオフィスでは向き合うことから逃げることを防ぎ，関係の入り口を開くために，「ジョイニング」を使っている。この章の最後の症例では，この方法で適正な覚醒に戻すために，問題となる会話を一度に一言二言ずつ聞いて，最終的に親しい関係へと導いていく。詳細は第15章を参照されたい。

- クライアントが感情覚醒レベルを追跡することに助力しなさい

違いに直面すると感情の温度は急にあがる。すべての会話は適正な覚醒状態のときがよい。20ページの生理的覚醒レベルの図は私のオフィスでは常に見えるところに貼ってある。「タイムアウトをとりましょう。この小さいチャートであなたの状態が今，どこか分かりますよ」「ここで止めて深呼吸しませんか？」と促す。

「学ぶ態度」を促進する
- 好奇心により反応は弱まる

好奇心は最も適正な覚醒とつながりを作るための通り道であり，「それはばかげている」という心の声を押し殺していると，感情の高ぶりや引き込もりに陥りやすい。私はクライアントに対しあきらかに「ばかげている」もしくはイライラするような行動であっても，相手にとっては完全に理由があることなんだということを，思い起こさせるようにしている。ここに「もう少し教えて」というように導く質問の一覧表がある。この章を終える症例として，これらのいくつかの質問によって，アンジー・ジアニとフィビー・ハガティーの間で調子の上がった議論が建設的な会話に変わった。

・**違いについて好奇心をふくらます質問**

主な質問には，あなたの立場から，このことがどうして理にかなっているのかを教えてください。あなたにとってそれはどうして大事なのか教えてください（車の中で歌うこと，ツリーに着色電球をかざること，借金のないことなど），（最初の結婚ではどのようにお金を管理していたのか，あなたと最初のパートナーは就寝時間をどのように管理していたか？　給与はどのようにしていたのか）……について教えてほしい。あなたにとってそれの好ましい点と嫌な点は何か？

あなたが育った家族では金銭や，食べ物，休日はどのように対処していたのか。誰かが怖かったり，悲しんだり「間違ったこと」をした時にどのようになるのか？　しつけはどのようにしていたのか。だれかが怒ったり，失望したときに家族はどうしたのか。子どもは大人に反論していたのか。誕生日はどのようなものだったのか。あなたが育ったコミュニティはどのようなものであったか。そのことで好きな点と嫌いな点は何か。

あなたの両親の育った家族ではどのようなものであったか（上記と同じ質問をする）。アメリカは移民の国である。アメリカ人は「とけこむこと」に価値をおいている。現在に関わる歴史の影響を評価しはじめたばかりである。両親の出身地はどこか。ここ（この国，国のこの地域）にいつ来たのか。残してきた人や物は何か？　求めているものは何か，ここにたどり着いた時に彼らはどのようだったか？

レベルⅢ　チャレンジに影響する心理的問題

親しい関係で違いが起こる瞬間は，愛着やつながりの崩壊として認識される。全員にとって弱い所を突かれるようなものだ。これらの瞬間が引き起こす感情に共感し，違いという海で生活することの難しさをノーマライズし，対人関係のスキルを使って継続的なカルチャーショックを支えることは多くの人がチャレンジに遭遇する際の助けとなる。

繰り返すが，反応が大きければ，この課題は癒されていない過去からの傷に触れている可能性がある。子ども時代に「受け入れられている」あるいは理解されていると感じられなかった実親もしくは継父母は，たえず合意できない状態にさらに苦痛に感じる。混沌とした安全でない家族で育った人にとって，予想していなかった驚きには，さらにがっかりさせられる。「間違ったことをしている」と

言われて，自尊心を傷つけられてきた大人は，守りの姿勢が強くなり，相手に対してもそのように守りの姿勢をとるようになるのだ。こういう人は特に批判されることに敏感である。このレベルを扱うこと，そして他を紹介することについては詳しくは第 16 章でさらに述べる。

ケーススタディ

深く根ざしている歴史的に受け継いできたことを理解していくことは，アンジー・ジアニとフィビー・ハガティーの間で繰り返される葛藤のもつれを解いていく助けとなる（ジアニ／ハガティー家族のジェノグラムは 53 ページを参照）。

アンジーとフィビーの家族史を遡る

アンジーとフィビーの間で「冷たい戦争」が高じている。フィビーの反応時間が遅いこととアンジーがすぐに攻撃してくることから二人の争いは泥沼化していた。彼らの問題となる子育てと「適切な行動」という話になると，フィビーの攻撃的で，議論好きな面が多く見られた。「いったいどういう母親なんだ，もっとも基本的なことであるテーブルを整えることも君は教えていない」「気にする人なんていないでしょ」とイライラしたアンジーが言った。「私は気にする」とフィビーが叫んだ。

これらの問題によって冷戦は第三次戦争となる。心理教育はこのパターンを軽減しない。ジョイニングとは一時的な小休止を与えるだけである。この反応を起こしている個人の心理を探索しようという試みは，暗礁に乗り上げてきた。

この問題はより大きくもっと古い事柄に根差しているのではないかと考え始めた。大きな新聞紙大の用紙を引っ張り出して，ジェノグラムの最初の部分を描き出した。指を交差させて「家族史をたどることが必要だと考えている」と伝えた。

これまでにフィビーは中流（レースカーテン）のアイルランド人の生まれでボストンで育ったことが分かっている。この言葉（Lace Curtain）にはもっとも貧しいほったて小屋でも，窓にはレースのカーテンをかけるこ

とが習わしになっているという語源からなる。「気取っている」という意味もある。フィビーの何世代も前のジェノグラムを見ていくと，もう一つの文脈が見えた。フィビーのおばあさんには，貧しい生活から抜け出したいという熱い思いがあることが分かった。彼ら技術のないアイルランドの労働者は，ボストンのプロテスタントの支配階級から差別されていた。これ以前にアイルランド人の母親たちは 900 年も，イギリス人からの止むことのない弾圧に苦しむ「下層民」から抜け出そうと苦しんできていた。この歴史を知ることによって，上品なテーブルを準備するフィビーの母親の強要的なしつけに，あらたな意味が加わり，「きちんとした行儀」に対するフィビーの激しい主張は過去からひきつがれた恐怖から来ていることを理解し始めた。

アンジーの側では，両方の祖父がシチリアの貧しい漁村から移住してきたことが分かった。両方とも数年間妻と小さい子を残してやってきた。アンジーの家族では，夕食時に走り回る子どもは何よりも「すべて順調」ということを表している。忠誠心と家族が一緒であることに価値をおく伝統では，アンジーの家族の移住歴における長い間の別離の歴史は，テーブルを整えるという問題は愛する人と一緒に食事をすることに比べると些細なことだという信念を強化しているだけなのだ。

何世紀も遡って考えると，摩擦は軽減しはじめるが，違いは残っていた。それでも苛立ちと拒否が相手への尊重と純粋な好奇心に代わり始めた。

第 6 章のまとめ

ステップファミリーは「私たち」という感覚にむかって，取り組む必要がある。しかし，交じり合いを焦ると，だれかがとけてしまって，ステップファミリーの発展は遅くなるか，脱線してしまう。逆に回避は平和を保つが，親密さや互いの理解は犠牲になる。課題は違いのすべてを解消することではなく，互いを理解するために冷静に互いを尊重しながら向き合えるようになることである。結局は，どの人にも「家庭」の感覚を与える新たなステップファミリー文化はいたわりと，好奇心と，十分な忍耐と，また多くの場合ところどころにでてくるユーモアに

よって，時間をかけて形成されるものである。別のメタファーが加わると，うまくいくステップファミリーが中間領域を築くことは，しっかりしたウールの毛布を早く織るというより，パッチワークのキルトのようにゆっくりと組み合わせていくようなものだ。すべての美しいキルトのように成熟して発展性のあるステップファミリーは，それぞれが独自の図柄を残しながら，一体感を持つのである。

第7章

第5のチャレンジ
元配偶者は家族の一部

　定義によれば，ステップファミリーには，家庭の外に少なくとも一人（生きている場合も亡くなっている場合もある）「別の親」が存在することになる。そしてこの親は，新しい家族にとって，切り離すことのできない存在であり，時としてステップファミリーを最悪の事態に引きずり込みかねない課題となっている。ステップファミリーにとっては，流されないようにしっかりと，自分たちに最良の方法を見つけていくことが，この課題に対処するうえで必要である。

　このチャレンジの現状は言葉では表現しきれない。同棲カップルや婚姻外で生まれる子どもが急増している現状（Cherlin, 2004）では，「結婚」「離婚」「再婚」という言葉は，もはや時代遅れかもしれない。本書では，「離婚後」「離婚後の子育て」「元配偶者」の定義を拡張し，結婚していたケースと，結婚せずに共同で子育てをしていたケースの両方を含めることにする。共同親権をもつ割合が増えている現状をふまえて，本章では子どもの「もう一方の」親，今後は「　」を付けずに表記するが，「もう一方の」親だからといって親としての「重要性について劣る」わけではないことに注意されたい。また，「別居の親」「親権をもたない」親という言葉は，共同親権をもたない元配偶者のみに使うものとする。

チャレンジ

子どもにとって問題となるのは離婚ではなく葛藤である。

　　　　子どもは感情が高まる出来事を繰り返し体験すると，自分自身の生理的な興奮を
　　　制御する力を失っていく。　　　　　　　　　　　（Fosco & Grych, 2008, p.844）。

図 7-1

　ステップファミリーは元配偶者間の葛藤が最高の状態にある離婚後間もない時期に形成されることが多い。法的手続きが終わっていても，どちらかの再婚によって緊張状態が再燃したり，新たな緊張が誘発されるケースは少なくない。

子どものストーリー

　子どものウェルビーイングに最も強く影響するのは，初婚の家族と住むか，一人親の家庭で育つか，ステップファミリーと暮らすかではない。むしろ子育ての質と葛藤の程度である。実際，家族を研究する学者の中には，葛藤こそが離婚後の子どもの経過の最も強力な予測因子であると考える人もいる[1]。図 7-1 の絵は，青年期の継子たちのフォーカスグループによって作成されたものである。好きな人々の板挟みにあってつらかった経験が鮮明に描かれている。

　子どもの受けるこうしたプレッシャーは，露骨な対立から生じることもあれば，遠回しなコメント，不注意の「情報漏洩」から生じることもある[2]。ヘザー・クレイマーは数年間にわたって，母親の聞き役をつとめていた（ジェノグラムは 110 ページ参照）。

> **母の情報漏洩**
> 父がビビアンと出会った後,母は本当につらそうでした。母は私に,彼女と父とビビアンの間で起こったひどい出来事を何でも話して聞かせました。私は詳しく知りたいと思う一方で,何も聞きたくないという気持ちもありました。母と話すたびに腹痛が続き,結局,友人に,母に止めてほしいと言うように諭されました。幸い,母は聞き入れてくれました。

葛藤と子どもについての研究からいえること

30年間にわたる実証研究により,初婚家族,離婚後,そしてステップファミリーにおいて葛藤が子どもに与える影響が明らかになっている。ネガティブなその後の経過としては,自尊心の低下,社会的能力・認知能力の低下,学業成績の低下,恋愛関係がうまく築けないことが挙げられる。中等度の緊張状態ですら,子どもの注意力,学業成績,免疫系に著しい影響を与える(El-Sheikh, Buckhalt, Commings, & Keller, 2007)。子どもが家を独立してからもその影響は続く。離婚をせず慢性的に葛藤状態にある夫婦の子どもは,葛藤の少ない離婚した親の子どもに比べて,青年,成人になってからのウェルビーイングが著しく低いことが報告されている。特に女児の場合にこの傾向がみられる(Amato & Afifi, 2006)[3~5]。

元配偶者がいるなかでのステップカップルの形

元配偶者間の葛藤はステップファミリーの子どもに影響を与えるだけではない。継親もまた,自分はこのパートナーと一緒になっただけでなく,パートナーの以前の結婚関係も一緒に引き受けたのだと気づくことになる。元配偶者たちが二人して築いてきた道のりは,良くも悪くもしっかりと確立されている。なかには,こうした感情の揺れ動きに慣れてしまった親もいるが,サンディ・ダンフォースのような新しいパートナーは変化を求めていた(ジェノグラムは6ページ参照)。

> **「私は，エリックの最初の結婚とも結婚したようなものだ」**
> 　エリックと結婚したとき，彼の娘のエリサもその一部だと分かっていました。でも，エリックとボニーとの結婚生活も付いてくるとは，考えていませんでした。エリックは普段は穏やかで落ちついた男性です。しかし，ボニーに対して気に入らないことがあると狂ったように豹変しました。エリックとボニーが何かについて話そうとすれば必ず大げんかになり，そんな状態が1年以上続きました。慣れようとしました。でも我慢ができなくて，時間はかかりましたがようやくエリックに，なんとかしてほしいと伝えました。

　反対に，元配偶者との関係が極めて協力的なケースもまた難しい。こうしたケースでは，元配偶者は最初はパートナーとして，離婚後は子どもを共同で育てる親として，長年にわたって子どものことで共に意思決定を行っている。そのプロセスに継親を加えるということは，彼らにとっては慣れ親しんできた近道を通らずにわざわざ遠回りするようなものである（ジェノグラムは3ページ参照）。

> **エレンは週末の交代を望んだ……**
> 　ケビン・アンダーソンは前妻のエレンと，離婚後も極めて協力的な関係を築いてきた。そんな関係からもう1週間多く子どもの世話をしてほしいというエレンの要求にも快く応じたが，クレアの意向を聞くことをまたもや忘れてしまった。クレアは夫と二人だけで週末を過ごすことができないだけでなく，動きがとれないアウトサイダーの立場を味わい，傷つき落ち込んだ。ケビンは当惑した。彼もまた板挟みにあっていた。妻を大切にしようと思ったら，前妻との約束を破棄するだけでなく，子どもとの楽しい時間もあきらめなくてはならない。

　極めて協力的な元配偶者は，共同して活動するメンバーの一人として，子ども

を支え，シングルペアレントにとっては強い味方となる。しかしそれが，新しい継親にとっては煩わしい脅威となる場合もある。ビビアンはハンクと結婚してからの2年間を回想した（ジェノグラムは110ページ参照）。

> **「ハンクを彼の家族と共有しなくてはならなかった」**
> 　最初はとてもつらかったです。ハンクの前妻シェリルはことあるごとにハンクに連絡してきて，夕食を一緒にしようだとか，水回りや車の修理をしてほしいなど，細々した要求をしてきました。ようやく私はパートナーを得たというのに，私はハンクを他の人たちと共有しなくてはならないと分かったのです」。

再婚が元配偶者に与える影響

　元配偶者の再婚は，もう片方に影響を与える。子どものコンサートやスポーツイベント，誕生日，卒業式，結婚式といった行事に，新しいパートナー，そしてその子どもや家族が加わることになる。そうした状況が友好的なものであったとしても，元配偶者の再婚は，もう片方に，捨てられた感覚を思い出させ，親という自分の立場がのっとられるのではないかという不安を抱かせる。ハンクの再婚は，元妻シェリルとの離婚後の関係に根本的な変化をもたらした。シェリルにとっては，蓋をしてきた感情を再燃させることになった。ハンクの新しい妻ビビアンの，自分たちの新しい家族の周りにしっかりした境界を作りたいという要求は，シェリルの痛みに拍車をかけた。

> **「本当に落ち込みました」**
> 　ハンクがビビアンのことを知らせてきたとき，私は本当に悲しくなりました。私から離れたとはいえ，ハンクに私はこれまで本当には愛されてこなかったという気持ちでいっぱいになり，動揺したのだと思います。ビビアンが私よりも8歳若く，妊娠を望んでいるということも救いにはなりませんでした。ビビアンは二人の子どもがいてもなお，ほっそりしていて華

やかで私は恐れを感じました。最悪だったのは，ビビアンがハンクと私に，娘のヘザーと一緒に何かをすることを完全に止めさせたことです。しばらくの間，本当に落ち込みました

母親と継母：ぶつかり合う要求と現実的観点

ビビアンとシェリルの例に違わず，母親と継母という2つの家庭をまたいだ関係は，緊迫した感情を生むことが多い。この「最悪の事態」には多くの要素が関与している。

女性の役割が大きく変化したとはいえ，多くの女性にとって母親であることはアイデンティティと自尊心の源である。自分がのけものにされたり，「悪い母親」だとレッテルを貼られるのは，母親にとっても継母にとってもつらい。まだ間もない時期に継母が親の役割を担おうとすると，自分の子どもを他の女性に奪われると感じて実母たちの不安は高まる。

母親と継母の両方が自分の不安を制御し，互いに尊重しあうことができれば，子どもにとっては良い環境が得られる。それができないと，皆が苦しむことになる。[6]

父親と継父の場合は比較的容易

父親と継父との関係は，一般的に，母親と継母の場合よりもはるかに良好である。大半の子どもは，非同居の実父と継父の両方とポジティブな関係を構築している（Ganong, et al., 1999；White & Gilbreth, 2001）。ランダムに抽出した大規模集団を対象にした研究結果では，非同居の父親（養育権のない父親）との接触が増えても，継父と子どもの関係に影響を及ぼすことはなかった，むしろ最もその後の経過がよかった子どもは，継父，非同居の実父のどちらとも親密であり，最もリスクが高い子どもは，どちらとも親密な関係が築けていなかった（King, 2006）。

非同居の父親と子どもの関係は壊れやすい

アメリカでは離婚した両親が共同親権をもつ割合が上昇しているとはいえ，女性が大半の時間，実質的な子育てを担当することは未だに多い（Singer, 2009；White & Gilbreth, 2001）。つまり，離婚した父親の大半は子どもと同居していな

いことになる。子どものウェルビーイングにおいて父親が大きな役割を果たすことは，経験的にみても疑う余地がない。自分の子どもと関わりを持ち続けたいと望む男性が増えており，定期的な接触を続けている男性の割合も増加している[7,8]。ただ，残念ながら，非同居の父親と子どもの関係は，会わない期間が長くなると壊れやすい。ハンクとシェリルが別れた最初の年は，ハンクは娘のヘザーに定期的に会っていたが，それでもハンクは，関係が薄れていくと感じていた。

> **ハンクは娘を失いつつあった**
> ヘザーに電話をすると，宿題をしていたり，友達とメールの最中だったりする。当然のことだと分かってはいてもつらい。朝食をとりながら娘と会話したり，居間に座って娘が遊んでいる様子を眺めることはできなくなった。娘が2階で眠っていると感じられないことも寂しい。娘を失ってしまったのだと気づかされる。

非同居の父親をもつ子どものうち約3分の2が，非同居の父親となんらかの接触を持ち続けている。しかし，学齢期の子どもに関しては，およそ4分の1から3分の1が，非同居の父親とこの1年間まったく接触していなかった（King, 2006）[9]。学校の行事や友達付き合いがあると，1週間おきに父親の家に行くことは難しくなる。ヘザーのように，思春期の女の子は特に，非同居の父親との関係が希薄になるリスクが高い（Coleman et al., 2000；Pasley & Moorefield, 2004）。

父親が継親になるとき：男性の喪失と忠誠葛藤

非同居の父親の約3分の2が再婚する（White & Gilbreth, 2001）。非同居の父親は，子どものいる女性と新しい家族を築くとき，忠誠葛藤によってさらなる喪失感を味わう可能性がある。再婚すると，いつのまにか前妻との子どもより，新しいパートナーの子どもといる時間の方が多くなる可能性もある。それに加え，自分の実の子どもと二人っきりの時間を過ごせば，新しい妻は見捨てられたように感じるかもしれない。初婚家族と2番目の家族の経済的な要求もまた葛藤を生む可能性がある[10]。喪失感と忠誠葛藤という代償は大きい。

> **ハンクは二重の孤独感を感じていた**
> 　ヘザーのことを思い出さない日はありません。1時間ごとに思い出すこともある。ビビアンの子どもと遊んでいたり，ビビアンとの間に授かったホリーを抱いていたりすると，ヘザーが同じぐらいの年だったときのことを考えます。自分の居場所はここにも，あそこにもない。養育費が支払われると，ビビアンは，自分の家庭に私の収入が注がれていないと怒りました。私は常に父親としても引き裂かれる思いがして，扶養者としても無能であるように感じました。ビビアンもこのことで腹を立てていたので相談することもできず，私は二重の孤独を感じていました。

共同養育の取り決めについて研究からいえること

　多くのステップファミリーは，共同養育が続行している間に形成される。子育てに関する取り決めもまた常に変化していく[11]。最良の選択をするうえでは，実証研究の結果が参考になるだろう。

共同親権
　暴力，精神疾患，極めて強い葛藤がある場合には共同親権はふさわしくないという一般的な合意があるが，これは社会経済的状態や離婚前の葛藤のレベルには関係ない（Seltzer, 1998）[12,13]。データによれば，共同親権はたいてい，あらゆる面で良い結果につながると示唆されている（Bauserman, 2002）。

協力的な共同養育が子どもにとっての最良の選択
　極めて協力的な共同養育は子どもにとって最も良いその後の経過をもたらす（Hetherington, et al., 1998）。子育ての問題についていつでも話し合い，意見の相違があっても建設的に解決する。子どもの誕生日や大事な祝日を一緒に祝うケースもあり，そこに新しい配偶者が加わることも珍しくない（Ahrons, 2004）。

葛藤の低い並行養育が次に良い

離婚した両親の大半が，それぞれが別々に家庭を持ちながら「並行養育」を行っている。協力的な共同養育ほどではないが，葛藤の少ない並行養育も子どもにとっては良い影響を与える（Hetherington, 1993；Hetherington, et al., 1998；Pryor, 2004；White & Gilbreth, 2001）。当然ながら，両親が子どもの育成に力を注ぎ，適切な監督ができている時にはとりわけ良い（Furstenberg & Cherlin, 1991）。

２つの家庭で幼い子どもをサポートする

幼い子どものための養育スケジュールを決定する際には，感情は特に高まりやすい。まだ幼い子どもにとっても，お泊まりは父親と子どもの関係を強化するものであり，それによってウェルビーイングを培うことができる（Pruett, 2000；Pruett, Ebling, & Insabella, 2004）[14]。

元配偶者間の葛藤レベルが高い場合でも低い場合でも，養育プランが予測可能で一貫したものであるほど，子どもは適応しやすくなる。３歳未満の子どもの場合，週末のスケジュールには柔軟性をもたせてもよいが，平日のスケジュールには一貫性をもたせることが必要である（Pruett, et al., 2004）。繊細な気質の子ども，計画を立てたり物を管理するのが苦手な子どもの場合にも，一貫した予測可能なスケジュールによってより良いサポートとなる。

ステップカップルが浮気の結果として形成されたとき

ステップカップルが浮気の結果形成された場合には，本章も含めて５つのチャレンジすべてはいっそう困難なものになる。

複雑性を保持する

特にアメリカ人は，結婚生活を続けることができなかった人間を無条件に責める傾向があるが，現実は多くの場合もっと複雑である。浮気は結婚生活の行き詰まりを解決するよい方法とは言えない。しかし浮気はたいていは（いつもとは限らないが）このような出来事が度重なるうちに，お互いが相手との理解と親密さの溝を広げていった結果として生じることが多い[15,16]。

浮気が起きた場合のインサイダー/アウトサイダー

　浮気が起きた場合のインサイダーの立場にある実親は，さまざまなことに対処していかなくてはならない。新しいパートナーの自分を受け入れてもらいたいという要求と，子どもの痛みだけでなく，元配偶者の心の傷や怒り，困惑とのバランスをとらなくてはならない。またそれぞれの張り合う気持ちを処理することも必要である。喜びと安心のすぐ横には，重い罪悪感と深い悲しみがあるかもしれない。

　継親は元配偶者と子どもの両方からの非難の対象となることが多い。インサイダーの立場にいる実親が子どもと信頼を再建築し，元配偶者が回復プロセスに入るまでの間，継親はより遠いアウトサイダーポジションに，長期にわたってい続けなくてはならないことが多い。

浮気後の子どもたち

　基本的に，子どもたちに浮気について「真実を話す」のはお勧めしない。浮気とそれにつながる出来事はいずれも，「元配偶者との間の下世話なエピソード」であって「子どもが知るべきこと」ではない。子どもが知ってしまったときには，子どもの癒しのプロセスは非常に複雑になる。ステップカップルは新しいスタートを切りたいと思っても，子どもは自分の傷や裏切りに対処する時間が必要であり，浮気のない場合に比べてステップカップルの思いとは，はるかに別のものになる。

　こうした場合，特に元配偶者と子どもとの関わりが強い場合には，親子の関係は極めて難しくなる。浮気後には，子どもの忠誠葛藤はとりわけ強くなり，傷ついていると感じた方の親につくことが多い。なかには，浮気をした親に会うのを拒否するケースもある。親としては，子どもの感情に共感するよりもまず自分の立場を説明したい，あるいはあきらめて投げ出してしまおうかという衝動が沸いてきたり，子どもに「乗り越えろ」と強要したくなることもあるだろう。子どもとの修復プロセスには時間がかかり，なかなか進まないことが多い。でも，粘り強く取り組めば，癒しが訪れる。

　かなり長い間は，実親は，継親のいないところで子どもと会う必要が出てくることも多々ある。親面接では，多くの場合，子どもの怒りや裏切られたという気持ちに親がきちんと向き合い続けることに焦点をあてる。子どもが再会を拒否し

たとしても，私は親御さんに「自分はいつでも待っている」ことを伝える手紙を書くよう勧めている。「あなたが私のことで傷つき，怒っていることは分かっている。今，あなたは傷ついている母／父の傍にいる。あなたの心の準備ができたら，私はいつまでも待っている。私たちはまた仲良くなれるだろう。時間をかけて少しずつ取り組みたい」。私の経験では，親が忍耐強くなれば，関係はいずれ修復できる。

元配偶者は特に傷ついている

相手に去られた同居の実母は，子どもと父親との面会を控えることが特に多い。実親（通常は父親）が子どもに会う権利を求めて裁判するべきかという質問を私はよく受ける。私の心配は父親が裁判に勝ったとしても，子どもは残された実親との新しい忠誠葛藤が痛ましいまでに強くなっている家庭から来て，修復のプロセスがさらに損なわれることにもなりかねない。元配偶者に対する面接では，子どものニーズと大人のニーズを分けることから始める。たとえば「元配偶者を嫌う気持ちよりお子さんを愛する気持ちが強いですか？」のような質問をする。

実親と継親は異なった負担を背負う

浮気の後に再婚した親，特に父親は養育権を失うケースが多く，往々にして大きな喪失感を味わう。自分の恋愛を優先したために，子どもだけでなく，今まで築いてきた義理の家族や友人との関係も失うことも珍しくない。それだけでなく，継親は，自分のパートナーが悲しみと罪悪感で苦悩していることに気づく。この継親もまた，自らの罪の意識にさいなまれて，子どもや元配偶者の行動に対し，実親よりもイライラしているかもしれない。癒しの過程では，サポートと思いやりを注げる人が重要な役割を担うかもしれない。

陥りやすい方向性

子どもたちを葛藤の中に居続けさせてしまう

ここで明らかにしておきたいのは，離婚した親が諍いを止められない場合には，子どもの生活を緊張感でいっぱいにしてしまうということである。親の葛藤によって，人生でのイベントが「成長の中で自尊心を築く機会」から「痛みと

喪失を思い起こす機会」に変わってしまうことは珍しくない（Whiteside, 1988b, p.35）。親の中には，子どもを通じてメッセージを送ることにより元配偶者との葛藤を伴うコミュニケーションを避けようとする者もある。これは耐え難いことに，子どもに「2匹の犬の間に置かれた骨」になった気分を味あわせることになる（Braithwaite, et al., 2008）。

防衛線を引く

元配偶者とのぎこちない関係を払拭する1つの方法として，新しい家庭の周囲に境界線を引く方法がある。ヘザー・クレイマーはこのつらい経験について語った（ジェノグラムは110ページ参照）。

> **私は父を本当に失ってしまいました**
>
> 離婚後2年間，父と母はうまくいっていました。一緒に夕食を食べたり，私の誕生日には一緒に出かけ，まだ家族があると感じていました。父とのつながりは失ったようなものでしたが，父がいてくれることは分かっていたんです。でも，父がビビアンと出会った時に，すべてが変わりました。ビビアンは，私が父と会う時は自分も同席することを求めました。彼女のせいで，母と私と父が一緒に過ごすことはなくなりました。二度目の離婚のようなものです。この時，本当に私は父を失いました。

母親が扉を閉ざす

時に，新しいステップファミリーでなく，脅威を感じた元妻によって，2つの家庭の間に強い境界線が引かれることがある。子どもの安全やウェルビーイングを本当に心配して父親との接触を禁じる母親もいるが，子どもとは何ら関係のない理由でそうしていると自ら認めている例も実に多い。前者と後者は区別しなくてはならない。前者の場合は，妥当であるか検証し，必要ならばサポートをする必要がある。後者の場合は，不安や怒りを別の方法で解決していくために温かいしっかりした援助が必要である。[17]

祖父母との情緒的遮断

特に，一人親の家庭やステップファミリーで育つ思春期の子どもの場合，祖父母との親密な関係によって感情面の問題が減り，社会的行動にポジティブな影響があることが分かっている（Attar-Schwartz, Tan, Buchanan, Flouri, & Griggs, 2009, ; Hetherington, et. al., 1998）。残念ながら，父方の祖父母と子どもの関係は離婚後，元配偶者（元義理の娘）によって断たれることが少なくない（C. L. Johnson, 1998）。

ステップファミリーが共同養育関係を支えるストーリー

子どもが自分は中心にいると感じられるように支える

大人がこの課題に取り組めば，子どもは，自分は愛する人たちの板挟みになっているのではなく，皆の中心にいて守られているのだと感じることができる。図7-1の子どもと違って，実父と継父の双方とのポジティブな関係を得たサビナ・ダンフォースという12歳の女子の例を挙げる。

「父親のことも，継父のことも好き」

父は私にとって自分を抱きしめてくれる最高の存在です。大きくなった今でも，父の膝の上にのり，ぎゅっとハグしてもらうのが好きです。父は私と同じで，ちょっと感情的なところがあります。継父のエリックは，基本的にとても穏やかな人で，私とママがけんかになった時には仲裁をしてくれます。私に有機食材のことから部屋を片付けることまで教えてくれます。

サビナは2つの家庭の違いを楽しむ自由を享受している。

トゥインキーズ（クリーム入りのスポンジ菓子）も豆腐も

最初は大変でした。でも今では，2つの家が大好きです。のんびり過ごしたい時，トゥインキーズを食べてテレビを見たい時には，パパとリディ

アのところがまさにぴったりです。活動的な気分で健康的な食事をしたい時には，ママとエリックのところに行きます。私の家族は，私に自分の中の違う面を知るチャンスをくれたのだと思います。

子どもについて建設的なコミュニケーションをとる

　うまくいっている元配偶者は，極めて葛藤が強い場合ですら，子どもを通してではなく直接に連絡を取り合う。短い電話，文章，メール，手紙などを用い，個人的な関係のことではなく，日程や活動，病院の予約等，必要な情報のやりとりに終始することによって葛藤を回避している[18]。

　思春期の子どもの場合，2つの家庭での連絡のやりとりは特に難しい。この年齢の子どもは両親のそれぞれと，もっと柔軟に，もっと長い期間接触したがることが多い。しかし，「今晩はパパのところで過ごす」ということがあまりにも簡単にできると，無監督下の外泊の隠れみのになってしまうことにもなりかねない。この年齢の子どもにとっては，2つの家庭の親たちが，子の自由を尊重しつつも監視を怠らないことが大切である。モナ・ホフマン・ヘラーは，自分と元夫のフレッドがどのようにしてこの課題に取り組んだのかを次のように述べている（ジェノグラムは70ページ参照）。

マディーのための「親によるGPSシステム」

　フレッドと私はうまくいかず，今は別々の家庭を築いています。でも，子どもたち，特にマディーは13歳になったころ，私たちのコミュニケーションの断絶を利用して大きなトラブルを起こすようになりました。それで結局，フレッドと私は会って作戦を練りました。

　私たちは，子どもたちが互いの家を移動したり，外泊の計画をたてたときには，メールで娘の行き先を知らせ合いました。私たちはこれを「親によるGPSシステム」と呼んでいます。娘がいるはずの場所にいないときには，お互いに連絡を取り合います。誰の家にいようが，娘には携帯電話を1週間取り上げるという罰を与えます。

家庭間での休暇をうまく調整する

休暇を祝う際には,ステップファミリーは元配偶者だけでなく,その親族たちのことも考慮して予定を調整しなくてはならない。サンディ・ダンフォースはこの課題に立ち向かうレシピ——柔軟性といくらかの創造性,そして十分な寛大さと自己管理により子どもの要求を一番に考えること——を教えてくれた(ジェノグラムは6ページ参照)。

遅めのクリスマス

離婚前,サンディとデニス・ダンフォースと娘のサビナには,クリスマスイブをデニスの姉のマギーと過ごすという大好きな習慣があった。離婚後も,サビナは父と一緒にこの習慣を続け,そしてクリスマス当日は移動して母親と過ごした。その後,叔母のマギーの夫が700マイル離れたノースカロライナで新しい仕事に就くことになった。サンディは,娘を休暇中ずっとノースカロライナで父親と過ごさせるか,その楽しい習慣を終わりにするかの選択を迫られた。

「娘とのクリスマスをあきらめるのはつらいけれど,サビナのためには,そしてデニスのためにもいいだろうとも思いました。エリックは,クリスマスの4日間を,ヴァーモントにある私たちのお気に入りのB&Bで過ごそうと提案してくれました。それで,サビナがノースカロライナから戻ってきてから数日後に,サビナとエリサと共に「遅めのクリスマス」を過ごすことにしました。それ以来,このスタイルが恒例となっています。代わりに,感謝祭にはサビナは私たちと一緒に過ごし,デニスとは「遅めの感謝祭」を過ごします。サビナのいないクリスマスは未だに寂しいけれど,エリックと私にとって本当に特別な時間となっています」。

サンディによると,「振り返ってみると,2日間で2回クリスマスを過ごすのは,サビナにとってはかなりの負担だったと思います。必ず毎回と言ってよいほど,いわゆる祭りの後のヘロヘロ状態でした。昨年,このヘロヘロ状態はすっかり見られませんでした。それについて娘に尋ねると,『今はクリスマスも感謝祭も,息ができるのよ! お母さん』という答えが返ってきました」。

継親と実親が互いにサポートしあう
非同居の父親との関わりをサポートする

ビビアンとハンク・クレイマーのように，継親は非同居父親とその子どもとの距離を広げさせる可能性もある。一方では，自分のパートナーと子どもの距離を近づける手助けになることもある。

ラーソンのハグはハグではない

トム・ラーソンはしばしば，青年期の三人の子どもたちがいなくて寂しいとこぼす。3番目の妻グロリアは「でも，あなたが電話してあげないから」という。

「向こうから電話してこなくちゃ」

「そう思うなら自分が電話しなさい」

「こっちからかけても，かけなおしてこないよ」

「そうね。あなたは一度かけてあきらめてしまうから。だったらメールを書けばいいでしょう。皆返事をくれるわよ」「何を書けばいいんだ？」「子どもたちに聞きなさい」そして彼女は続けた。「それから，あなたのハグはハグじゃない。本当のハグをしてあげなさい」。彼の新婚の娘トリシャの家を訪れた時にも，グロリアは「トリシャともっとよい関係を築きたいなら，ネガティブな発言をしないこと。開口一番，『ベランダの塗装が剥げているぞ』じゃだめよ」とアドバイスをした。

ハンク・クレイマーやトム・ラーソンの例に違わず，父親というものは，子どもがいないとひどく寂しく思うものである。そしてトム・ラーソンのように，関係を続けるには特別なサポートが必要なことも多い[19]。

両方向のサポートが必要

特に同居している継母にとっては，実母を侵害したり脅かしたりせずに子育てに関わり続けるのは容易ではない[20]。ここでパートナーのサポートは大きな助けになる。

170　第2部　5つのチャレンジ

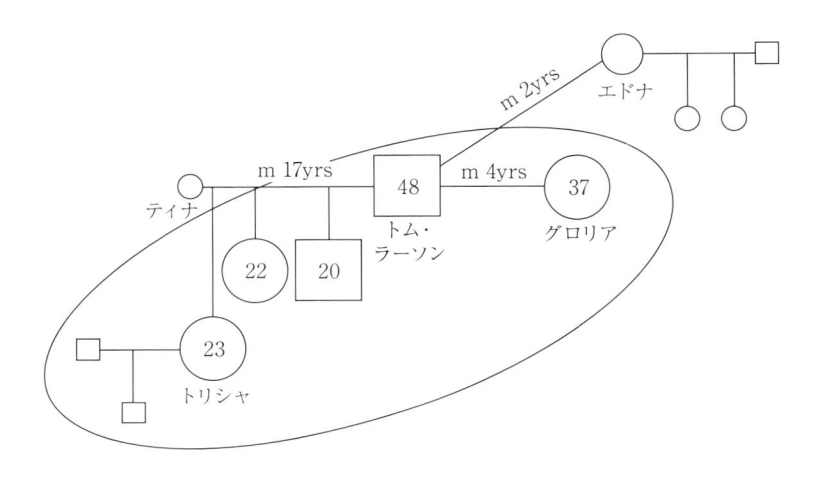

図7-2　5年後のラーソン家族

エリックがいてくれたから，なんとかできた

　エリサがまだ私にそれほど打ち解けてくれていない時ですら，私は彼女と一緒に学校に着ていく服を買いに行ったり，クラスの遠足のためにブラウニーを焼いたりしていました。ボニーはそのようなことをまったくしませんでしたが，彼女には，自分が母親として認められることが必要でした。たとえば学校行事では，自分が母親として前に出て，中央でエリサの隣にいました。エリサのために私は一歩下がって，ボニーを母親としてたてました。

　これは正しいことでした。でもつらくもありました。最初，エリックは，ボニーは何もしないくせにと，ひどく怒っていましたが，これはまったく助けになりませんでした。やがて落ち着き，冷静に考えるようになりました。そして私が家に帰ったときに，私の肩を抱いてねぎらってくれるようになりました。家に帰ればエリックがいてくれるんだと思えたことで，私は一歩ひくことが楽にできるようになりました。ボニーが私に攻撃的になったときには，エリックが私を素敵な食事に連れて行ってくれました。二人

でメニューの中から一番罪悪感を抱くようなデザートを選んで頼んだものです。

拡大家族との古い関係を見直し，新しい関係を築いていく

再婚には，祖父母，叔父叔母，友人たちとの長きにわたる関係を再構築する必要が生じることも多い。コニー・チェンと母親のキャロルのケースを紹介する（ジェノグラムは6ページ参照）。

コニーと母親との関係の再構築

「母は私とコディーの一部です」。とコニーは語った。もう気持ちに整理がついたことが伺える口ぶりだった。バートとの関係が始まった頃にも，よくこんな話し方をしていた。コニーは子どもの頃，母親と親密ではなかった。しかし，夫のラリーが亡くなったとき，その時未亡人だったキャロルがコニーとコディーのもとに越してきて，丸一年一緒に暮らした。その年以来，コニーと母親は1日に何度も会話を交わすようになり，夜遅くまで話し込むことも珍しくなかった。休日はいつも一緒に過ごした。それは夜遅くのコニーとバートの二人だけの時間を侵害することもあった。キャロルとコニーは，ブランドンを諸悪の根源だとする点でも結託していた。一人親での子育てのときにはうまくいっていた母娘関係が，今，コニーの新しい家庭にとっての脅威となっている。

さまざまなメンバーで何回かミーティングを行ったのち，私たちは境界を再構築し，キャロルが今までとは違う協力的な立ち位置で加われるようにした。多くの要素がこの努力による成功に導いた。キャロルはラリーを崇拝していた。最初の合同面接でキャロルは，自分がバートを歓迎したらラリーを「裏切る」ことになるのではないかという，いささか「非現実的不安」を打ち明けた。祖父母にもまた忠誠葛藤があったのだ。バートはいくらかのコーチングを受け，義理の母に対して「ラリーは自分たち家族の一員だ」と言って安心させることができた。

ブランドンのストーリーを理解することで，キャロルは自分の娘を護り

> たいという当然の思いと，新しい家庭を作ることの現実的なイメージとのバランスをとることができるようになった。また，バートとキャロルにはガーデニングという共通の趣味があることも分かった。一緒に作業することで，バートと継母は二人の新しい関係を構築していった。「庭いじりを通して関係が築かれていきました」とキャロルは言う。コニーの心の中にバートの存在が大きくなったことで，母に頼りたいという欲求が軽減された影響も無視できない。

　チェン／シジンスキーの家族のように，亡くなった元配偶者は，子どもの心の中だけでなく拡大家族の心の中にも生きている。うまくいっているステップファミリーはそうした喪失や忠誠心に敬意を払いながら，コニーとその家族のようにゆっくりと時間をかけて新しい関係を築いている。

文化的規範（cultural norm）が助けとなる

　アメリカでは，元配偶者との葛藤の少ない協力的な関係が当たり前のように築かれる社会を目指して，メンタルヘルスと法律の2つの領域で大きな取り組みが行われている（Ahrons, 1994, 2004；Doolittle & Deutsch, 1999）[21,22]。ただし，興味深いことに，これは主に白人社会に限られる。アングロ・ヨーロピアン系社会では，両親の離婚と再婚は，とても高い葛藤を伴う。アングロ系社会では，「家族」の境界を成人カップルの周りにきっちりと敷くので，元配偶者は「侵入者」とみなされる。第9章でとりあげるアフリカ系アメリカ人の家族は，元配偶者を，隣人たち，祖父母，一緒に子どもの面倒をみてくれる仲間など協力的なネットワークの一部とみなす傾向が強い（Berger, 1998；Stewart, 2007；Whiteside, 1987）。彼らの社会は，元配偶者の葛藤レベルが低く，非同居の父親の関わりが強く，ステップファミリーの思春期の子どものその後の経過は良い傾向がみられる。この社会規範からは多くのことを学ぶことができる（Stewart, 2007）。

最善策：家庭という垣根を超えた家族生活の主要な方策
一般的なガイドライン[23]

- **葛藤レベルをしっかり監視する**

ある研究によれば，「子どもは言葉を覚えるより前，おそらくは胎内にいる時から，ストレスと緊張の影響（神経学的にも，発達上も）受けている」という（Finn, 2011）。

私たち臨床家は，医師が血圧を定期的に診るのと同様に，葛藤をモニターする必要がある。ステップファミリーの誰かが，ほかの大人との緊張をはらんだやりとりについて言及する時，私は（穏やかに）こう尋ねることにしている。「その場所にお子さんはいなかったでしょうね？」。「お子さん」には幼い子も成人も含まれる。親が離婚する前，そして離婚してからの数年間は，葛藤レベルが高くなる可能性が極めて高いので，特に注意する必要がある。

- **元配偶者とその親族は家族の一部**

子どもがストレス下にある時は，元配偶者との現在および過去の関係の質を早期に評価する必要がある。このプロセスの一環として，私はクライアントと一緒に手がかりを集め，どうしたら元配偶者とうまく接触できるかを探っていく。その人の長所は何か？ その人にとって重大なことは何か？ その人にとっての脅威は何か？（本章末のケーススタディで取り上げたエリック・エメリーの話を参照）。

これだけでは解決できそうにない場合には，元配偶者との関係に関する情報をじっくりと集めていく。ヒアリングを通して，クライアントの対人関係スキルのレベルを推定する。離婚してどれぐらいになるか。どれぐらい親しかったか。現在の関係はどうか。結婚期間は何年か。家族にあなたと親しい（親しかった）人はいるか。元配偶者の家族では，お子さんは誰と親しかったか。離婚後それは変化したか。元配偶者と意見が合わない時にはどのように対処するか等を時間をかけて聞いていく。

パートナーの両方に元配偶者がいる場合には，両方について尋ねる。祖父母をはじめとする親族について，子どもと大人の両方に質問をする（葛藤レベルの高い離婚の場合には，話が食い違うこともある）。子どもをサポートできる関係，家族に緊張を引き起こす可能性のある関係，再婚によって断ち切られた関係を特

定する。

- **元配偶者のチャレンジにはたくさんの甘い罠がある**

第3章で,「羅生門効果」の話をした（『羅生門』とは，12世紀の日本を舞台にした小説のタイトルにちなんだ名称である。この小説では盗人，木こり，その妻，武士がそれぞれに，ある殺人事件について，4つの異なった視点から語る）。いかなる課題においても，ステップファミリーのメンバーが，同じ出来事についてまったく異なった話をするのはこの効果のためである。

「信じられるかい？ 私のクライアントが帰宅すると，元妻が家に来ていて，娘のダンスパーティの準備をしていたというんだ。こんなひどい話があるかい？」。これは，経験豊かな家族セラピストの言葉をそのまま引用したものである。彼はクライアントの元妻を平和を乱す元凶として受け取った。しかし一方で，この元妻の親友は，「私の元夫とその意地悪な妻は，私に自分の娘の初めてのダンスパーティの手伝いもさせてくれないの」という言葉を聞いているかもしれない。

母親の境界に関して解決の余地があるものの，この話の登場人物の誰しも，共感を必要としている。臨床家としてはクライアントに葛藤を与えることなく，その「**気持ち**」に共感していくことが大切である。「お嬢さんの大切なイベントの準備が，こんなことになってしまってつらかったですね」のような言葉をかける。

レベルⅠ　心理教育

子どもを親の葛藤から保護する

- **情報の漏洩をしない**

子どもに必要なのは最低限の情報であって，下世話な話ではない。子どもが本当に必要なのは，「今は月に一度程度，外食する余裕がある」ということであり，実父が子どものサポートにどれほどの頻度で金を使っているか，それが十分かどうか，ということではないのである。相手への怒りのあまり，友人や理容師，セラピスト，美容師にこぼすことがあったとしても，そうしたことを子ども（幼い子であれ大人であれ）に話すべきではない。

- **子どもにとっては共同養育が最良の選択であるが，葛藤の少ない並行養育も次善の策である**

繰り返しになるが，両親が離婚後も極めて協力的な関係でいることが子どもにとっては最良である。これが不可能な場合には，葛藤が低く，並行して子育てを

行うのが次善の策であり，これでも十分良い結果が得られる。
- **現実的，中立的なやり方で，2つの家の違いを扱う**

離婚した親は意見を同じくする必要はないが，相手に敬意を払うことは大切である。親たちが，2つの家庭の間にあるルールや価値観の違いを中立の立場で現実のものとして受け止めていれば，大半の子どもはそうした違いに対処できる。3年生にもなれば，大半の子どもは，算数の先生のルールは英語の先生のルールとは違うことを理解する。

たとえば子どもが「でも，ママは私に夕食のときにコーラを飲んでもいいと言うよ」と言ってきたら，父親は静かに「そうだね。ママとパパはこの点については意見が違うんだ。ママの家にいるときには，夕食のときにコーラを飲んでもいいよ。でも，この家では夕食には牛乳を飲むことになっている。大きくなったら，どちらか好きな方を自分で決めればいいけれど，今は，この家にいる時は牛乳を飲みなさい」と答える。

- **生死のことでない限り元配偶者のやり方を認める**

親の葛藤は子どもに大きなダメージを与える。その長期的な影響を考えれば，砂糖がけのシリアルを食べてよいかどうか，ピアノのレッスンをどこで行うかなどはごくごく些細な問題でしかない。共同養育関係が緊張をはらんでいる時ほど，問題を入念に選び，戦略的に進める必要がある（Jeffrey Wittman の名著『Custody Chaos, Personal Peace』[2001] を参照）。

- **家庭の境界を尊重する**

元配偶者は子どものための計画を立てる時，別の両親の予定まで勝手に決めてはいけない。同意なく，両家庭の秩序に関する決定をしてもいけない。葛藤の高い状況ではこれを明確に法的合意に組み込み，養育プランと共に保管しておくこと。

- **スケジュールはすべてに優先される**

極めて協力的な元配偶者は，公平かつ相手を尊重した方法で，気軽にスケジュールの変更交渉してくることがある。しかし，協力的な共同養育の場合であっても最低の原則に従い，変更の合意が得られない場合にはもともとのスケジュール通りにした方がいい。葛藤の高い離婚の場合には，この原則を離婚合意書に書き込むか，養育プランと共に保管しておく。

- **子どものイベントには，子どものニーズを優先する**

子どもの発表会，卒業式，結婚等のイベントでは，大人ではなく子どもを中心

に考える。大人が礼儀正しく振る舞えそうにない場合には，互いの席を離すか，顔を合さないよう配慮することをお勧めする。たとえば実母が，子どもの大学の親の参観日に継母と同席するのが耐えられないなら（あるいはその逆もある），どちらか（たいていは継母）が別の機会に，親しい訪問をするとよい。結婚式で，離婚した両親が冷静さを保てそうにない場合には，花嫁や花婿の友人たちが交代で両親のケアにあたる。

- 拡張親族との関係を育てる

一人親の家族やステップファミリーの場合は特に，祖父母，従兄，叔父叔母といった拡大家族の存在が子どものウェルビーイングにとって重要になる。拡張親族が新しい家族関係を理解しなければ，合同での面接や心理教育がプラスに作用するかもしれない。

- 元配偶者を安心させる

元配偶者の再婚は，もう一人の不安を引き起こす。特に実母の場合は，子どもを「別の」女性に取られてしまうのではないかという不安にかられることが多い。不安にかられた元配偶者は，不安のない元配偶者に比べ，度がすぎた行動を起こす傾向が強い。予防措置を講じておくことが役に立つ場合がある。私は再婚する際には，元配偶者に電子メールか郵便で，たとえば「あなたは，今までもこれからも，私たちの子どもの母親だ」ということを伝える短いメッセージを送ることを勧めている。これにより，元配偶者との忠誠葛藤についての話（p.86 を参照）を共有しやすくなる。継親も，「あなたのお子さんにとって最高の継母になるべく努力します。お子さんの人生に参加できればうれしいですが，あなたの代わりになろうなどとは思っていません」というメッセージを送ってもいいだろう。

- ポジティブなフィードバックを送りつづける

困難が生じた場合には，ささやかでポジティブな行動が緩衝剤となる。「予定を変更してくれてありがとう。感謝しています」のようなお礼のメッセージを送るのもいいだろう。特に継母にとっては，実母から「私の子どもによくしてくれてありがとう」と自分の努力を認められるのはうれしいものである。

- 硫酸のメタファー

中傷や悪口をやめられない人への最後の手段として，私はこのように言うことにしている。「あなたはお子さんを愛しているのでしょう。傷つけたくはないでしょう。きついことを言うようですが，よく聞いてください。元配偶者について

お子さんによくないことを言うのは、あなたにとっては『正直』な行為であっても、実際にはお子さんに硫酸をかけているようなものです。そんなことをしたくはないでしょう」。そして「私にこんなことを言われてどんな感じがしますか？」と質問する。

家庭を超えて子どもをサポートする
- **コミュニケーションは子どもを介さず、穏やかで簡潔に行う**

子どもを通してメッセージをやり取りするのは、彼らにとっては非常な負担である。短い手紙やメールを使えば、葛藤を抱えながら共同養育をする親であっても、情報をやりとりし、離れていても子どもの居場所を把握しておくことができる。双方がインターネットを使うことができるなら、オンラインカレンダーを使えばコミュニケーションがとりやすくなる[24]。ただし、元配偶者がサイバーテクノロジーにそれほど通じていないケースが思いのほか多いということも頭に入れておく必要がある。相手がメールを読んでいない場合には、電話や郵便に切り替えよう[25]。

- **カレンダーに印をつける**

子どもが自分の予定（いつ、どこにいくか）を分かるようにしておくことが必要である。幼い子どもの場合には、親と会う日の目印に簡単な人物や顔マークを使うのもいいだろう。現在の日も分かるようにしておこう。

- **ごく幼い子どもに一番必要なこと**

3歳未満の子どもは言語能力がまだ発達していないので、親は、食事、就寝、感情の浮き沈み等について十分に詳しく理解しなくてはならない。予測可能な一貫したスケジュールはすべての子どもにとってプラスに作用する。幼い子どもの平日のスケジュールについては特に一貫性をもたせることが大切である。週末のスケジュールには柔軟をもたせても構わない。

すべての子どもに使える有効な方法として「2, 2, 5, 5」計画がある。月曜と火曜はいつも決まった親と一緒、水曜と木曜は別の親と一緒、週末は行ったり来たりする。そうすれば、親は子どもが来る、来ないにかかわらず、2日＋5日単位でスケジュールを繰り返せばよい。平日の予定が一貫したものになり、親と子どもの関係も、ステップカップルの関係も良好に保ちやすい。

- **2つの家庭を行き来する思春期の子どもは，柔軟性と親の監督の双方を必要とする**

元配偶者間で協力して，思春期の子どもの居場所が把握できるようにしておく。

- **子どもの持ち物を揃えるのは親の責任**

2つの家庭を行き来する際に，子どもが，自分のお気に入りのセーターや野球のグローブ，教科書などを持ってくるのを忘れてしまった場合，親は，子どもを責めたり，ほうっておくのではなく，その状況に対処する必要がある。できれば，重要なアイテムは2セットずつ購入することをお勧めする。子どもによっては，ラミネートカバーをかけた「持ち物リスト」を子どものリュックに貼り付けるか，移行時用の簡単なメモを作って重要アイテムをリストしておけば，自分の持ち物をまとめられる場合もある。しかし，特に幼い子どもや，自己管理能力，注意能力に難がある子どもの場合には，必要なものを取りに各家庭を往復するのも，親の務めの一部であろう。

- **非同居の父親には特にサポートが必要なことが多い**

非同居の父親には，子どもから拒否されるのではないかと不安を抱えている。ひきこもったり，高圧的になったり，あるいは不適切に自分の痛みを話すことなく不安に対処するためには，サポートが必要となることもある。たとえば「日々の会話」のためのガイドライン（子どもの友人についてもっと具体的に質問する，宿題について聞く。子どもの日々の行動に関心を示すなど）が必要な父親も多い（Braithwaite, et al., 2003）。また，技術の進歩は，非同居の父親の強い味方となる。メールにはほとんどの子どもが返信してくれる。サイバーテクノロジーに長けた子どもなら，Eメールやスカイプを使ってつながりを維持することもできる。[26]

子どもが移行しやすくなるように

- **移行時間を平和に快適に保つ**

2つの家庭を移動するのは，子どもにとってかなりの適応を必要とする。大人ですら，1週間に一度，二度と家を行き来するのは非常なストレスになる。この傷つきやすい時期には，親の緊張はいかなるものであれ，子どもにとってのかなりの負担となる。大人は穏やかに，リラックスした状態でなくてはならない。スケジュール等の会話は別の機会に，子どものいない場所で行う。移行の時に片方の親が非友好的であった場合には，もう一人が会話を終わらせる。あるいは，送

り迎えを調整して接触を避ける（後述の『葛藤の高い共同養育関係』を参照）。
- **移行の儀式**

親が極めて協力的で友好的な共同養育をしていたとしても，家を移動する前後や最中は，多くの子どもにとって，精神的に大きな負担をきたすものである。これを快適に，スムーズに行うために，移行の儀式を決めておくとよい。「パパのところから帰ってきたら，いつも，リュックをここにしまいましょう。それからおやつを食べて，ゲームをしましょう」。「親子水入らずの夜」（第4章）はケビン・アンダーソンの家庭にとっての移行儀式である。

- **親が子どもの個別のニーズを把握する**

家を移動する直前，直後に行われる親族を交えた会合は，かなりの子どもにとって，避けて通れないイベントである。中にはそれを楽しみにしている子もいる。こうした時，やる事が決まっている方が過ごしやすい子もいれば，形式ばらないさりげない形の方が落ち着くという子もいる。多くの子どもは，移行の前後には，自分の親と一対一の時間が必要である。中には，一人で過ごす時間が必要な子どももいる。自分の子どもにとって何が有効かを注意して，うまくいかないものは実施しないようにすることが大切である。

- **休日の移行には特に注意**

極めて回復力に富んだおおらかな子ども（および多くの大人）ですら，2週間以上にわたる祝日休暇は疲労のもととなる。たとえばクリスマスのイブと当日を別々の家庭で過ごすのは，祝祭日の当日に自分の子どもといたいという二人の元配偶者の願いをかなえるためのものであって，多くの子どもにとってはヘロヘロ状態でくたびれの原因となる。

葛藤の高い共同養育関係は入念に管理する
- **葛藤の高いカップルの場合には関わりを減らすようにする**

葛藤が続いている場合には，別々に並行して子育てをすることをお勧めする。一人が朝学校へ送るのを担当，もう一人が迎えに行くのを担当する。親が会うときには，公園やマクドナルドなど，中立の場所で会う。葛藤を抱えている親の子どもたちにとっては，頻繁に移行するよりも週ごとに家を行き来する方が負担が少ない。ただし，子どもがまだ幼かったり，親の片方が虐待をする，あるいはアルコール依存症だったり精神疾患がある場合にはこの限りではない。

- **明確な法的取り決めをして，交渉の継続をできる限り回避する**

「葛藤の高い家族の場合，具体性のある取り決めの欠如は親の葛藤を加速させ，葛藤は子どもの不安感を生む」(Stahl, 1999)。子どもにとっては，葛藤に比べれば，融通が利かないことの方がはるかに好ましい。鉄壁の具体的な予定表（毎週の，および祝日の送り迎えの時間も細かく記入したもの）を作成し，日程に関する議論を回避しよう。

- **仲介者，専門家（special master），コーディネーターの助けを借りる**

葛藤が高い両親の共同養育には，違いを解決するための機関が必要である。アメリカでは，利用できる機関は州によって異なる。アメリカ家庭調停裁判所は素晴らしい情報源となる[27]。カップル間の葛藤が極めて高い場合には，裁判所が任命した「特別専門家」（最終的な意思決定に権限をもつ人）の力を借りるとよい。葛藤をなるべく抑えて共同養育に向けた離婚合意をするには，ステップファミリーについての知識を有し，問題解決を進めてくれるコーディネーターを頼むとよい。

- **家族外の子どものサポートネットワークを強化する**

親が葛藤状態にあるときには，サポートできる祖父母，家族ぐるみの友人，仲間，宗教的リーダー，コーチ，教師との接触を増やすことで，子どものストレスを軽減させることができる。私は必要に応じて，子どものサポートネットワークメンバーを集めて，子どもを緊張や罵り合いから保護するためのコーディネートを行っている。

- **信頼できる学校の力を借りる**

子どもがどちらかの家庭で葛藤や，親の悪習慣にさらされている場合には，信頼できる学校の働きによって，親の悪い影響を軽減することができる。選択の余地がある場合には，温かく，子どもの面倒をしっかりとみてくれて，素早く対応してくれる学校，責任ある行動をとってくれそうな学校，一貫した監督が得られる学校を探す。逆に，秩序がなく放任主義の学校は，さらなる悪影響を与えることになる（Hetherington, 1993）。

ステップカップルの関係と元配偶者との関係との両方をサポートする

- **家庭間の「ダッチドア（2段式ドア）」は有益**

元配偶者との関係が極めて良好なのは，子どもや共同養育をする両親にとって

はうまく作用するが，継親にとっては複雑なこともある。上半分と下半分の2段に分かれた「ダッチドア」のイメージを描いておくとよい。上半分は開けて子どもに関わるコミュニケーションを取りやすくしておくが，下半分は必要に応じて閉じて構わない。そうすれば，個人的な大人の問題については，元配偶者との境界をきっちりと引くことができる。

- **元配偶者との習慣を変えるのはイベントではなくプロセスである**

元配偶者どうしは，別の大人の介入なく日程調整や意思決定することに慣れている。継親は自分にも相談してほしいと頼み，時には主張する必要がある。しかし，長い時間を経て確立された習慣を変えるのには時間がかかることも心得ておこう。

レベルⅡ　元配偶者との関係をうまく管理するための対人スキル

この課題に対処できるようになれば，相手に失礼にならず，敬意を払いながら交互の共同子育てができるようになる（Whiteside, 1988b）。元配偶者が挑戦的，非協力的であればあるほど，困難は増し，賢明に，戦略的に対処することが大切になる。第15章では，以下に挙げる対人スキルのヒントについて，段階を追ってアドバイスしている。『Difficult Conversations（難しい会話）』（Stone, Patton, & Henn, 1999）も参考になるだろう。

- **元配偶者の問題については，ソフト／ハード／ソフトの戦略が有効**

例：元配偶者との新しい境界を設定する（ソフトを**ゴシック**で示す）。「**子どもたちがあなたと会うのは私にとっても嬉しいことです。ベッドで子どもたちと話すのは本当に素敵な時間です**。でも，就寝時間は守らないと，彼らもなかなか寝られなくなるわ。**あなたも子どもに夜更かしさせるようなことは望んでいないでしょう**。そして7時前に声をかけて寝かせましょう」。

- **Eメールにジョイニングを加える**

例：元配偶者が，子どもと過ごす週末の予定を立てた場面（相手への同調をゴシックで示す）。「**あなたは次の週末ポリーを野球に連れていきたいのね。二人ともレッドソックスが大好きだものね**。でも，私たちには予定があるの」。決して「まさか，私とポリーと日曜日を過ごすのをあきらめようと言っているわけではないでしょう」などと言わないこと。

- **短く事実だけに終始。レッテルを張らない**
  　事実：週末に娘と行くための野球チケットを持っている
  　レッテル：あなたはわがままだ
- **葛藤をクールダウンさせる。火に油を注ぐようなことをしない。**

長く不愉快なEメールには，簡潔に事実だけで返す。「残念だけれど，週末あなたと交代することはできません」。

- **「相手の心を操っている」ように見えても，実は子どもは忠誠葛藤をなんとかしようと思っている可能性がある**

子どもが父親といて完璧に幸せそうに見える。しかし，その子は母親に，自分は父親の家ではつらいとこぼす。母は父に「息子はあなたの家にいるとき，すごくつらいんだって」と伝える。このケースでは，父親が離婚を切り出し，母はそれによってとてもつらい時間を過ごしたという経緯があった。私は聞きながら，言葉に表れないあらゆるヒントから，この子は本当は，父親の家でとても楽しく過ごしているのではないかと感じた。母親を護るために，自分に最大限できることをした可能性が高い。父親の対応としては，息子に，「離婚した子どもは時として，親を心配するものだ。君はお母さんのことも，私のことも大好きなんだね。それで，どちらにも，元気になってほしいんだ。それが子どもの務めだから，そうだろう？」などの言葉をかけることがある（父親が，母親のことも子どものことも責めていないことに注目されたい）。

子どもが何も言わない場合でも，親のどちらかが「あなたは困っているのね」と言葉をかけることによって，子どもは気持ちの調整ができ，安らぎを得ることができる。極めて葛藤が高い離婚の場合には，父親が元配偶者と対立せずに「教えてくれてありがとう，よく注意してみるよ」と言うにとどめるという選択もある。いくらかの協力関係があるなら，父親はもう少し心を開いて「そうか。よく見ていたんだが，気づかなかった。あの子は君のことをとても心配していて，あの子は僕の家にいて，君が気を悪くしたらいけないと思っている可能性はないかな。あの子は本当に心遣いが細かい優しい子だから」などと言ってみることもできる（この言葉でも，母親を非難していることにはならない）。

- **別の親が何か毒を含んだことをしたときに，とるべき7つのステップ**

離婚した親にとって，最も困難で困惑するのが，元配偶者が何かひどいことを言ってきた，してきたということを子どもから聞かされたときである。ここでは

私が親に提示しているガイドラインを簡単に紹介する。子どもは往々にして，虐待する親，育児放棄する親のことも守ろうとするということに注意してほしい。子どもにとっては，熟練したガイダンスカウンセラー，友人，宗教上の師，あるいはその他の第三者に打ち明ける方が楽なこともある。

1. **冷静さを保つ**

もう一方の親のひどい行いについて悪態をつくと，子どもにとってはすでにひどい状況がさらにひどくなる。私のガイドラインでは，親は「穏やかになれないときは，穏やかになれるまで黙っていること」としている。

2. **元配偶者と共に，落ち着いて事実を検討する**

子どもは往々にして，事実を正確に伝えないことがある。「ポリーはあなたが次の日曜のレッドソックスのチケットを持っていると言っているけれど，本当かしら？」と聞いてみる（注：アルコールを飲んでいたり，虐待する親は通常，自分の行動を否定する。こういったケースで親と子の話が食い違っていたら，私は基本的に子どもの方を信用する）。

3. **まずは，不愉快な親についても，ポジティブな真実を伝える。**

「パパにはたくさん良いところがあるよ」「あなたのママはあなたのことが大好きなんだね」などの言葉をかける。

4. **許容できない行動を，事実に基づいたシンプルな表現で認識する**

子どもには，許容できない行動が起ったことを誰かに認めてもらえることが必要である。父親が夜の7時に酔っぱらって眠っていたら，「パパはあなたのことが好きだってことだけを覚えていよう」などと言っている場合ではない。子どもに必要なのは「あなたのパパは酔っぱらっている」「あなたのママは時々あなたにひどいことを言うね」「あなたの新しいパパは怒りんぼだよ」という言葉である。

5. **すぐに子どもの気持ちへと焦点をシフトさせる**

「怖かったでしょう」「ママかパパか，どちらを信じたらいいか分からなくなってしまうよね」「パパがお酒を飲み始めた／ママがかっとしたら／あなた，とってもつらいきもちになるでしょう」などと言葉をかけ，子どもの気持ちを聞き，共感できるようにしていく。子どもには，自分の面倒を見てくれる大人が，自分の怖かった，悲しかった，混乱した体験を受け止めてくれているのだと感じられる必要がある。

6. 子どもの安全確保が必要な場合には，実行計画をたてる

「パパが怖い人になったら，私にメールしなさい。偶然立ち寄ったふりをして助けに行くから。本を忘れたからとでも言い訳できるからね。あなたが私にメールしたことは決してパパには言わないから大丈夫」というような言葉をかけよう。子どもの携帯にGPS追跡機能を付けたり，信頼できる隣人を見つけておくのもいいだろう。

7. 「ある部分」という言葉を用いて子どもの気持ちを説明してやる

子どもたちは，あらゆる人類と同様に，自分を傷つける人から離れていき，その一方で，親を慈しんで守るという生まれながらの性質がある。親が子どもにとって怖い存在だったり，尊敬できなかったり，非情なことをする場合には，子どもは親に近づきたい，そしてその一方で離れたいという両方の衝動を感じる。これが，調整困難な「生物学的パラドクス」を生み出す（Siegel & Hartzell, 2003）。大人はしばしば，子どもに，信頼できない親のことを気にしたり，怒ったりしないようにと説得することで葛藤を解決しようとする。そうすると，子どもはいっそう孤独になる。

「ある部分」という言葉を伝えれば，子どもは自分のあらゆる気持ちを持ち続けることができる。「あなたのある部分はお母さんがいなくて寂しいんだね」「あなたのある部分は，お母さんに離れてほしいんだね」「あなたのある部分はパパの姿が見えないことを気にしたくないんだね」「あなたのある部分はこのことをとても気にしているんだね」「あなたという一人の人間の中にこうした反対の思いがあるんだよ。人は皆さまざまな気持ちを抱えているものなんだ。あたたが正反対の2つの思いをもったって当然だから，どちらかを消すことはないよ。私の腕は長いから，全部受けとめてあげるよ」。

レベルⅢ　元配偶者との問題に対処するには心の奥に踏み込むことも必要

熟練したセラピストですら，ひどい振る舞いをする元配偶者に対してクライアントに反応していることを忘れて，クライアントの側に立ち元配偶者に対抗するという罠に陥ることがある。

- **心の傷が元配偶者との関係に影響している可能性もある**

不適切な子育てをされてきた人間は，元配偶者がひどい子育てをしていると，気持ちがかき乱される傾向がある。子どものころから羞恥心や屈辱感を植え付けられてきた大人は，元配偶者の批判的，侮蔑的な態度に弱い。次のケーススタディでみていくが，こうしたクライアントに対しては，昔の傷を癒すことにより感情的な気質をコントロールし，効果的な働きかけができるようになる。

- **内面に焦点を移す**

ほかの課題でも言えることであるが，臨床家はクライアントに対して，「なるほど。彼女があなたとの電話を一方的に切ったとき，あなたはどう思いましたか？」と即座にクライアントの心の内を探り出すことが大切である。早期のうちにこれを心理教育に結び付け，建設的な応答ができるように教育していく。それでもクライアントの過敏な反応が止まらないようであれば，その根底にある深い原因を探っていく。第16章には，このレベルに移行あるいは，専門医に照会するまでの詳細なステップを示している。

ケーススタディ

エリックは無効な闘いから効果的な方策立案へと移行

私が診てきた中でも，心の根底にある原因を探ることによって，元配偶者とのコミュニケーション能力が大きく向上した父親の例が少なからずある。

各ケースで，父親には助けが必要だと訴え，主張したのは彼の2番目の妻であった。エリック・エメリーもそうであった。彼はまさしく助けを必要としていた（ジェノグラムは6ページ参照）。

サンディはエリックにチャレンジに立ち向かうよう求めた

エリック・エメリーはいつもは穏やかで，冷静だが，元妻ボニーのこととなると別である。ボニーとの電話はいつも，罵り合いになる。こうした摩擦はサンディを消耗させ，一緒になってから3年目に，ついにエリックに，自分と一緒に専門家に助けを求めようと言った。

エリックはボニーとの闘いを止めることができない

　エリックは最初の数分で，ボニーの母親として「あきれるほどのだらしなさ」と「途方もないいい加減さ」をこぼし始めた。「働いていないんです。私が送る養育費で良い暮らしをしているんです。僕が少々きついことを言ったからって，電話を切るなんておかしいですよ」。確かに，深刻な問題が生じていた。エリサは出された宿題の一部を，あるいはまったくできていないこともあったし，服装も構ってもらえず，疲れがみられた。エリサに必要な学業面でのサポートをボニーはいっさいしていなかったのである。

　ボニーの行動には問題がありそうだ。しかし，エリックの怒りは彼の能力を奪い，妻を疲れさせている。

果てしない戦いから賢明なアプローチへの移行

　エリックが，子育てに関することとなると本来の対人スキルを発揮できなくなってしまうということからみて，おそらく以前に受けた心の傷が関係しているのだろうと考えられた。私たちは，最初の2つのレベル（first two levels）に取り掛かった。サンディは，エリサもサビナも，エリックが考えているよりずっとたくさん，エリックの罵声を耳にしていると考えていた。そこで，大人の間での緊張状態は，中等度のものですら子どもに影響を与えるということを伝えると，エリックは黙り込んだ。「僕は，エリサの不安を解消する役にはたてていないんですね」。

　私はエリックに，ボニーに働きかける第1ステップとして，ボニーをだめな人間にしている原因について理解を含めることを勧めた。エリックが言うには，ボニーはもともと，前もって計画をたてたり準備したりすることができないのだという。学業成績も思わしくなく，コミュニティ・カレッジも落第した。この様子ではボニーに「もっと計画的に動く」とか「投げ出さない」ことを期待しても無理だろう。それで，もっと実践的で，創造的な方策を考えた。

回避策をみつける

　エリックはしぶしぶながらも，エリサの服を何着か買って家に置いておくことを了承した。「いやな思いをすることを思えば安いもんだ」と笑った。

サンディは学校のホームページを使って，エリサの宿題をダウンロードし，終えたかどうかをEメールで確認した。また，エリサの特有な学習障害への対処法も勉強していった。[28]エリサはサンディが教育係になることに乗り気ではなかったが，やがて打ち解けて心を開くようになり，サンディに手伝ってもらって宿題をするようになった。

　次に取り掛かったのが，睡眠の問題である。子どもにとっては十分な睡眠は不可欠だ。[29]そこでエリックとサンディはボニーと話し合い，ボニーが週に3日ヨガ・クラスに通っている間，自分たちがエリサと過ごすということで合意した。これによって，エリサはエリックとサンディの家で週の初めの3日間をぐっすりと眠り，平日にボニーと共に眠るのは2日だけになった。

それでもエリックは激昂を止めることができない
　これらの方法はうまくいったが，ボニーはエリサのアレルギーの診察を何回かすっぽかした。エリックは気持ちを抑えることができずにボニーに電話をかけ，ボニーは彼の電話を切り続けた。エリックの怒りに満ちた罵声の連続は私でさえうんざりしたほどだから，ボニーが電話を切るのも無理はない。ボニーの話を聞きたいと思うならエリック自身が気持ちを落ち着け，簡潔な言葉で，ソフト／ハード／ソフトの方策と相手への同調を交えて話をしなくてはならない。エリックは頭では十分に理解はしていた。「最初はしっかりと考えているのですが，でもそのうちに，我を忘れてしまって」といつも言っていた。彼が自分の内面と向き合えるようなきっかけが作れればよいがと考えた。

「Uターン（Schwartz, 1995）」して自分の内面と向かい合う
　私はエリックの心の痛みに迫ろうと，「お父さんとしては，娘さんの母親がこんなふうに娘さんの面倒を見ないのはつらいでしょう。いてもたってもいられない思いでしょうね」と言葉をかけた。「そうなんです」。彼はがっくりしていた。「あなたは本当は，対人スキルがあるんですよ。サンディやサビナがカッとなったときには，ちゃんとなだめることができているのでしょう。でも，ボニーのこととなると，そのスキルがどっかへ行ってしま

うみたいですね」。エリックは顔をあげて頷いた。

　私たちはもう一度,「ペーパーナウの感情の打撲傷理論」(p.13)について話した。「こんなことがあったら誰だって怒って当然です。そうでしょう。でも,おそらく,ボニーとのことが,あなたの昔の傷をえぐっているのではないかしら。心のドアを突然開けられて,あなたはまいってしまっている。私たちはもっと安全な方法でドアを開けて,あなたの心の傷を癒したいと思っています。やってみませんか？」。セッションの終了間近にこう伝えると。エリックは考えてみると言った。そして,次のセッションをキャンセルし,電話をかけてみても折り返しの連絡はなかった。私は事を急ぎ過ぎたのだろうかと思った。

エリックがリッキーの傷を癒す

　3カ月後,エリックはサンディに連れられて,「なんとかして！」とセッションにやってきた。内的家族システムモデル（Schwartz, 1995, 2001）アプローチを用いてじっくりと,相手を尊重しながらセッションを進めるうちに,エリックのボニーへの強烈な反応は彼自身の思春期に端を発しているのだと分かって分かってきた。孤独でやせた14歳のエリック（当時はリッキーと呼ばれていた）の姿が見えてきた。リッキーはアルコール中毒の母親と二人で住んでいた。「父はいつも仕事で,家にはいませんでした。母は眠っているか,怒っているかのどちらかで,お酒をたくさん飲まないとご飯を作ってくれませんでした。BMWを買う余裕はあったのに,冷蔵庫には食べ物がなくて,トイレットペーパーがないこともしょっちゅうでした」。ボニーがエリサの世話ができないことが,エリックが少年時代に受けてきた心の傷をえぐり,激しい怒りとなって流れ出していたのだ。

　私たちは一緒に,育児放棄されていたリッキーの心の重荷を降ろしにかかった。激しい怒りの奥底には深い悲しみがあった。エリックが,育児放棄されていた自分の過去を癒していくにつれ,ボニーの「件」（彼はこう呼んだ）に刺激されることもなくなっていった。

リッキーを救うことでエリックは難題に向かうことができた

　何回か,集中したセッションを行った後,エリックはまたしばらく姿を

見せなかった。1カ月以上たってから，サンディと一緒にやってきて，ボニーとのスケジューリングについて方策を練りたいと言った。この変化は驚くべきことだ。「うまくいっているんです」とエリックは誇らしげに語った。「ボニーは相変わらずです。でも，そのことでもう怒ることはなくなりました。今では電話を切られることもありませんし，ボニーは協力的と言ってもいいぐらいですよ」。その報告は私にとっても本当に嬉しかった。

　その後，数年間，エリックは時々一人で，あるいはサンディと一緒にやってきて，ボニーとのことでアドバイスを求めたり，昔の感情が顔を出しそうな時の対処法について学んだりした。9年後，エリックとボニーはエリサの結婚式で会ったが，ほんの些細な言い争いはしたものの，大きな混乱は起こさなかった。

第7章のまとめ

　元配偶者の存在という課題にはさまざまな形があり，関わる人々の強烈な反発心を引き起こすことも多い。時として最悪な事態に陥りがちになるが，子どものウェルビーイングのため，公衆衛生のためには，ステップファミリーのメンバーが自分自身最良の策を見つけることが必要である。母親と継母は時に，平和的共存のためにかなりの努力をしなくてはならないことがある。また非同居の父親には，子どもとの接触を保つのに大きなサポートが必要であることも多い。しかし，大人がこうした課題にうまく対処できれば，子どもは，自分の大切な人たちの真ん中にいて，大切に守られ，育まれていると感じることができる。親，継親，元配偶者，継親族らは皆，元配偶者との関係の展開に関与し，そして影響を受ける。

第 3 部

4つの「異なる」ステップファミリー

Four "Diverse" Stepfamilies

　18歳以下の子どもがいる白人カップルのステップファミリーは実際には少数である（Stewart, 2007）（それゆえ「異なる」にしている）。第3部では，それ以外の4つの異なるステップファミリーについて紹介する。この4つの章では，レズビアンとゲイのカップル，ラテン系，アフリカ系アメリカ人，そして高齢になってからのステップカップルを取り上げ，それぞれのステップファミリーが5つのチャレンジをどのように経験するかについて紹介する。

第8章

レズビアンやゲイのカップルから成るステップファミリー

　LGBT（ゲイ，レズビアン，バイセクシャル，トランスジェンダー）であるカップル，ステップファミリーも含めた家族は，社会的に阻害されていると感じていて，強い一体感を形成する。私が住んでいるマサチューセッツ州では，ゲイによる結婚を法的に認めており，ゲイやレズビアンのステップファミリーの人が助けを求めてくる。今では，同性によるステップカップルが私の臨床の多くを占めている。性の多様性が叫ばれ，社会から認められるようになってから，私のクライアントの中にも自分がトランスジェンダーであると認める人が増えている。
　ゲイやレズビアンのステップファミリーに関する文献は，徐々に増えてきている[1]。トランスジェンダーやバイセクシャルである親たちや継親たちからなるステップファミリーの家族は，実際的にあまり知られていない。私自身の臨床経験と限られた研究から，この第8章ではLGBTのレズビアンとゲイに焦点をあてる。同性のステップカップルがステップファミリーの生活にもたらすユニークな強さと，彼らの性的な志向性が大人と子どもの両方に対してもたらすチャレンジについて考える。まずは研究から示される一般的な知見を紹介する。ゲイやレズビアンのカップルが抱く幸福感や安定性の度合いは，異性愛のカップルにほぼ近いものである（Gottman & Levenson, 2004）。レズビアンのステップカップルは，異性愛のステップカップルに比べて，柔軟性が高く，反発は少ない。そしてステップファミリーの凝集性は高いといわれている（Lynch, 2005; van Eeden Moorefield, in press）[2]。

インサイダー／アウトサイダーのチャレンジ：ねじりながら交じること

　第3章に登場したアンジーとフィビーの家族や，第1章に登場したディックとフランクの家族のように，こちらは第13章でも再登場するが，ゲイとレズビアンのカップルは異性愛のカップルと同じように，インサイダー／アウトサイダーというチャレンジを経験することは明らかである。レズビアンのカップルには特に強いが，アンジーとフィビーの場合のように，親密性と協働するための関係の上での期待の高さがインサイダー／アウトサイダーの間で対立を招いたことは驚くべきことである。アンジーは，フィビーと出会いそして恋に落ちた時に抱いていた思いについて次のように語っている（ジェノグラムは53ページ参照）。

二人とも母だった

　フィビーと私はどちらも最初から子どもが優先されるべきだと考えていました。家事や買い物，料理は，一緒に暮らし始めた最初の日から一緒にやっていました。マイクとの結婚生活に比べて，とても楽でした。私は子どものことで仲違いすることは絶対にないだろうと思っていました！　インサイダー／アウトサイダーということが分かって，今はそのことについて話し合えて，とても助かっています。

同性のステップカップルから成るステップファミリーの子どもたち

　レズビアンやゲイのステップカップルの子どもたちも，異性愛の親たちと同じような喪失感や忠誠葛藤，つながり，チャレンジとその良さを経験する。またそれ以外のチャレンジも加わる。これらのチャレンジは機能不全とみなすべきではない。一般的に，レズビアンの親を持つ子どもたちは，そうでない子どもたちに比べて，ソーシャルスキルや学業成績が高く，社会的問題や規則違反，攻撃性や問題行動が少ないといわれている（Gartrell & Bos, 2010）。[3] ゲイやレズビアンの親を持つステップファミリーの子どもたちは良い成果を出しており，異性愛カップルのステップファミリーよりも，むしろ初婚の家族で育つ子どもたちに似ている（van Eeden-Moorefield, in press）。第4章では，新しいステップファミリーとして求められることに，継子たちが適応しやすいように，親の調整力の重要性

について述べた。ゲイやレズビアンの親たちは，異性愛の親たちに比べて，ステップファミリーの関係について子どもたちとより緊密で協力的な視点を持っている（Burston, Oery, Golding, Steele, & Golombok, 2004）。

喪失感と適応に関する更なるチャレンジ

　レズビアンやゲイの親を持つ家族で育つ子どもたちの数は増加している。しかし，同性のカップルによるステップファミリーの子どもたちの多くは，異性愛の関係を持つようになる（Stewart, 2007）。このような子どもたちは，ステップファミリーに成ると同時に，親が同性愛者であるということにさらなる適応が求められる。アンジーは，高校時代からの恋人だったマイクとの14年間の結婚生活が終わる直前にやって来た。アンジーの娘アンナは，レズビアンの家族になることと，ステップファミリーになるという2つのことに適応することが求められたと話している。アンナは，長い時間をかけて，継母に対して，実母と同じように，温かく思いやりのある関係を築くことができた。

私は二度も三度も母を失った

　私が小学校1年生の時に母に打ち明けられました。母がフィビーと会い始めた頃，当時私は10歳でしたが，その時まで私はあまり考えていませんでした。フィビーは，私の父も含めても，私の母が初めて本当に好きになったパートナーだと思います。私が知っている母はもういなくなってしまったように感じました。1年後，フィビーと彼女の息子フィリップが一緒に暮らすようになりました。もう！ それは誰にとっても大変でした。母もフィビーも，互いにすねたり，泣いたり，けんかをしていました。母は恋に夢中で私は母を一度失いました。そして，今度はひどく怒りっぽくておかしくなってしまい，また失いました。しばらくの間，私は母を二度も三度も失ったように感じていました。

忠誠葛藤

　子どもにとって，異性のパートナーから同性のパートナーに変わることは忠誠

葛藤に影響を与えるかもしれない。デニース・タッカーは，現在は自分にも子どもがいる 27 歳の母親である。彼女の父親がフランク・ウルフと彼の娘フェリシアと一緒に暮らすようになったのは，彼女が 12 歳の時である（タッカー／ウルフ家族のジェノグラムは 9 ページ参照）。

> **ゴツゴツした固い場所で身動きが取れなくなる**
> 　男ができたからという理由で見捨てられた母はとても悲しい思いをしていました。今はおかしく聞こえるけれど，フランクを見ているだけでも，私が母をがっかりさせているように感じました。それで余計に苦しくなりました。フランクのことが今では本当に好きになりました。私の子どもに対してもすてきなおじいちゃんでいてくれます。しかし，長い間，ゴツゴツした固い場所で身動きが取れなくなっていて，フランクも私と同じ状態だったと思います。

いじめと偏見：言うか，言わないか

　子どもにとってダメージを与えるのは，親の同性愛の問題ではない。むしろ，そのことによるいじめやからかい，偏見である。ある研究では，ゲイである男性ステップカップルに育つ思春期の子どもたちは，ゲイのステップファミリーのメンバーについて，大人よりも隠したがる傾向が見られた[4]。

　子どもたちにとって，潜在的な偏見があるために，"言うか言わないか"という決断が常に求められることになる。言わないということは，仲間に対して家庭生活の中心的な事実を隠すことになる。また言ったらいじめられる可能性もある。前進的な地域，LGBT への理解がある大きな都市では，より安全で楽に生活することができる。フィビーの息子，フィリップは小さな私立小学校に通っていて，彼は「4 人のお母さんがいても大した問題じゃないよ。親が 2 人だけの友達もいるし，2 人の父親がいる友達もいるよ。たいていは分かってくれるよ」と話す。フィリップの継兄アンディーは，彼の姉アンナと一緒に公立学校に通っていて，彼は自分を守ることの必要性と家族への影響について語っている。

> **「彼女はお母さんの友達」とだけ僕は言うんだ**
> 　フィビーが学校に来たらどうしようと僕は時々，思うんだ。僕の友達はかっこいいんだ。でも，誰かがいじわるなことを言うんじゃないかといつも心配しているんだ。お母さんと一緒にフィビーには学校に来てほしくないと僕が思っているから，フィビーが悲しむんだ。僕のお母さんは理解してくれるけど，それでも皆を悲しませるんだ。

　これらの負担があるにもかかわらず，女性の同性カップルに育つ思春期の子どもの仲間関係についての研究では，いくらか異なる結果が見出されている。そして，多くの場合，他の子どもたちに比べて，もっと肯定的な人間関係を築き，深い友情や関わりが見られている（Gartrell & Bos, 2010 ; Patterson, 2009）。

レズビアンやゲイのステップカップルが経験する子育てにおけるチャレンジ

　第5章にあるように，子育てについてのアンジーとフィビーの対立を聞いていると，他のステップカップルと同じように聞こえる。Crosbie-Burnett と Helmbrecht によると，異性愛のカップルと同じく，家族の幸せは継父がいかに家族に溶け込むかに関わると述べている。しかしながら，これらの家族の継子たちは，異性愛のカップルの子どもに比べて，継父の嫌なしつけについて不満を持つことが少ない（1993）。そして，レズビアンのステップカップルは大人よりも子どものニーズを優先させ，またしつけ的な役割から一歩引き下がることができる（Lynch, 2000）。そして少しずつ変化してきているように思うが，レズビアンのステップカップルは同居親であることが多く，ゲイの男性ステップカップルは別居親になることが多くなっている。

　同性愛に対して嫌悪感を持っている場合には，家族にとっては更なる重荷となるであろう。偏見から子どもを守るには，誰にどの程度伝えるかについて継続的に考えることが必要である。大変であっても，一緒に家族が外との関わりについて相談することで，家族の親密さとつながりを実際に強めることができると研究で示されている（Lynch, 2005; Patterson, 2009）。いまだに LGBT のステップカップルは，Janet Wright が辛辣に表現したように「龍の口の中での子育て」を経

験している（Wright, 1998, p.163）。レズビアンの継母は，継子である娘デボラを守るためにしてきたことについて次のように語っている。

> 普通の家族なら二度も考えずに自然にすることを，私たちは何百回も考えに考えなければならない。これはよくあることか。どんな影響を与えるか。保護者会に参加する時は何を着るべきか。私たちはすべての行動についてよく吟味してから判断しました。すべての行動は私たちだけのことではないことをよく覚えておかなければならない。デボラの状況や，彼女にどんな影響を与えるかについて考慮しなければならない（Berger, 1998, p.159）。

文化的なチャレンジ：打ち明けることについての認識の違い

第6章でアンジーとフィビーが，それぞれが受け継いだイタリアとアイルランドの文化的な影響について述べている。LGBTのステップカップルも，「外面」や，家族以外の人に打ち明けるまでの気持ちとその早さには認識の違いが見られる。カップルのそれぞれの社会的文脈の違いが，ステップファミリーのチャレンジとなる。

アンジーとフィビーが出会ったとき，フィビーはすでに21年もの間，レズビアンと公表して生きてきた。彼女は今までにもレズビアンとしての長いつきあいもあり，一緒に食事をしたり，誕生日を祝ったり，旅行に行くような大きなコミュニティであるレズビアンの友達がいた。フィビーは公表しても安全な非営利団体で仕事をしていた。それでも，家族に打ち明けることは「難しく，ぎこちないものだった」と述べている。そして，それも昔のことである。フィビーの両親と姉は，アンジーをフィビーのパートナーとして快く受け入れた。

一方で，アンジーはまだ打ち明けて数年しか経っていなかった。フィビーとは違い，彼女はレズビアンのコミュニティともつながりが少なかった。彼女は，とても保守的な弁護士事務所で働いていて，そこで打ち明けることは絶対に安全ではないと感じていた。マイクとの結婚について，アンジーは「マイクに恋していないことは自分でも分かっていた。でも彼はとって

もいい人だったし，私の両親も認めていた。だからそうするものでしょ！」「いつも違うとは思っていた」「でも言いようがなかった」そして突然，女性に恋をしてしまった。「それでわかったの」夫と子どもに打ち明けてから，姉とより自由な思想を持つアメリカらしい継母にも打ち明けた。彼女たちは，私の代わりに，父親に打ち明ける手助けもしてくれた。しかし，アンジーは彼女の母親と二人の兄に打ち明けることはしなかった。彼女の母はイタリアからの第1世代の移民で，カトリック信者であった。また彼らは，「ゲイ」という言葉を中傷的に使い続けていた。彼女の家族の半数以上は，フィビーとフィリップは単なるアンジーの「ルームメイト」として認識していた。フィビーと違って，外での家族の集まりや仕事でのイベントは，毎回，誰にとっても嬉しくない選択を繰り返さなければならなかった。フィビーと参加することはあり得ないことだった。アンジーが一人で参加するか，そのイベントには最初から参加しないかのどちらかであった。

　打ち明けることについての二人の認識の違いを理解することによって，アンジーの拡大家族との頻繁な食事会における緊張感と，フィビーにも一緒に参加してほしいという強い思いがその背景にあることが分かる。アンジーにとって，ゲイであることを認めてくれるフィビーの職場，レズビアンコミュニティとの長い関わり，そして家族との温かいつながりは彼女が求めるものでもあった。フィビーの生き生きとした社会的な生活は，家を静かで安らぎのある場にしたいというフィビーの欲求を大きくさせた。しかし，アンジーにとって「ありのままの自分」でいられる安全な場所は1つしかなかった。それは，フィビーとの家庭，そして父親，継母，姉家族だけであった。

　アンジーがレズビアンのコミュニティとの関わりを強く持つことは，このステップファミリーがチャレンジを乗り越えるために重要な支えとなった。同時に恐怖であること（誰かが私に気づいたらどうしよう）も理解できたが，彼女はLGBTの旅行ガイドの本を持つことから始めた。そして，彼女はレズビアンのソフトボールチームに参加し，その後リーグのマネージャーまで務めるようになった。新しく「選択した家族」をゆっくりと築くことで，そして「外」での生活を楽しむための関係の輪を広げ，拡大家族と過ごしたいという欲求をすべてではないが，ある程度減らすことがで

きるようになった。

元配偶者とのチャレンジ

　アンジーとフィビーが出会ったのはどちらも離婚して4年目であった。しかし，彼らはまったく逆のチャレンジと向き合わなければならなかった。レズビアンの母親であるために，その違いが際立った。デニース・タッカーの母親もそうであったように，異性愛の元配偶者にとっては，同性の相手のために捨てられることは余計につらくなるようである。しかし，アンジーの元夫であるマイクにとっては，苦しみを和らげるものであった。レズビアンのカップルは，元配偶者と仲のいい関係を維持することが多い(5)。しかしながら，フィビーの場合，法的な婚姻がないために，元配偶者のバーブと別れることには非常に高い葛藤が伴い，そのことによるトラウマが長い間続いた。

マイクとはすぐに協力的になれたが，バーブとは戦い続けた

　マイクとアンジーは，離婚後も協力的で温和に共同養育ができる珍しい両親である。アンジーは，「マイクと私は友達関係から始まり，いつもそうでした。実際に，私が打ち明ける前から，マイクは私がストレートな女性でないことに気づいていたと思います。とにかく彼は何でも受け入れてくれる人なんです。でも私が他の男性にほれたわけではないから，友達で居続けるのは簡単で，今までと変わらずにいられると話していました」。

　逆に，フィビーとバーブは慢性的な葛藤状態であった。フィビーとバーブは一緒にフィリップを養子にしたが，レズビアンのカップルを自動的に解消させる宗教団体を利用した。他の養子を得る同性カップルと同じように，どちらかが，彼女たちの場合にはバーブが養子縁組の手続きを一人親として完了させた。彼女たちは，フィビーとフィリップの間での法的な養子をきちんと完了させていなかったのである。アンジーとマイクのような「最初からずっと友達の関係」とは違い，フィビーとバーブの関係には最初から問題があり，そのまま問題が続いていたのである。4年経っても，バーブは不快なEメールを送っては，フィビーには法的な権利がないと脅して，

フィリップに会うことを拒んでいた。

LGBTのステップカップルとの最良な臨床

　同性愛に対する偏見が強い文化では，LGBTのステップカップルからなる家族が，家族として生活することの大変さについて話し合うことは重要である。特にゲイやレズビアンは，異性愛の方に比べて，家族からのサポートが少ない（Crosbie-Burnett & Helmbrecht, 1993；Kurdek, 2004）。もっといえば，レズビアンによるステップファミリーの母親たちは，打ち明けるのが遅くて，ゲイやレズビアンの家族の組織と関わることが少ない（Berger, 1998）。同性愛のカップルの継父たちは，異性愛の継父に比べて，ステップファミリーであることを隠して，孤立する傾向がある（Crosbie-Burnett & Helmbrecht, 1993）。「選択した家族」を築いていくこと，交友関係のネットワークを築くことを積極的に促すことは重要で，それはインターネットでも作ることができる。[6]

　これまで見てきたように，一般的にゲイやレズビアンのカップルは，異性愛のカップルと同じように，もしくはそれ以上に，健康で幸せである。しかし，育つ上で侮辱や拒絶を受けることもあり，LGBTの継親たちは継子からの反発やパートナーの共感の不十分さに対して，特に敏感になりやすいかもしれない。両親は批判に対して反応しやすいかもしれない。トランスジェンダーの継父は，「思春期の間，父親は僕とほとんど話さなかった。だから私の継息子が，最初に目を合わせてくれなかった時，つい頭にきてしまった」と話す。そして彼は続けて，「おかしいかもしれないが，それは贈り物だった。自分がついにいいセラピーを受けられた」と話した。苦しみがひどい場合には，トラウマ治療の訓練を受けていてLGBTに理解のあるセラピストとの個人的な治療は大きな変化をもたらすかもしれない。[7]

　適応のプロセスにおいて，拡大家族を援助することは，LGBTのステップカップルを支援する上で不可欠である。[8] 最後のセクションに支援に関する情報を記載している。[9] 法的な結婚が認められていない地域では，遺書や弁護士による経済的な合意，健康に関する委任状を作成するように強く勧めている。これらの正式な法的合意は長期的なウェルビーイングにとってとても重要である（Berall, 2004）。Ari Levが雄弁に語っているように，長期の法的保護を確実にしてお

くことは「実際には私たちの利益に合わないシステムでうまくやっていくためには何でもやっておくことが重要である」(2004a, p.211)。

第9章

アフリカ系アメリカ人のステップファミリー
私たちが学べる強み

　第7章では，離婚後の健康的な生活やステップファミリーの良好な関係を築くものとして，アフリカ系アメリカ人の文化規範がもたらす重要な学ぶべきポイントについて紹介した。長い時間をかけて形成された伝統的な"子守り"，正規でない養子縁組"架空の親族"，そして"たくさんの母親"という手が空いている皆で子どもの面倒をみるという共有されたサポートが存在する。そのネットワークには，たいてい祖父母や別居親，近隣の住民，宗教的あるいはコミュニティの施設などが含まれている。透過性のある家族の境界によって，愛情深いつながり，安全の見守り，経済的援助，現実的な手助けなど，子どものニーズに対応して，とても柔軟性の高い役割を担うことができる（Berger, 1998; Crosbie-Burnett & Lewis, 1993; Stewart, 2007）。これらの規範があることによって，アフリカ系アメリカ人のステップファミリーは，ヨーロッパ系アメリカ人のステップファミリーに比べて，ステップファミリーの構造に伴うチャレンジが容易なものになるかもしれない。

　結婚あるいは未婚である大人のどちらについても，アフリカ系アメリカ人コミュニティにおけるステップファミリーの割合は，アングロ系のコミュニティよりも非常に多い。[1]これらの重要で顕著な人口統計学的な実態があるにもかかわらず，アフリカ系アメリカ人のステップファミリーに関する調査はまだ少ない（Ganong & Coleman, 2004 ; Stewart, 2007）。臨床的な文献についてはほぼ皆無である。私にはこれまでアフリカ系アメリカ人のステップファミリーとの臨床経験がわずかにあるので，この章では彼らの質的，量的そして臨床的データを用いて説明する。そして5つのうち3つのチャレンジを紹介する。その3つとは，子どものチャレンジ，子育てのチャレンジ，元配偶者との協働的関係づくりについ

てである。

アフリカ系アメリカ人のステップファミリーにおける子どもたち

若いアフリカ系アメリカ人弁護士は以下のように述べている。

> 私たちが育った近所では，誰かが何か一線を越えるようなことをすると，時々あることだけど，自分の母親と同じように，近所のお母さんやおばあちゃんから叱られました。それが普通のことでした。継父が一緒に住み始めたとき，まだお母さんが家のボスでした。彼はお母さんに何でも決めさせていました。でも，そのうちに，継父もしつけに厳しくなってきて，でもそれは全然問題にはならなかったんです。子どもは大人からいろいろと言われることにすでに慣れていましたから。

アフリカ系アメリカ人の子どもは，上記の若い女性のように，ヨーロッパ系アメリカ人よりも，祖父母や近所の人，家族の友達，他の親戚からしつけを受けることに慣れているようである。家族の規範によってステップファミリーの関係性が支えられているために，アフリカ系アメリカ人の継子たちは多くの健康面で，白人の継子よりも良い結果を出している。たとえば，それは抑うつの度合い，自尊心，葛藤をコントロールするスキル，性交渉の開始年齢，ティーンエージでの出産でみられている。第4章でみたように，白人の継子たちは少し劣っていたのに比べて，いくつかの大規模な調査結果から，黒人の思春期の継子たちは初婚の両親からなる家族によく似ていることが分かる（Adler-Baeder, et al., 2010）。白人の思春期の女子とは異なり，継父のいる思春期の黒人女子はシングル・ペアレントの黒人女子よりも重要な検査で良い結果を出していた（Adler-Baeder & Schramm, 2006）。

付随して，アフリカ系アメリカ人の継子たちの中には，ヨーロッパ系アメリカ人と同じように，いくつかのチャレンジで苦しむ人もいる。

> 継子ができたことに彼女はずっと受け入れらずにいた。私たちは何度も何度も

何度も話し合ってきたのに，彼女は私に「彼のことではなく，自分の中に壁があって，彼のことになるとその壁が出てきてしまう。でももしかしたら，その壁の一つのレンガは壊れたかもしれない」と話していました。

(Stepfather quoted in Adler-Baeder & Schramm, 2006, p.11)

　白人の継子はつらくなると，母親の家から父親の家に移ることが多い。Roni Berger は，アフリカ系アメリカ人のコミュニティでもっともよくみられる展開を紹介している。継父とうまくいかない思春期の子どもは祖母と暮らすことが多い。

マルコムがクロマエと初めてデートをして結婚した時，ロレンゾは思春期になっていて，継父とはうまくいっていなかった。……彼はマルコムの仕切ろうとする努力に反発して，しばらく続いた荒れた時期の後，母方の祖母の家に彼は引っ越した。……その後，マルコムとの関係も改善し，彼は母親の新しい家族と祖母の家を交互に行き来するようになった。

(Berger, 1998, p.146)

アフリカ系アメリカ人のステップファミリーにおける子育て

　今まで話してきたように，文化的規範によって，他の子どもを育てることは白人に比べて，黒人の継親たちにとっては容易なことのように見える。上記の例のように，黒人の継父たちは，母親と違って，よりしつけようとする傾向がある（Stewart, 2007）。そして，それはステップカップルの結婚の質と強く関わっている（Whitton, Nicholson, & Markman, 2008）。第7章で見たヨーロッパ系アメリカ人で別居している父親と違って，アフリカ系アメリカ人の継父と子どもとの間での遊びや直接的な関わりの度合いは離婚していない生物学的な父親と同じである。そして黒人の継父たちは，白人の継親よりも，宗教的活動や道徳的な教育について積極的に関わっている（Adler-Baeder & Schramm, 2006）。

　再婚後の養育力の低下によって，白人の継子たちでは明らかに否定的な影響が見られる（Dunn, 2002；Hetherington, et al., 1998）。それに比べて，アフリカ系アメリカ人の母親による養育はパートナーの存在から影響を受けることが少ない（Stewart, 2007）。他の人種に比べて，アフリカ系アメリカ人の思春期の子どもたちは権威的で，強い構造，温かみの少ない養育によって，利益を得ている。それは特に学業成績の面では成長が見られる（Steinberg, Dornbusch, & Brown,

1992)。これらのすべての理由から，アフリカ系アメリカ人のステップカップルは，ヨーロッパ系アメリカ人に比べて，子育てにおいて対立をあまりしないですむのかもしれない。

アフリカ系アメリカ人のステップファミリーにおける元配偶者と拡大血縁関係

　第7章で見たように，子どもにとって最も良いことは，元配偶者が協働的な関係を築けているかに関わっている。元配偶者に対して情緒的，経済的，物質的，精神的なサポートを与えてくれるもう一つの家族と見なす彼らの文化的環境によって，アフリカ系アメリカ人の継子たちは支えられている（Crosbie-Burnett & Lewis, 1993）。

　アフリカ系アメリカ人の家族は，母親とアフリカ系アメリカ人である別居の父親とより良い関係を維持している（Stewart, 2007）。黒人の別居の父親の方が，白人に比べて，子どもに面会する頻度も高い（Stykes, 2012）。そして，子どもとの関係もより親密で（King et al., 2004），子どもの学校行事をサポートしたり，宗教的な行事にも参加したりすることが多い。さらに，彼らは洋服を着せたり，おむつを替えたりなど，より直接的なサポートにも参加する傾向がある。未婚である白人の父親と違い，このような子どもとの関わりは未婚である黒人の父親とその非嫡出子にも当てはまる（Stewart, 2007）。

　シングル・ペアレントや再婚家庭においては，祖父母との親しい関係が子どもにとって重要である（Attar-Schwartz, et al., 2009）。白人の母親たちは，離婚後に父方の祖父母との関わりをなくす人が多い（Johnson, 1998）。それに比べて，アフリカ系アメリカ人の祖父母は，母方父方のどちらであっても，離婚後の子どもたちとの日常的な関わりを頻繁に維持している（Stewart, 2007）。想像できると思うが，臨床場面でもアフリカ系アメリカ人の元配偶者は争うことが少ない（Browning & Artfelt, 2012）。

　より良いステップファミリーになるためには，アフリカ系アメリカ人のコミュニティから学ぶことが多い。この領域におけるステップファミリーの生活について，臨床そして研究という視点からもっと注目されることを期待している。

第10章
ラテン系ステップファミリーのチャレンジ

　アメリカにおいて，ラテン系の人種が最も急増している[1]。それでも，ラテン人のステップファミリーについては注目され始めたばかりである。2006年のヒスパニックとラテン系の家族関係の出版では，ステップファミリーの研究に関する重要な結果が何も報告されていない（Adler-Baeder & Schramm, 2006）。私自身のラテン系家族との臨床経験も，多くは間接的なものであり，魅力的で優秀なスーパーヴァイジーから聞くものである。この章では，彼らからの話と，ラテン系家族についての臨床的な文献，ラテン系ステップファミリーについて始まったばかりの調査に基づいて記述する。

　ラテン系家族は，多様性のある集団で，それぞれが独自の文化と移民の歴史を抱えて異なる国々から集まっている[2]。それにもかかわらず，ラテン家族は，ヨーロッパ系アメリカ人と異なる強力な文化規範を持っている。アングロ系の規範では独立と自立が重視されるが，それとは違い，協調性，相互協力，相互依存，親密な家族の絆が価値あるものとされている。"ファミリズム"によって，結婚した兄弟姉妹，叔父叔母，いとこ，祖父母，友人など家の内外に住む拡大ネットワークの中に個人が埋没している[3]。

ラテン系ステップファミリーにおけるインサイダー／アウトサイダーのチャレンジ

　　　　家族とは……父，母，子ども，犬，鳥……。私たちは結婚して……普通の家族で……。自分の母や父のように……伝統的な家族です。
　　　（再婚カップルであるラテン系の母親 Adler-Baeder & Schramm, 2006, pp.8,9 の引用）

　スペイン語にはステップファミリーに相当する言葉がない。このラテン系の再婚カップルの母親のように，ラテン系のステップカップルは自分たちのことをス

テップファミリーではなく，"普通の家族"と見られることを好む。なぜなら離婚は，凝集性の高い家族のつながりを維持することと同じように，家族における中心的な価値を持つローマカソリックの教義に違反することになるからではないだろうか(4)。このような文化規範によって，ステップファミリーのインサイダー／アウトサイダーのチャレンジが低くなるのか，ただ単に見えにくいだけなのかがまだ分かっていない。

ラテン系ステップファミリーの子どもたちのチャレンジ

ステップファミリーの構造を認めたがらないために，継子の苦しみはより大きいものになる。少ない対象者への質的インタヴュー研究によると，ステップカップルとその子どもは，アングロ系の家族と同じように，自分のステップファミリーを自分の親とはまったく違うものとして体験している。ラテン型のステップカップルは，どの子どもに対しても"私たちの子ども""僕の息子""私の娘"と呼び，元配偶者についてはまったく言及しない。それに反して，同じ家族であっても思春期になると，子どもたちは継親を名前で呼んだり，別居親に焦がれを持って話すようになる（Adler-Baeder & Schramm, 2006）(5)。

ラテン系ステップファミリーにおける子育てのチャレンジ

継父と継子の関係は，ラテン系とアングロ系のステップファミリーではほとんど同じように見える。伝統的な家族役割や，年上への敬意である「**レスペト**」への期待があるために，ラテン系の継親たちは子どもをしつける役割に早く飛びつきやすい。アングロ系のステップファミリーではこれがたいていうまくいかないのだが，Adler-BaederとSchramm（2006）によるラテン系の思春期の子どもについての研究では，思春期の子どもでも継親のしつけを受け入れやすいと報告している。

文化への馴化の違いがラテン系ステップファミリーに及ぼす影響

出身が同じ国のラテン人であっても，アメリカに来たのがどの世代であるかによって，ステップファミリーの関係にも影響を与える(6)。主流のアメリカ文化よりも，ラテン系ヒスパニック系の文化は思春期の子どもに対して保護的である。第1世代の継親にとっては，アメリカ文化に慣れてしまった思春期の継子との間で，

門限やデート，服装や友達とのお泊まりなどについて，葛藤をもたらす可能性がある（Browning & Artfelt, 2011）。そのため，文化への馴化の違いによって，両親の対立を強めるかもしれない。ラテン系の娘を持つ継親は次のようなチャレンジをよく経験するだろう。

> 母が継父と一緒になったのは私は15歳の時だった。私の家族はずっとここで育って，でも継父はメキシコから数年前に来たばかりだった。私が初めてデートに出かけたとき，継父がいきなり怒ってきて，もう信じられなかった！　幸運なことに，私と母はとても関係がよかったから，母が彼を説得してくれたのよ。

　立場が逆だったら，思春期の継子とまだアメリカに来て間もない親との間を3代目にあたる継親が仲介役としてうまく機能する可能性がある[7]。

ラテン系ステップファミリーにおける元配偶者のチャレンジ

　別居親であるラテン系の父親たちは，白人と黒人の父親に比べて，子どもと会う頻度がおよそ半分である（Stykes, 2012）。ラテン系のステップファミリーは，アングロ系以上に，別居している父親を家庭生活から阻害して，日常の会話からも排除されてしまう。それは，離婚に対する偏見やファミリズムの規範によるものであろう。ラテン系の別居親は違う国に移り住み，通信が一切とれなくなることもある[8]。そのためにラテン系の継子たちは，自分の父親とのつながりを失って，一人で苦しむことになる。Adler-Baeder と Schramm の研究では，大人たちは子どもの別居親についてまったく言及していない。しかし，同じ家族の子どもは「もう一人の親と離れていることの難しさについてだけ語っていた」と述べている（2006, p.10）。

　ユタ大学のステップファミリーについての学者である Brian Higginbotham は，第3世代のラテン系アメリカ人のステップファミリーは，第1世代よりも，別居親を受け入れる傾向があることを報告している。「すべてではなく，そしてまだ実証的には確認されていない」けれど，Higginbotham によると，さまざまな要

素が複合的な変化を引き起こしていると述べている。その要素として、養育費を求めるアメリカの法律や、別居親とのつながりを子どもが維持しやすくなる Facebook などのソーシャルメディアの普及が，文化への馴化と同じように関わっている（2010）。

ラテン系ステップファミリーとの良い臨床

相互依存と自立しない文脈の中での臨床活動の実践

一般的なセラピーにおいて望まれている感情を表出することやアサーティブであること、欲求とニードの違いについて探求することは、家族の相互依存や集団主義が重んじられる文化では食い違うことになる。メキシコ系アメリカ人について述べている Celia Falicov は、「私は誇りに思う」というよりも「人は誇りに思う」というように、一人称よりも三人称の言葉を使うことを提案している（Falicov, 2005, p.235）。そして、「家族の調和や相手を不快にさせずに仲良くやることを重視するメキシコ人とは、間接的で、暗に含んだ、密かなコミュニケーションがふさわしい」と述べている。彼女はトラウマの治療は、個人が治癒されることよりも「家族が親密になる」ために重要だと述べている。

ラテン系ステップファミリーとの関わり

ラテン系ステップファミリーのための教育的なプログラムを、評価している研究者のネットワークでは、ラテン系ステップファミリーと関わるためのガイドラインを作成している。[9・10]

1. 「ステップファミリーになることの学び」よりも「家族の力を高める」ことを強調することが効果的である。
2. ラテン系の男性は、家族に対して責任があると感じている。ステップカップルの男性に手を差し伸べることは、家族の力を高めるというメッセージとともに、女性の参加を促すことができるようになる。
3. 家族の価値観や一時保育の資金がないために、子どもを含んだプログラムを用意することが重要である。大人の継続的な参加を保証するには、子どもがまた参加したいと思うようにさせることが欠かせない。
4. 手紙や E メール、形式的な紹介など、人間味のない方法では関わりが作れ

ない。直接的な関わりがカギとなる。継続的な関係や温かさと親切心の表現が信頼を形成する。一般的な規範となる「専門的な距離を維持すること」は効果的ではない。

移住に関するナラティブは重要なストーリー

多くのラテン系ステップファミリーにとって，2つの文化や多国籍の背景についての話題に触れて理解することは重要である。ラテン系のステップカップルでは，子育てや家族の価値観による対立が，互いに第1，第2，第3世代の価値観に傷をつけることになる。まだ文化に慣れていない家族メンバーに対して，アメリカナイズされた家族を支持する主張を抑えることは重要である。移住の前，そしてその過程やその後のトラウマは家族の生活に大きな影響を与えている。多くのラテン人は，移住してから何十年も経っている人でさえも，生まれ故郷に家族や友人，コミュニティを残してきたことについて，強い喪失感と混乱，文化的な痛みを抱えて暮らしている。可能であれば，ステップファミリーは頻繁に生まれた国に行き来するであろう。(11)

問題となるのは貧困と偏見

アメリカにいるラテン人との臨床で多くの場合に問題となるのは，大人と子どものどちらにも大きな影響を及ぼしている貧困と差別である。貧困状態にあるラテン系アメリカ人の子どもの割合は，ラテン人でない子どもの割合に比べて3倍である（Coltrane, et al., 2008）。大人は低賃金の仕事しかもらえず，そのためにラテン系の家族は貧しく，犯罪に怯えた恐ろしい地域に住むことになる。家族の健康は，迫害，レイプ，強盗，恐怖，飢えの歴史によって深く影響を受けるが，それはほとんど知られることがない。社会的なサポートを得ることは，拡大親族関係の助けを求めるという文化的な規範に背くだけでなく，不合法な移民を大きな危険にさらす可能性を伴うのである。アメリカにおける最近の移民に関して急増する過酷な法律は，合法的な住民に対してでさえも，ハラスメントやいじめを増加させている。

ケース：ラテン系継子を支援したスクールカウンセラー

これは優秀なスクールカウンセラーのグレンダが，喪失という大きな負担を

抱えた男の子を支援したケースである。グレンダは内的家族システムモデル（Schwartz, 1995, 2001）のトレーニングを受けていて，ラテン系家族の文化やステップファミリーについてしっかりと理解をしていた。ステップファミリーという言葉を使わなくても，彼女は子どもと母親，そして継父がそれぞれの困難に向き合うことを支援した。

トニーの心には穴が開いている

11歳で6年生のトニー・メンドーザは，教室で何回かのかんしゃくを起こしたので，グレンダに紹介されてきた。この引き金は何だろうかと考えながら，グレンダはトニーに生まれたばかりの弟ティミーについて尋ねた。トニーはあいまいに肩をすくめた。グレンダはトニーに他に誰と住んでいるのかを尋ねたところ，トニーの父親は「メキシコで悪いやつに殺された」ことが分かった。トニーの父親として記録されていた人は，マルコ・ヌネズといって，母親と「4年生」の時から一緒に住んでいた。トニーは自ら，「父さんはここに住んでいて」と話した。「それで，6歳の時にメキシコに帰ってしまった。そこで殺されたんだ」。トニーの母親テリサは，2年後にマルコに出会っている。「それはまだ小さいあなたにとっては大きな変化だったね」とグレンダは伝えた。

次のセッションで，トニーは恥ずかしそうにつぶやいた。「僕の心には穴があるみたいだ」。グレンダは彼が自分の心に穴を描くのを手伝った。その穴の中には悲しみと恐れを持った小さな男の子がいた。その悲しんだ小さな男の子がトニーとグレンダに伝えられるように，グレンダはサポートしながら，トニーの喪失感は形と言葉を得た。その悲しい男の子は父親を恋しく思っていた。彼は，「悪いやつら」が彼と母親とまだ赤ちゃんの彼の弟を殺しにくる怖い夢を見ていた。彼はいい子でいたかったけれど，マルコに対して口答えばかりして繰り返し問題となっていた。「お母さんはマルコとティミーを愛していて，僕は悪い子だから」，彼はお母さんがもう自分のことを愛していないのではないかと思っていた。

小さな男の子の横に，トニーは大きな黒い雲を描いた。「それは悪いトニーだよ」と言った。グレンダとトニーはいつから「悪いトニー」がトニーの

第 10 章　ラテン系ステップファミリーのチャレンジ　213

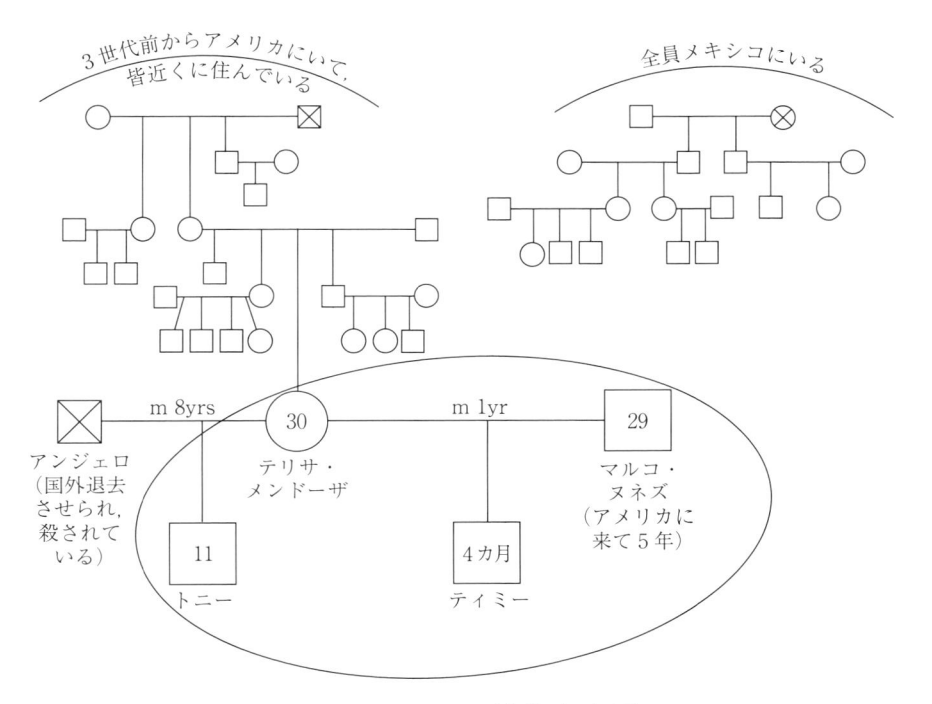

図 10-1　メンドーザ家族（2 年目）

中にいたのか（「マルコが来てから」），彼が出てくるとどんなことをするのかについて話した。彼は紙の端っこに，棒人間をいくつか描いた。それはお母さん，マルコ，ティミーであった。「あなたのお父さんは？」とグレンダは尋ねた。悲しそうな男の子の横，トニーは大きなハートを描いて，それから大きく黒い×印を上から描いた。グレンダは，「お母さんとマルコはこの小さな男の子と大きなハートについて知っているかな？」と尋ねた。トニーは顔を横に振って否定した。

　ラテン系の文化では親の権威と「レスペト」が重んじられるため，グレンダはマルコが果敢にしつけ役を担おうとしていると想像した。ラテン系ステップファミリーでは，アングロ系ステップファミリーよりもこれがうまくいくこともある。しかし，大きな喪失を抱えたトニーにとって，マル

コの努力はうまくいかなかった。

母とマルコで家族の力を高めること
「お母さんとマルコに私が話して，君を助けてあげることができないかと相談するのはどうだろうか」とグレンダは提案した。「彼らには分からないよ」としょげた様子でトミーは答えた。「親も最初は分からないものなんだよ」とグレンダは伝えた。「でも親は本当は子どもを助けたいんだよ。試してみるだけでもどう？」。グレンダはテリサとマルコを招いて，家族として一緒に助けていくことの文化的な価値観に触れながら，「トニーをどうやって助けて，家族の力を高めるかについて一緒に考えていきましょう」と伝えた。

マルコは恥ずかしがっているようで，彼はトニーが悪い行動をしたら自分は厳しく対応しているとグレンダに安心させるようにすぐに答えた。テリサは不安そうに，でも黙ったままだった。グレンダは温かく「ここに来てくださって嬉しいです。一緒にトニーのことを助けてあげられるから」と答えた。

学校でメキシコ系の両親とはいつもそうであるように，グレンダは彼らがいつからアメリカに住んでいるのか，誰が近くに住んでいて，誰を故郷に残してきたのかについて尋ねた。マルコはアメリカに来て5年であった。彼の家族の多くはメキシコに残っていた。テリサと彼女の兄弟3人，そして両親と母方の祖母もアメリカで生まれていた。皆，近くに暮らしていた。

心理教育
「ステップファミリー」という言葉を使わないように気をつけながら，グレンダはカップルにマルコはトニーの父親になってどのくらい経つかを尋ねた。「あなたは二度もアウトサイダーだったのね！」とグレンダはマルコに声を上げた。「あなたはテリサとの家族で一番新しい人ですし，あなたの家族はとても遠くにいるのね」。テリサには「あなたは二度もインサイダーなのね！ あなたはトニーのお母さんで，しかもあなたの家族はとても近くに住んでいる」。

グレンダは次に，トニーの「もう一人の父親」について話した。アンジェ

ロ．テリサの最初の夫は移民の強制捜査で捕まって，そしてすぐにメキシコに移送された。6カ月もしないうちに，彼は殺されてしまった。「ドロガス」とマルコは言って，メキシコに広まっている凶悪な麻薬団体の名前をあげた。グレンダはこの2つのトラウマがトニーに及ぼす影響を考えて，記憶にとどめた。そして，家族を支えるための具体的な方法に話を移した。「あなたたち家族が幸せでありたいと望んでいることはよく分かります」と伝えた。「家族の中でたくさんの変化があると，新しい赤ちゃんやお父さんができたように，子どもはお母さんと二人っきりの時間が持てると，家族はより強くなれるのです」。

「継父」という言葉を使わずに，グレンダはマルコの継親としての役割について話し合った。彼がどれだけいい父親になろうとしているかについて認めながら，彼女は「マルコとトニーが一緒に楽しく簡単にできることを見つけて，お母さんにしつけ役をしばらく今はお願いするのはどうでしょうか。そしたら，あなたとトニーももっと仲良くなれるから」と提案した。「彼女はすばらしい母親だよ」とマルコは言って，笑った。「でもしつけはうまくないんだ」。

グレンダは彼と一緒に笑い，いくつか具体例を聞いた。彼女は試しに「それならご主人とお母さんはお互いを多いに助け合えるわ！」といって，彼女はペアレンティング・スタイルの図（100ページ）を取り出して，簡単に説明をした。「テリサ，マルコに手伝ってもらっていいと思う？」。彼女はペアレンティング・スタイルの図の放任的な親から権威的な親に指さした。テリサは，決まった早い時間に寝かせることから始めてみることに合意した。今度は，テリサがマルコにペアレンティング・スタイルの図を変えることを頼んでみる番である。テリサは「あなたの大きな愛おしい声がトニーに使えるじゃない」。

次に，グレンダはマルコ，テリサとトニーに会った[12]。彼らはトニーとお母さんの「ただ一緒に過ごす」時間と，マルコとトニーの「楽しい男の」時間を作ることから始めた。グレンダは「大事なことは，それが特別な時間であること。家事もなし，批判も一切しない。トニー，あなたはどう思う？」と尋ねた。

トニーがお母さんとマルコに話せるようになることを助ける

　それから穏やかに，グレンダはトニーが描いた小さな男の子について，トニーがテリサとマルコに話すのを手伝った。トニーが話し始めると，グレンダはテリサとマルコが「心で聞く」ことを促し，「トニーが聞いてもらっていると思えると，悲しみが小さくなること」を伝えた。一文ずつ，彼女はトニーが言ったことをどのように理解したかについてテリサとマルコがトニーに伝えるのをサポートした。セッションの最後にマルコはトニーに「知ってるかい？　俺の心にも悲しい小さい男の子がいるんだよ。俺の悲しい男の子は，メキシコにいるお母さん，お父さんとお姉さんたちのことが恋しいんだ」。トニーの目はとても大きくなって，まるで初めて見たかのようにマルコをじっと見つめた。

ラテン系ステップファミリーの特徴

　ラテン系のステップファミリーの継父と継子の関係性と子どもの状態は，アングロ系のステップファミリーとよく似ている。いろいろな理由で，別居している父親はラテン系ステップファミリーからは阻害されやすい。大人にはこれがいいように思えても，子どもは実は悲しんでいる。効果的で教育的な支援や臨床的な実践では"ステップファミリー"という言葉を使わずに，家族の力を高めることの価値を重んじて，自立よりも相互依存を強調し，移民や貧困そして偏見という彼らの背景について十分に考慮する必要がある。

第 11 章

新しいこじわ
高齢でのステップファミリー

　アメリカのカップルにおける離婚率は全体的に安定してきているが，アメリカでの高齢者の離婚率は 1990 年に比べて 2 倍に増えている（Brown & Lin, 2012）。それに伴い，新しく再婚する高齢者の数も増加している（Ganong, 2008）[1]。発達段階の終盤ではそれほどの変化はないが，人生の晩年でステップカップルとなる人たち，そして成人期あるいは若い成人期にいる彼らの子どもたちは，他の若いステップファミリーと同じようなチャレンジに出会うのである。

高齢者のステップファミリーに起こるインサイダー／アウトサイダーというチャレンジ

「子どもは巣立った。大した問題にならないよ」

　高齢のステップカップルは一緒に来て，そして考えながらもっともらしく，「子どもたちは独立しているから，問題にはならない」という。しかし，人口統計学者は異なる見方をしている。2010 年には，若い成人の半数は親と一緒に暮らしていた。その他の多数は独立していたが，その後「ブーメランのように」家に戻ってきている[2]。この数字は，単なる経済の悪化による一時的な結果ではない。学生ローンの債務による大きな負担と家賃の高騰が主要な要因である[3]。

　さらに言えば，成人の子どもが家に住んでいようが，いまいが，インサイダーとアウトサイダーの問題は晩年の再婚においても生じるものである。父親は，若い成人期の娘が家を出入りしていても構わない。ところが彼の新しいパートナーは侵入されていると感じるかもしれない。祖母は孫たちと週末を一緒に過ごしたいかもしれないが，彼女の退職した二人目の夫は旅行に出かけたいかもしれない。

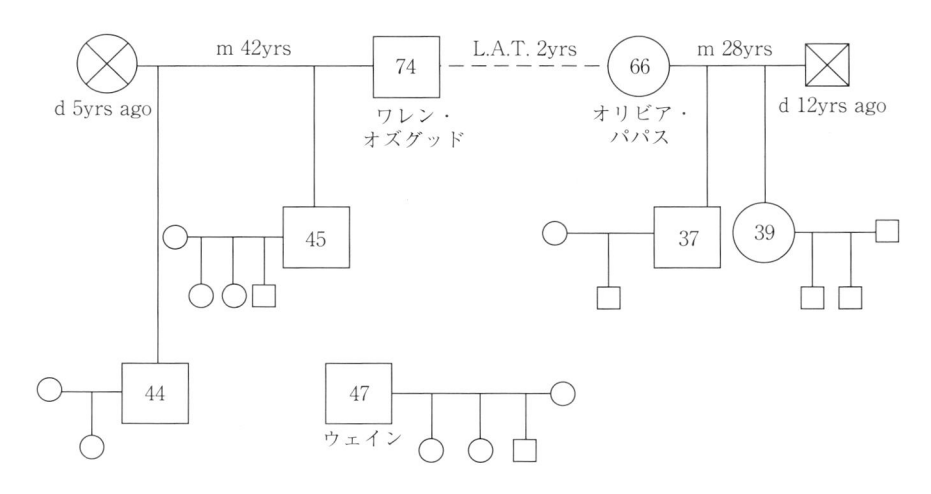

図 11-1　オズグッド／パパス家族（2 年目）

若い成人期や成人期の継子も喪失感や忠誠葛藤を同じように経験する

　アメリカの国勢調査では 18 歳以上の場合には継子として数えてはいないけれど，予期しない愛情をもらうと同時に，彼らの喪失感や忠誠葛藤から来る苦しみは，子どもの継子たちとまったく同じように経験される。

「どうしてこんなことができるの？」

　47 歳のウェイン・オズグッドは，妻とともにカップルセラピーに訪れた。彼はとても悲しんでいた。ウェインの妻の説明では，「夫の父親は 74 歳で，早くに妻を亡くして，長い間一人で暮らしていた。けれど，彼は新しい恋人のオリビアをクリスマス休暇にパリに連れて行くことにしたんです。新しいカップルの楽しい特別休暇について，ウェインは「僕たちを見捨てて，家族のクリスマス会に参加しないなんてどういうことだ」と反応したんです」。

また成人の継子による違いもいくつかある。子どもと違って，成人の継子たちには距離をとるという選択もある(パウル家族のジェノグラムは9ページに記載)。

> **リンジーが食事に来ない**
> 　57歳のレン・パウルはドリス・クインとつきあい始めてから18カ月が経っている。そして彼は，彼女と彼女の9歳になる双子と一緒に暮らして1年が過ぎた。レンの29歳の息子はちゃんと頻繁に尋ねてきていた。しかし，32歳になる娘のリンジーは彼の新しい家に一度だけ来て，それ以来，来ていない。
> 　ドリスは不満そうに「もう一緒になって1年になるのよ！ レンとジョーンが分かれて2年も経った。何が問題か，私にはまったく分からないわ」と言った。続けてレンも，「リンジーのためにあれこれしてきたのに。たいした要求もしていない。それでも1年に1回しか会いに来てくれないんだ」と話した。

若い成人にも両親が必要である

子どもの場合と同じように，レンの娘，リンジーは父親とは違う意見を述べている。

> **「お父さんは分かってない」**
> 　長くつきあってきたケイスという恋人との急な別れで抑うつになってから，リンジーはセラピーを受けるようになった。セラピーを開始して，数カ月，リンジーは泣きながらやってきた。彼女の話から，彼女の抑うつになる背景には今まで語られてこなかった喪失感があることが分かった。
> 　リンジーは父親の誕生日に父親に電話をかけた。父親がその日の遅くにようやく電話をかけてきた。そして，レンは興奮して，その日はドリスの子どもたちがサッカートーナメントに参加する様子を見てきたことを話した。「彼はなんてすごい選手なんだと言い続けたんです」。涙をこぼしながら，

> リンジーは「私もバスケットボールのチームの部長をしていました。父は1試合くらい見に来たかもしれません。でも父は私と一日一緒に過ごしたことはないと思います。弟とはあっても、私とは一度もなかった。彼はいつも仕事で忙しかったんです」と語った。
> 　「離婚してから、しばらくは父を近くに感じました。でもすぐにドリスとデートするようになりました。そしてまたいなくなってしまった」。少し落ち着きを取り戻しながら、リンジーは続けて「最悪なのはお父さんが分かっていないからよ。父が「君のためにはしてあげられなかったけど」と言ってくれたなら、どんなに気が楽になるのに」と話した。

　レンのように、若い成人期の子どもを持つ親は、子どもはもう大きく育っているから、親子のつながりが必要ないと思いがちで、喪失感よりも祝福してくれる気持ちが強いと考えるかもしれない。しかしリンジーのように、父－娘のつながりがまだできて間もない場合には、とりわけ父親に新しい相手ができることは恐れとなりうる。

年のいった継親が若い成人期や成人期の継子のリソースにもなる

　第7章のように、トム・ラーソンの3番目の妻であるグロリアは、トムに子どもへのメールの返し方や質問の仕方、うまく抱きしめる方法を教えて、子どもとうまく関われないという彼の愚痴にも答えてきた。トムの23歳の娘であるトリシャは、彼女にとても感謝をしている（ラーソン家族のジェノグラムは170ページ）。

> **「気骨のある女性」を手に入れたトリシャ**
> 　父親が3番目の妻グロリアと結婚したとき、トリシャは「何よりもイライラさせられた」と言っている。数年後、トリシャは息子を持つ母親になって、今ではまったく違う気持ちでいる。「私はグロリアを見くびっていた。彼女はすごい気骨がある女性だったの。彼女は父を愛しているし、それに父が分からず屋であることもよく分かっているのよ。彼女はそれでも、私の母や2番目の妻エドナのようには別れないから。グロリアは父をどう扱

うか分かっているのよ。医療費のことで彼が助けてくれなかった時でも，彼女が分からせてくれたの。私が入院した時も，間違いなく，彼女がきっと父を急いで病院に来させたと思う。私の息子を預かってくれるのも彼女が仕切ってくれているからよ。私の父は本物の父親と素晴らしいおじいちゃんに実際に変わりつつあるわ。とってもいいことよ。それに私も彼女のことが好き」。

高齢のステップファミリーにおける子育てのチャレンジ

　子どものステップファミリーと同じように，年のいったカップルにおいても，青年期や成人期の継子に対する経済的，物質的，情緒的サポートという点でひねりはあるが，子育てについて対立することがある。

「追い出せ」パラダイム

　刺激的で，美しく書かれた**サイコセラピーネットワーク**という記事で，Martha Strauss は，彼女のいうアメリカの「出て行くストーリー」に疑問を呈している。

> このストーリーには，その根底で，まだ実家に住んでいる大人は人でなしで，権利だけを主張して，もしくは操作的な子どもで，哀れな「永遠の親」を犠牲にしているという意味が含まれている。そして代わりに，この親たちは，意気地なしのままコンシェルジェでいるのではなく自分の人生を生きて，ヒルのようにまとわりつく子どもを家の外に導くべきであると考えている。　　　　　　　　(Strauss, 2009, p.32)

　Strauss は，両親と最も親しく十分につながりのある大学生や青年期の子どもほど，学業に専念して，仲間や教員とも社会的に関わっていて，世の中でも成功を収めているという調査を引用している[4]。若い子どもと同じように，分離ではなく，安全なアタッチメントがあることがいい結果を生み出すのである。

　ステップファミリーの構造が，インサイダーである親よりもアウトサイダーの継親による「追い出せ」パラダイムをより強めてさせてしまう。実親からは通常のサポートの要求と思えるものが，継親からは「意気地なし」に見えてしまうか

もしれない。第5章でみたように，ライフステージの違いが，より高齢の再婚カップルでは目立ってくる。子育てが終わっている継親にとって，相手にまだ独立していない成人期の子どもがいる場合，とくに煩わしいと感じるかもしれない。

遺産相続に関する問題

　高齢の再婚カップルは，若いステップファミリーと同じように，経済上の問題を含む3つの中間領域で相違という洪水と向き合うことになる。遺産相続という複雑な問題が，より早く中心的で目の前の問題となる。イタリア人の父親にとっては「家族の面倒をみること」を最も重んじる。彼にとっては，それは成人した子どもたちにかなりの遺産を残すことを意味する。彼の2番目の妻は，「結婚」そして「私を大事にすること」は，つまりすべての財産を彼女が亡くなるまで彼女に残すことを意味する。

　法律はまだステップファミリー関係の現実とその複雑さに追いついていない。多くの司法の管轄区では，反対にはっきりとした遺書がなければ，継子たちは継親からの遺産を自動的に受け取る権利が認められていない。遺産相続の計画をしていない，もしくはきちんとしていないと，簡単にそしてよくあることとして，親しかった継親と継子との関係や継きょうだい関係を壊すことになる。遺言の執行や健康の代理人を設けることは，ステップファミリーの長期の健康にとって大事な投資である。私はステップカップルが大人になった子どもたちと，人生の終わりの計画について話し合い，自分の遺言を説明し，生きているうちに心配なことについて話し合うことができるように強く勧めている。必要があれば，家族と会って，これらの問題について慎重に話し合うようにファシリテートしている。(5・6)

元配偶者のチャレンジ

　「二人だけ」の問題と考えている高齢の再婚カップルは，とても複雑な関係性のネットワークに絡まっていることに気づく。長い結婚生活のあった元配偶者に対して，晩年のライフステージでの新しいパートナーはアウトサイダーになりやすい。拡大家族になると，たいてい子どものパートナーやその子どもたちが含まれる。両親の葛藤は，幼い子どもと同じように，青年期や成人を迎えた子どもにも影響を与えることを知っておくことは重要である。特に，青年期や成人期の娘には否定的な影響を与えやすい（Amato & Afifi, 2006）。最初の段階から，高齢

のステップカップルは，大学の卒業や，結婚などのような人生の主要な変化に対して，びっくりするような数の人と平和的にうまく対処できるように取り組まなければならない。

LAT（Living Apart Together）：別居を共にする

　ウェイン・オズグッドの父親の新しい恋人オリビアは，66歳の未亡人だった。年配の大人が抱える「交じり合い」に関する問題への一般的な解決策として「LAT」することを説明している(7)（ジェノグラムは218ページ参照）。

> 　28年間結婚をしていました。その後12年は一人で暮らしていました。ワレンとカップルになれて嬉しいです。でも，自分の空間があることも好きです。もしダイニングルームを明るい黄色に塗り替えたいと思ったり，あるいはシンクに食器を残しておいたり，孫と夜通し過ごしたいと思ったりしたら，だれにも干渉されないで，それができるようにしていたいのよ。

ケーススタディ：「娘をつれてきて」

　娘であるリンジーが新しい恋人ドリスと家族になることを目標として，レン・パウルはセラピーを始めた。すぐに分かったことは，最初の課題はリンジーとの関係を修復するということだった（ジェノグラムは9ページ参照）。

> ### 課題をリフレームする
> 　6カ月のロマンスの後で，ドリス・クインと彼女の9歳になる双子はレンと一緒に暮らすようになった。レンが膝の手術を受けた直後に，ドリスは彼の面倒をみるために現れた。レンはそれを大変喜んだ。最初の電話で，レンは興奮しながら「ドリスはこれまでで最高の女性だと何度もリンジーに説明しようとしたんです。どうして分かってくれないのか」と言った。私は，彼が，娘のこの状況に対する気持ちにまったく理解も関心も示していないことに気づきました。

レンは自分の作業に取りかかるまで，家族面接を開こうと早急に要求していました。そしてそれは問題の原因でもありました。私は「一歩ずつ進めた方がうまくいきますよ」と伝えました。彼は私との個別の面談と，その後の娘との合同のセッションを数回設けることに合意しました。

「なぜ理解してくれないのか？」
　「息子は分かってくれるのに！　ジョーンと別れて2年も経つのに！　娘は俺にこのまま一生一人で暮らすことを望んでいるのか？　俺の幸せを喜んでくれないなんて信じられない。なんとかあなたが分からせてください」とレンは吐き出すように最初のセッションで話した。私が提案することを彼が理解するためにも，彼と良い関係を築く必要があった。しかし，彼のドリスとの関係は，リンジーの母と別れてから，実際に6カ月後から始まっていた。リンジーの気持ちに共感したり，理解することが彼には欠けていて，私は非常に苦労した。私は深呼吸をして，レンがどんなに孤独であったかについて考えた。対人関係のスキルが少ないために，リンジーの大きな気持ちが情緒的に脅威となっていることを察した。それは取りかかるのに十分なくらい私を動かした。
　「ドリスはあなたの人生の宝のようですね」と私は始めた。レンはため息をついた。彼が「結婚生活の大半で」どんなに孤独であったかについて話し始めた。「あなたはドリスがどんなに大切であるかを娘にも分かってほしいようですね」。彼は顔を上げて，しばらく私を見つめた。でもすぐに，膝の手術からの回復でどんなにドリスが助けてくれたかについて，猛烈に話し始めた。何かが彼を感情から急に離したという事実を記憶にとどめた。
　私はもう一息ついて，それから「あなた，あなたには説明したがり屋が入っているみたいね。そうでしょ！」。彼は止まって，「そんなふうに考えたことはない。でもそうかもしれない」。私は黙って，説明したがり屋の部分が，リンジーの気持ちを理解するよりも，教えたい気持ちにさせているのではないかと考えた。私はそのせいでドリスともうまくいかないことがあると考えた。私は向きを変えて，レンにもっと良い地図を与えようと考えた。

リンジーのストーリー

　離婚する前の家族について尋ねると，レンと彼の息子とはいつも「仲良し」であることが分かった。リンジーは母親にもっと近い関係であった。それでもドリスが来る少し前，リンジーと父親は新しくまだ脆い関係を築き始めた。そしてドリスの登場によって，またもやレンは娘の手の届かないところに行ってしまった。

　「リンジーに何が起こっているのか，あなたが理解できるように私は助けてあげられると思うけど，興味ある？」。彼は緊張して前のめりになって，でも熱心であった。少しだけステップファミリーの子どもと，成人期の子どもについて話して，レンの新しい家族が，弟よりもリンジーにとってはより多くの喪失感や強い忠誠葛藤をもたらした可能性について説明した。レンは感慨深げにうなずいて，「そんなこと，考えたこともない」と話した。

交じり合うことからサブシステムを育てることへの転換

　とりあえずは，レンは「新しい家族」をつくることをあきらめて，リンジーとの関係に焦点を当てて，ドリスと彼女の娘たちとの関係を別々に築くことに同意した。まずは，レンとリンジーが一緒に取り組める何かを探した。話し合うことを含むことだと，また状況を悪くしてしまう可能性があると考えた。でも安心したことに，レンはほとんど会話をしなくてすむような，リンジーと子どものころに一緒に楽しんだ活動を思いついた。それはサイクリングだった。私たちは，レンとドリスとの面接を数回，確保した。そこでは，ドリスが足を踏み込んでいる領域についての地図をドリスに与えることであり，交じり合うことではなく，一対一の時間を設けることの重要性について理解を促すためであった。そして，レンとドリスの共感的なつながりを強化するためでもあった。

スキルがだめなら，内面に焦点をあてる

　リンジーが彼女の父親ともっと安心できるつながりを感じられていたら，リンジーは次第に落ち着くであろうと信じていた。しかし，私たちと一緒にいる短い時間にはそれが感じられるけれど，彼自身，他の誰に対しても，まだそこまで身についていないと私はレンに伝えた。「私はそれはジョーン

にまかせた」と彼は言った。「ええと」と私は言って，彼のために思いやりを込めて，「あなたは今からそれを身につけなければならないわ」と伝えた。

　私たちが難しいチャレンジに向き合っていることを認めつつ，レンは彼自身の話（「娘が自分をサポートしてくれないなんて信じられない」）をするのではなく，彼の娘の話（「少しの間お父さんが近くにいたのに，今はまた失った」）をすることについて意欲的に取り組んだ。回ごとに，彼は分かるようになってきていたが，ドリスがいかに手術後に愛情深く関わってくれたかについての詳しい説明をしたがる部分もまだ残っていた。

　今こそ，内面にもっと焦点を当てる時がきた。「あなたは娘さんをとても愛している。彼女が必要としているものについて，あなたは頭では理解している。でも説明したがり屋の部分がどうしても出てきてしまうのね。そうでしょ。どうしてそれが出てきてしまうのかについて考えてみない？」。内的家族システムモデルに取りかかるため（Schwartz, 1995, 2001），彼の父親が躁うつ病で，警告もなしに（安らぎや安全を与え説明をしてくれる大人もいない）暗い抑うつ状態から躁的な過活動の状態を行ったり来たりして揺れていたレンの子ども時代に戻った。その当時の自分の感情を思い出すことによって，彼は娘の喪失感についても受け入れる能力を伸ばすことができた。

説明したがり屋がハンマーに会う

　リンジーとの関係づくりの再建に，今ならレンは取り組めるだろうかと希望を持ちながら，彼女との合同セッションをもった。リンジーは「あなたは私の父親ではないし，今まで父親であったこともないわ！」と言って始めた。レンはすぐさま，なぜドリスが彼にとって重要であるかについての説明に入った。リンジーは「あなたはなんて分からず屋なの」と打ち返した。

　私は「タイムアウト」と声を上げて，レンに向かって，「あなたの中の説明したがり屋がいるわね。そう。気づいた？」。彼らの悪循環を強めてしまうやりとりを一つずつ見直した。「リンジー，あなたのお父さんにある説明したがる部分について気づいているかしら？」。彼女は顔をしかめて，「そうでしょうね」と言った。私は彼女に「それをみると，あなたの中では何

が起こるの？」と尋ねた。「もううんざりするわ」と彼女は言って「それですごく頭にくる」。「それでどうするの？」と尋ねた。「私はハンマーで彼をうつのよ」と彼女は小さく笑いながら答えた。

レンとリンジーがつながり始める
　説明したがり屋とハンマーの膠着した関係性について少し冗談を言った。「リンジー，あなたはもっとお父さんといたいと望んでいるように聞こえる。そうなの？」。彼女はうなづいた。「もしハンマーが出てこなかったら，少しだけ優しくなれたら，あなたはどう感じるかしら？」。リンジーはためらいながら，お父さんを長い間求めてきたことについて話し始めた。

　今度は，彼らがつながるのを助けることを一緒に取り組んだ。「レン，深呼吸してくれる？　あなたがリンジーを愛していることを私は知っているわ。リンジーが言ったことについてあなたの中の分かっている部分をみつけられるかしら。リンジーはあなたがいなくて寂しいこと，あなたが欲しいこと」。彼の表情は少し和らいだ。「君は僕がいないように感じてきたんだろ」。彼が自分の言葉でもう少し言えるように促した。「気づかなかったんだ！」と彼は言うと，リンジーがだしぬけに「あなた，バカなの」と言った。

　私は割り込んで，「彼が気づいていなかったというのを信じるのはきついよね。あなたは分かってほしくて，お父さんに望んでいるのでしょ。そうでしょ？」。この感情のまま，リンジーは泣き出した。「その涙を父親と共有できる？」。すごくゆっくりと，一歩ずつサポートをしながら，この父親と娘は少しずつつながり始めた。

悪魔の言葉から修復へ
　セッションを重ねて，レンとリンジーは互いにハンマーと説明したがりの間で「悪魔の言葉」（Johnson, 2008, p.65）を使っていることに気づけるようになった。少しの助けで，ハンマーと説明者が守ってきた傷つきやすい気持ちについて話せるようになってきていた。家族の話を何度もすることで，お互いへの理解も深まった。レンはセッションで一度「君が悲しんでいる時にどうしたらいいのか僕には分からなかった。君をお母さんに任せたんだ。弟はもっと関わりやすかった」。リンジーは「いつも彼と一

緒の時間を過ごした。私のことなんかどうでもいいのかと思ってた」と答えた。

　これが長い間の断絶の修復の始まりであることを認識しながら，それから私たちは断続的に何年も会い続けた。その間にはレンだけの面接があったり，レンとドリスの回を設けたりした。

晩年になってからステップファミリーになった家族が進むべき良い道

　晩年になって愛を見出せることは宝である。しかし，難しさもはらんでいる。実際，人生の後半で結婚をしたカップルの離婚率はかなり高い（Brown & Lin, 2012）。高齢の再婚カップルは，テーマやバリエーションが違っても，若いカップルと同じ5つのチャレンジに出会う。

　若いステップカップルと同じように，親子関係を維持することそして修復することが，ステップファミリーになるためのプロセスになることもある。うまくいっているカップルであっても，家に同居している青年によって多くの場合もたらされる子育ての対立について話し合ったり，違いを抑えるように導いたりしなければならない。遺産相続や人生の最期の計画については，きちんとそして早急に，しっかりと考えて取り組む必要がある。高齢のステップカップルは，長い結婚生活をともにした元配偶者や，拡大の血縁者のネットワークの複雑さを抱えながら，関係をうまくそして平和的に解決する努力が求められる。一緒に別居している年のいったカップルは，長い間に作られた習慣や価値観，そして関係を尊重しながら，互いに関わり続けているのである。

第 4 部

時間をかけて育つステップファミリー

Stepfamilies Over Time

　安心できる関係，そして「自分たち流のやり方」を作り上げるまでに，**どれほどの時間がかかるかを把握するのは難しい**。歴史が短く，すぐに解決を求める傾向があるアメリカ人は，すぐに結果のでないものを「失敗」と結論づけてしまいがちである。**ステップファミリーになることはプロセスであり，一時の出来事ではない**という避けがたい現実を受け入れるのに，発達モデルは役に立つであろう。第 12 章では，ステップファミリーのサイクルという発達モデルを紹介する。

　第 13 章では，誰もが聞く「どのくらいかかるのか？」という質問や 6 つの発達のパターンを紹介する。そして最期に，ケビンとクレアに戻り，最初の 1 年をどのように生き延びて，その後 7 年もうまく過ごしているのかをみていく。第 4 部に登場する家族はすべて，xii ページから xiii ページの本書に登場する家族ケースに記載されている。

第 12 章

ステップファミリーのサイクル
ステップファミリーの発達における正常な段階

　ステップファミリーのサイクルとは，私が臨床群でないステップファミリーのメンバーに時間をかけてどのように家族が変化し，成長していったかについてインタヴューを行い，質的に分析した結果から導きだしたものである（Papernow, 1984, 1988, 1993)。何十年もかけて，成長しているステップファミリーと苦しんでいるステップファミリーの両方から集めた話によって，このモデルは豊かにそしてより良いものになっていった。ステップファミリーのサイクルは，アタッチメントの絆を強く形成し，歴史を共有し，親子（そして元配偶者）関係の前にある中間領域を共有するという早い時期から始まる。中期の終わりには，家族は再構成されたものになる。後半のステージでは，成熟したステップファミリーとなる。

　ステップファミリーのサイクルは「段階」というよりも，「駅」というように表現した方が適切かもしれない。ある家族はそこを順番に通り過ぎていくが，多くはそこを簡単にまっすぐに進むわけではない。つまり，発達の指標は時に大きく立ちはだかるものになるかもしれない。再婚した母親が述べているように，その指標は問題として認識すべき困難と，より良い場所に行くまでの幾分ゴツゴツとした道である通常の指標を見分けるのを助けてくれる。

　２年間の家族との穏やかな時の後，突然私たちは何でもけんかをするようになりました。もう終わりだと確実に思いました。また離婚する。私は本当に怖かったです。先週のワークショップの後，私はほっとしました。私は今が変わり時であることに気づけました。私の夫はこれまでどんなに仲間はずれにされていると感じてきたかについてやっと不満を言い始めま

した。私は自分がこれまで防衛的に押し返していたことに気づきました。ステップファミリーのサイクルに当てはめることで，二人とも落ち着いて，話し合うことができました。

初期のステージ：始めるか，行き詰まりか

幻想（Fantasy）：見えない負担

　調和的に「交じり合うこと」を期待することは，私たちが最も人間らしくあることに深く根付いている。喜びに満ちた関係という幻想を抱いて，すべてのカップルは新しい関係を築いていく。ステップカップルは特に「待ちに待っていた家族についになれる。私と新しいパートナーは互いに愛し合っていて，彼も彼女もそして子どもたちも互いに愛し合うだろう。新しい継親も私の子どものいい親になるだろう。子どもも喜ぶだろう。そして元配偶者の存在もそのうち薄らいでいくだろう」。高齢の再婚カップルは「われわれ二人だけになるだろう」と思っている。

　支援をしたいと考えている人は，脆弱な再婚関係が持つ「間違った認識」という有毒な影響のために，時に正しい情報を急いで，そして強制的に与えなければという衝動を持つかもしれない。しかし，覚えておかなければならないことは，幻想を捨てるということは，長い間抱いてきた希望をあきらめることを意味するのである。かなりの恥ずかしい気持ち（「なんて私たちは馬鹿げていたんだ」）を体験しなければならない。慎重に，思いやりを持って，私たちは働きかけなければならない。最初のいくつかの段階での働きにもかかわらず，幻想がなかなか変わらない時には，たいていステップファミリーのチャレンジは過去の苦しいアタッチメントの破綻を再演している可能性がある。

没入（Immersion）：現実に直面（「何かが間違っている，それは私かあなたか子どもたちよ」）

　身を浸していくと，ステップファミリーの構造による現実が現れてくる。継親はアウトサイダーになることでの孤独を感じるようになる。苦しみを訴えると，親は引き裂かれる思いをする。家族が一緒になろうとする（新しい家族は一緒に

旅行に出かけたり，継親が引っ越してきたり，ステップカップルは婚約したり結婚したりする）ほど，子どもの喪失感や忠誠葛藤は刺激される。一緒の時間を過ごそうとすることで，子育てについて対立し，習慣や価値の違いが明らかになってくる。そして元配偶者や，拡大家族も家庭生活には欠かせない一部であることが次第に分かってくる。

　「愚かであるには2つの方法がある」とSoren Kierregaardはいう。「一つは真実でないことを信じること。もう一つは真実を受け入れることを拒否することである」（1962, p.23）。「ステップファミリーの建築」という現実を受け入れることを拒否することは，たいてい恥（「私いったいどうかしちゃったのかしら？」）と非難（「あなたいったいどうしちゃったの？」）を引き起こす。第5章のビビアンとハンク・クレイマーでもみたように，結婚して3年してから，不可能なことをしようと無理をして行き詰まっていた。ステップファミリーのチャレンジについてよく理解している家族は，幻想や没入に過ごす時間が短い。モナやノーマン・ヘラーのように，最初は幻想に流されていても，没入状態になると，彼らは自分の期待を調整して，道筋を変えて，前に進んだ（ヘラー家族のジェノグラムは70ページ参照）。

モナの「現実というサンドイッチ」

　そこでしばらく，ノーマンと私は幸せな新しい家族を思い描いて，見つめ合っていたんです。私は彼の二人の息子ともすぐに打ち解けました。でも，同じように早い段階で明らかになったのは，私の娘たちは私がノーマンに恋をしたように，彼を気に入ってくれなかったことです。まさに逆でした。実際，最初は私が彼を愛した**という理由で**，娘は彼を憎んでいたと思います。

　現実のサンドイッチはおいしくありませんでした。ざらついて，不快なものでした。それで私は時にすごく悲しくなりました。モリーとマディーにはノーマンに対して礼儀正しく接するように伝えました。ノーマンも同じように自分の子どもたちに伝えていました。でも私たちはその関係を強制しませんでした。私は一緒に暮らすようになるまで，長い間待ちました。

気づき（Awareness）：透明性と受容（「何かが悪いわけではない。私たちはステップファミリーということだ」）

モナとノーマンは幻想を離れることで，没入から気づきの段階に移ることができた。このステージでは，混乱や不安，恥の代わりに，明確さや思いやり，好奇心が現れる。大きなチャレンジはまだ続くが，ステップファミリーのメンバーはもっと落ち着いて取り組めるようになる。

継親は，「私（あなた）が悪い」から「子どもたちが自分の父親としかしゃべらない席で夕食をとるのはきつい」という考えに変わる。実親は皆の要求に応えられないことで能力がないと感じる代わりに，一つずつ自信を持って関係を築くようになる。子どもたちは自分の喪失感（「それは急でもうたくさんだ」「お母さんとの時間がもっと必要だ」）を言葉にするようになる。また忠誠葛藤（「私のお母さんが私のお父さんの悪口を言う時が大嫌い」）を口にするようになる。

中期のステージ：家族関係の再構成

変動（Mobilization）：違いを公表する

このステージでは，ステップファミリーのメンバーは自分たちの相違についてよりオープンに話し合うことができる。最もうまくやれている家族は，けんかを比較的短く済ませ，正当で建設的な，さらに気づきを得るのに適度な落ち着いた覚醒状態に戻ることができる。そして，すべての人の要求を理解し合うことができるのである。しかしながら，葛藤に巻き込まれてしまう家族もいる。

行動（Action）：仕事を一緒にこなす

行動のステージでは，ステップカップルは一緒に「仕事をこなす」ようになる。さまざまな問題で共有した中間領域部分が現れ始める。共有された理解によって「私たちのやり方」を早くから実践できる部分も出てくる。第6章で登場したダンフォース／エメリーの家族では，「クリスマスの朝はどのように着飾るか？」という違いについて簡単に，そして創造的に解決することができた。サンディとエリックの経済的な問題に関わる違いについてはより多くの努力を必要とした。同じ第6章でみたように，うまくいくステップファミリーはお互いに何が問題であるのかという確かな理解に基づいて，新しく中間領域を作り出すことができる

のである。もう一度述べるが，柔軟性，互いから学ぼうという意欲，そして一緒に笑う力が違いを生み出す強さのカギである。

後期のステージ：成熟したステップファミリー

つながり（Contact）：親密で本物なステップ関係

　つながりのステージでは，ステップファミリーはこれまで努力してきたことで得られたハネムーンをようやく手に入れる。大人のステップカップルは，信頼できる思いやりとつながりのある聖地を手に入れる。

　継親と継子の関係も安定したものになる。多くの場合，年月をかけて，つながりは太く，そして温かさが増していく。同じように，わずかに残るアウトサイダー感を継親が持つことで，ボーイフレンドや性，そして進路のことなど，熱くなりやすい問題に対して，親よりも冷静に対応できることがある。この優しさと距離をとって見守る姿勢が，継親の助言する役割で「親密なアウトサイダー」として報われる時がくる。ケビン・アンダーソンの娘ケティは，この 7 年間の道のりを，彼女の継母クレアが彼女のためにとってくれた役割について好んでいた。

> **クレアは怒らずに，聞いてくれる**
> 　クレアは男の子について話すのに最も適した人です。私のお母さんもお父さんもすぐに興奮して怒ってしまうから。クレアは私を愛してくれるし，でも怒ったりしない。彼女は聞いてくれる。彼女は私がどうやればうまくいくか本当にいいアイディアを教えてくれる。何か話しにくいことがある時には，クレアに話すのが一番です。

解決（Resolution）：つかんでおくことと手放すこと（「私たちは間違いなく私たち」）

　このステージでは，ステップファミリーは確実な「私たちらしさ」の感覚を表すようになる。「共有された経験や価値観，簡単に協力し合える機能」（Browning & Artfelt, 2012, p.39）が家族に染み込んでいる。子どもの健康や幸福の度合いは，

初婚家族と見分けがつかないくらいに，高いものになっていく（Bray, 1999b）。

　ステップカップルは今や時間をかけて築いた親密さと，安心できる関係になっている。継親と継子の関係は，深い思いやりのある関係から好意的だが距離のある関係まで幅はある。継親は，継子のしつけをする役割に少し変化していくこともある。まったくしない継親も，あるいは逆にその役割を全面的に担う人もいる。家族のいたる所に中間領域があり，子どもや子育て，価値観，生活習慣，そして元配偶者ともうまくやりとりすることなど，協働するための小道がすぐに見つかっていく。2つの異なる文化が一緒になる時，違いは残るが，しかし，それも同じように，家族という生地に編み込まれていく。

　これは，ペーパーナウ／ゴールドバーグ家の料理にまつわる武勇伝である。

　　ペーパーナウ／ゴールドバーグのステップファミリーになって3年目に，私の娘は台所に来て，指差しながら，「ペーパーナウ，ペーパーナウ，ペーパーナウ」（オーガニックの全粒粉のシリアル，皮なしの鶏肉，魚，脱脂乳，無脂肪ヨーグルト，そして瓶に入った大量の野菜），「ゴールドバーグ，ゴールドバーグ，ゴールドバーグ」（砂糖の入ったシリアル，白いパン，ステーキ，2％ミルク，そして本物のマヨネーズ）と言っていました。

　4年目になると，私の娘は激しいベジタリアンの生活から少しずつ抜けてきて，魚も食べられるようになってきました。5年目には，鶏肉と特別な時には牛肉も口にするようになりました。数年をかけて，私の夫も，低脂肪のチーズや脱脂乳に変わっていきました。10年目には体重を気にして，夫は全粒粉，無脂肪ヨーグルト，そして鶏肉を食べるようになりました。15年後には，ペーパーナウとゴールドバーグの食事は見分けがつかないほどになりました。ただし，野菜瓶だけは，今でもペーパーナウだけのものです。

　解決において，「自分らしさ」という織り糸は残ります（Hetherington, et al., 1999）。ステップファミリーの学者である Larry Ganong と Marilyn Coleman は，「親は自分の子どもを他の誰よりも愛している。子どもは自分の親を他の大人の

誰よりも愛している」（2004, p.229）と述べている。ライフサイクルでのイベントは長い間眠っていたのに，急にチャレンジとして現れることもある。第6章のエリック・エメリーとサンディ・ダンフォースは，金銭を巡ってまた不平等を感じていた。この時は，エリサに公立学校に行かせるか私立大学に行かせるかということが議論だった。このような違いが起きても，これまで築いてきた相手を尊重するというやりとりの歴史があるはずだった。一緒になって11年，エリサの結婚がまたしてもサンディをアウトサイダーの立場に立たせてしまった（ダンフォース／エメリー家族のジェノグラムは6ページ参照）。

> **エリサの結婚でサンディはまたもやアウトサイダーに追いやられる**
> 　「すごく驚いた，でも当然でもあったの」とサンディは語った。「エリサはもちろん自分の結婚式を自分の母親と計画したいと思うはずよ。私でなくね。それは私がボニーよりも**断然**計画性のある人間であると誰もが知っていたとしても。結婚式の祭壇に向かって歩く時には，エリサは自分の母と父にいてほしかったのよ。私は理解してるのよ。でも一人で家族席に座っているのを想像するのはつらかったのよ！」
> 　この時には私はこの家族のことを何年も知っていた。私は，サンディが一番の友達であるロビンに「結婚式の相棒」として一緒に参加してもらうのはどうかと提案した。「結婚式の相棒」の役割は，継母（継父のこともある）の隣に座って，雑談をして，必要に応じて，ティッシュを手渡すこと。サンディは「それでも，結婚式の間，エリックがいなくて寂しい時もあったわ」と言ってから「でも私はロビンといて，とても楽しかったわ」と言った。

長期のステップファミリーにおいて祖父母になること

　長く続いているステップカップルは，子どもが成長し，結婚し，そしてその子が子どもを持つようになる。親と継親は，祖父母と継祖父母になる。ステップファミリーの生活のすべてで，継祖父母の中には孫と非常にいい関係を築く人もいる。中には距離をおいている人もいる。母親や継母と同じように，祖母と継祖母は男性に比べて，より難しくなることがある。結婚式の計画や，赤ちゃんの誕生，誕

生日，そして祝日のために，婚戚や孫たちなどの非常に大きなネットワークと関わって話し合うことが必要になる。このようなイベントによって，インサイダーやアウトサイダー，文化的な違いなど，新しくて古いさまざまな感情を呼び覚まし，かき乱すことがある。これがうまくいくと，複数の祖父母と継祖父母が互いを尊重して，そして一緒になって孫の生活を豊かにさせ，大人になった子どもたちのためにさらに手助けを与えてあげることができるようになる。

　元妻と私は，それぞれ再婚して20年が経ちます。私たちの子どもの子どもたちは少なくも6人の祖父母がいます。一人は8人もいます！　すごいことです。なぜなら，子どもが必要な時に，私たちは順番に行ってあげることができるからです。それぞれのおばあちゃんには特別な名前があって，私の妻はパムおばあちゃんと呼ばれている。私の元妻はナナ。私の継子である息子のイタリア人の継母はノナ。継子である娘の義理母はヤヤ。私たちの孫はこれが普通だと思っている。3人とか4人**しか**祖父母がいない友達のことを本当にかわいそうだと思っているみたいだよ。

第13章
ステップファミリーになる上での6つのパターン

　私が35年間かけて臨床場面とそうでない場面で出会ってきたステップファミリーとの経験から，いくつかの発達のパターンがあることが分かってきた。私はそれをさらに分けて，2つのタイプを「イージーライダー」と，4つのタイプを「ハードライダー」と名付けた。2つのタイプの「イージーライダー」は**気づきのある家族**と，**ゆっくりとほぼ安定した家族**である。4つのタイプの「ハードライダー」は**回避型**，**ジェットコースター型**，**レースカー型**，そして**リターン・修復型**の家族である。これらのパターンは，他のステップファミリーに関する専門家の見解と一致している（詳細は注を参照）。

いつまでかかるのか？

　「いつまでかかるのか？」は誰でも知りたい疑問である。私の経験では，気づきのある家族の場合，行動（アクティブ）期に移行するのは2年以内で，その後数年をかけてより安定したものに固まっていく。そして全体として4，5年で成熟したステップファミリーになる。ゆっくりとほぼ安定した家族は，比較的多くの時間を没入期と変動期にかけて，6年から7年で解決策を見出していく。これらはどちらも「イージーライダー」である。もう一度確認すると，基本的に，ステップファミリーになることはプロセスであって，一時の出来事ではない。[1]

　4つの「ハードライダー」はより多くの時間がかかる。彼らは途中で行き詰まったり，重要な課題をスキップしていて，チャレンジに向き合うために戻ってこなくてはならなかったりする。回避型，ジェットコースター型，レースカー型の家族は，およそステップファミリーの25％にあたり，彼らは5年以内に離婚してしまう（Cherlin & Furstenberg, 1994；Hetherington, et al., 1998）。心理教育水準の違い，対人関係スキルの質，そして心理的内界における問題の程度によって，

このタイプの違いが起こる。

2つのイージーライダー

気づきのある家族

　気づきのある家族は，チャレンジに最も早く気づき，そして簡単に対処していく。うるさいティーンエイジャーのマディーとメリッサの母であるモナ・ホフマン・ヘラーと，もっと大人しいノア，ニコルそしてネッドの父親である夫のノーマンは，気づきのある家族であった。ジョディ・ジェイキンズとデュエイン・キング，そしてダンフォース／エメリー家，彼らは子どもの要求に合わせて互いに協力して，相互に支え合う子育ての連携を築き，互いの違いについて建設的に対処した。

　最初の段階で，気づきのあるステップカップルは現実的な情報から取りかかる。彼らは幻想による強い力には引っ張られずに，またうまくいかないことに対しては適切にすぐにあきらめることができる。次に，対人関係のスキルにおいては，このタイプに属する大人は，段階的な問題について建設的にコミュニケーションを上手にとることができる。3点目は心理的内界のレベルで，気づきのある家族は「誤った場所にあるひどい傷痕」が少ない。それゆえ，第7章のエリック・エメリーが元配偶者の失敗で気持ちが乱されてもうまく対処できたように，彼らは前向きで効果的に自分の心理的ワークを進めることができる。

　気づきのある家族は，チャレンジを恐れることがない。エリサが継母とまだ関わる準備ができていなかったとしても，口のつけられていないモナのクーゲル（ユダヤ料理）の問題やエリック・エメリーのクリスマスの朝の特別な装いについても，それぞれが傷つき，がっかりしたり，イライラしたりしている。しかしながら，彼らは十分な共感と落ち着きをもって，互いに納得する方法を公平に，そしてすぐに見出し，関係を修復することができた。[2]

ゆっくりとほぼ安定した家族はもう少し時間がかかる

　時間をかけて程よく安定した家族はうまく前に進めていくことができるが，気づきのある家族よりも努力が求められる。彼らは非現実的な期待を最初は抱いていて，対人関係スキルも少し弱く，原家族から比較的小さいながらも傷つきを受

けている可能性もある。沈黙の中で怒りを抱えていて，没入期の中を彷徨い，そこに多くの時間を費やすかもしれない。見苦しい罵倒という変動期に陥っているかもしれない。またこの家族には，より適応に時間がかかる子どもがいることもある。

　クレア・アボットとケビン・アンダーソンのように，少しずつ，周りからの助けがあったりなかったりしながらも，このタイプの家族は十分な知恵と前向きな意志で，チャレンジに向き合うことができるようになる。そして，問題を一つずつ解決し，最終的には成熟したステップファミリーになっていく。[3・4]

4つのハードライダー

　回避型，ジェットコースター型，レースカー型，そしてリターン・修復型の家族は，より困難で，長い道のりがかかる。彼らは多くの場合，なかなか幻想をあきらめられない。「誤った方向転換」をたくさんして，ステップファミリーの発達から脱線させてしまう。対人関係のスキルでは，チャレンジに対して，十分な温かさや思いやりがないまま，攻撃もしくは回避的に反応する傾向がある。心理的内界のレベルでは，育児放棄や虐待にまつわる子どもの頃の経験によって，ステップファミリーの構造でのアタッチメントの傷はより痛みを伴うものになるかもしれない。

回避型ステップファミリーはスープの中から抜け出せない

　回避型のステップファミリーは没入期の混乱と静かな不安を抱えたまま過ごす。再婚問題については，わずかなコミュニケーションしかない。家族の満足度も低い状態のまま，困難にぶつかることになる。継親は，アウトサイダーであることについて悩んでいても黙っていたり，自分の殻に閉じこもったり，効果なく不平をただもらすかもしれない。このような家族の場合，インサイダーの親は，拒否や無視をされる継親の立場に理解がなく，そっけなく，批判的になるかもしれない。もしくは，愛する人を喜ばすことができないために，不安を抱え，感情が麻痺してしまうかもしれない。このタイプのカップルは，時にけんかにもなるが，お互いをきちんと理解し合うまで粘らずに，またすぐに黙り込んでしまう。研究でのステップファミリーにおける回避性の高い家族とはこのような家族のこ

とである（Afifi & Schrodt, 2003）。適切な支援がなければ，ケビン・アンダーソンやクレア・アボットもこの状態になっていたかもしれない。ハンクとビビアン・クレイマーも，援助を求めにきた時はこの状態になっていた。[5]

　時折，回避型のステップファミリーは，かなりの年数が経ってから，互いに親密な状態に変化することがある。母親が再婚して23年が経ってから，41歳のイザベル・ルソーは66歳の継父スペンサーと関わるようになった。彼女の家族はまとまらないままであったが，彼女は「思いがけない大きなプレゼント」を継父との関係で見出すことができた。

イザベルの「思いがけない大きなプレゼント」

　イザベル・ルソーのステップファミリーは，強烈に要求深い母親アイリスによって常に支配されていた。イザベルの継父であるスペンサーは，アイリスと結婚して23年間ずっと，アウトサイダーとして礼儀正しく，ストイックに大人しく過ごしてきた。

　イザベルはセラピーで，彼女の母親との間に境界線をきちんと引くようになっていたが，彼女はそのことで，母親と継父の両方を失うことの恐れも抱いていた。私たちは，スペンサーについて，今まで言葉にしたことがない気持ちを表現しようと，あるセッションを費やした。「彼なしに，母親の家から独立することはできなかっただろう」といって，感慨深く「彼が母親の面倒をみてくれて本当にありがたいと思っている」と話した。

　自分の人生にスペンサーがいてくれたことにイザベルが感謝していると，スペンサーが知ったら，彼が喜ぶことを想定して，次の家族訪問の間に，母親が寝室に入った後で，イザベルが継父に話す戦略を練った。2回の訪問が過ぎた。3回目の訪問で，20年で初めて，イザベルは勇気を出して伝えた。「私はスペンサーに，驚くかもしれないけど伝えたいことがあると言いました。あなたが母を愛してくれたから，私は自由に自分の人生を歩むことができたことを知ってほしいと彼に伝えました。それに，いつも簡単じゃないことなのに気難しい姉に対してもよくしてくれてありがとうと感謝を伝えました」。

　彼女はその結果に驚いた。「私は思いがけない大きなプレゼントをもらっ

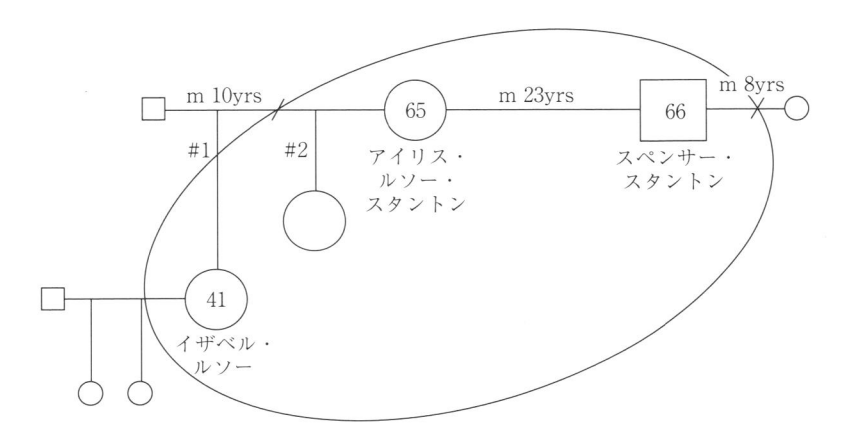

第 13 章　ステップファミリーになる上での 6 つのパターン　243

図 13-1　ルソー／スタントン家族（23 年目）

たんです。いつも礼儀正しく遠慮がちな彼が，私をじっと見て「ありがとう。その言葉がどんなに嬉しいことか」と言いました。彼に感謝を伝えることを今までどうして気づかなかったのか，自分でも分からないと伝えました。彼はとても優しく，そして皮肉もなく「お母さんは手がかかるからな」と言いました。私は少しだけ話すようになりました。今では，私の母が感情的になると，私はスペンサーを見ることがあって，すると彼はウィンクをしてくれます。まだぎこちないけど，私たちの扉は開かれました。

ジェットコースター型のステップファミリーは戦争を起こす

　ジェットコースター型のステップファミリーは変動の高い葛藤にいる。彼らは，インサイダー／アウトサイダーのチャレンジ，子どもや子育て問題，家族の価値観の違い，そして元配偶者との関係を巡って，争いを起こす[6]。驚くことに，このようなジェットコースター型のカップルの中には何年間も一緒に過ごしているものもいる。彼らはたいてい，とても強い一瞬のつながりと，その後の予測通りの深い悲嘆の時を繰り返す。ジェットコースター型のステップファミリーでも，い

い支援や，建設的な争いとお互いへの十分な愛情があれば，安定した関係へと進めていくことができる。

　ジェットコースター型のカップルは，私が最も心を砕いたケースである。多くの場合，ステップファミリーのチャレンジは，子どもの頃の傷となる記憶を引き出すきっかけになる。現在の出来事も，古傷を再演した物語に翻訳されてしまう。この本でこれまで読んできて分かるように，集中的な個人のトラウマ治療に意欲的に取り組むことによって，家族はよりしっかりした地盤に進むことができる。しかし，「そこを目指そう」という提案にさえ怯えて，どうしたらよいか分からなくなるほど抵抗が強い人もいる。これがその一例である。

「なぜ彼は聞かないの？」

　再婚同士の家族の継母が「夫に聞く耳を持ってほしい」と助けを求めにきた。彼女は，4人の子どもの前で毎日叫び合いの彼とのけんかについて報告した。子どもの頃に，彼女は守られることなく，性的に心理的に虐待をする叔父に預けられていた。彼女は親に訴えたにもかかわらず，「大げさだ」と片付けられてしまった。彼女は子ども時代を「たくましくそして耐えながら」生き残った。ステップファミリーでの生活において時々起こるアタッチメントの裂け目によって，彼女の古傷が開かれ，そして彼女の過去の保護的な対処法をひどく脅かしたのである。

　彼女は絶望的な孤独を抱えていたが，この継母は私に一切の感情的なつながりを許さなかった。私は子どもたちを葛藤に巻き込まないようにと伝えたが，彼女はまったく関心を示さなかった。「私は本当のことを言っている。それの何が悪いの？」と主張した。夫がより聞き入れてくれるようになるためのいくつかのスキルさえ，彼女は学ぶことを拒否した。「なぜ私が変わらないといけないの。間違っているのは彼，彼が私の言うことを聞かない」。

　間違いは認め正すべきという継母の頑固な主張は，彼女の生い立ちから見れば理に適うことである。しかし，彼女の盲目的な怒りは彼女をますます孤立させた。彼女を安心させようと，一緒に過去の不正に向き合い，彼女の傷つきを安全に治すという私の努力は，まったく聞き入れてもらえな

かった。「それは終わったことだ。これは今の問題で、過去のことではない」と彼女は言い続けた。その後、かなりのでこぼこ道を進んで、このカップルは離婚した。

レースカー型のカップルは前に突進して、衝突する

　レースカー型のステップカップルは、まっすぐに未熟にも「仕事を一緒にこなす」という行動に突進していく。コニー・チェンとバート・シジンスキーのように、彼らの多くは極端で激しく非現実的な「交じり合う」という期待を持ち込んでくる。最初の刺激的ないい感情はステップファミリーの構造という現実によって急速に追いやられ、家族を悲惨な状態に落下させてしまうのである[7]。

　コニー・チェンとバート・シジンスキーが非常によく学んだように、激しく早い変化は子どもの喪失感や忠誠葛藤を強め、より高いギアに変わってしまう。「両足だけでなく、心臓も悪いのに、マラソンに出ることを期待されているように感じた」と悲しみながら、バートの年頃の息子、ブランドンは話した。ブランドンの継母が「違う」ライトでクリスマスツリーを飾ったことで二人の関係が険悪になったように、苦しんでいる子どもたちは「悪い」行動をわざととることがある。物事は悪くなると、子どもと大人の間の悪循環によって、家族の誰もが最も悲惨な状態になってしまう。コニーとバートのように、レースカー型の家族が衝突を起こすと、中には自分たちで立ち上がって、もう一度最初からもっとゆっくり取り組むために支援を求めに来る家族もいる。

リターン・修復型の家族は癒しを求める

　ジェットコースター型やレースカー型の家族は、私がこれまでもっとも手こずらされた人たちである。私が「リターン・修復型」と呼ぶ家族は、感動的で確実な人たちである。このタイプの家族は、時には何年も苦労して、ようやく道を見出し、成熟したステップファミリーになった家族である。フランク・ウルフとディック・タッカーも、他の問題でセラピーに来て、思いがけずに入り口のドアマットにあるチャレンジで躓いた家族である（ジェノグラムは9ページ参照）。

ディックとフランクの15年経ってからのリターン・修復

　ディック・タッカーとフランク・ウルフは，ともに15年を過ごしてきたことを祝った後で，「もう一度より親しくなる」ためのカップルセラピーにやって来た。フランクの娘のフェリシアは，父親がディックと会った時，10歳であった。今は27歳で二人の男の子がいる母親にもなっているディックの娘デニースは，父親のパートナーが一緒に暮らすようになったときは12歳であった。ディックとフランクが再婚関係について，これまでいかに取り組んできたかという質問をすることで，現在の緊張が解決されていない問題によって石灰化されていることが分かった。家族は，これまで回避型の家族として進ませてきたのである。再婚であることによる問題は，語られないまま静かに埋もれていて，時折見苦しいけんかをしては，すぐにまた底に埋められてしまった。彼らの人生のさまざまな領域に焦点を当てながら，ともに数年セラピーを続けてきた。そして彼らの長い間の沈黙を打ち破って，彼らを苦しめてきたチャレンジについてより深く理解するために，ステップファミリーの構造という語られてこなかった影響についても何回も触れた。

　二人の娘のうち，若いフェリシアはディックをきちんと歓迎していた。しかし，デニースが父親の新しい家族と出会った時には，彼女はすでに思春期になっていた。第2章で学んだように，彼女は母親とも強い忠誠心の絆を結んでいた。案の定，デニースはフランクに対してわざと冷たく，そして無作法に接した。フランクが家族の中でアウトサイダーにされてしまった。そしてディックがインサイダーの立場になった。

　何が起こっていたかについて，何年もかけて話し合うたびに，彼らの間で増幅された痛みを癒しながら，親密さと優しさを伴ってより明確になっていった。恥で隠れていた悲しみも感じ取ることができた。これらの問題を初めて掘り起こした時，「何回も君に伝えようとしたんだ。デニースは僕と目も合わせなかった。そして君は「お前は大人だろ」と言い続けていた」とフランクは苦々しく語った。

　サポートも得ながら，時間をかけてディックはこの傷を修復した。「君は正しい。私は理解していなかった。君を孤独にさせていた。申し訳ない」

と彼はついに言うことができた。「君の娘が話してくれないということではなくて，君が理解してくれていないことが最悪だった」とフランクはディックの手を取りながら，話した。「分かってる。あの頃にこのような支援を受けられていたら。本当に済まなかった」。フランクはその後，殻にこもって黙り込んだり，皮肉を言ったりした自分にもこの膠着状態を招いた責任があることを認めた。

ケビンとクレアの耐えることから成長への変化

　私たちが最初に出会った時，アボット／アンダーソンの家族は初期のステージのチャレンジに陥っていて，このままでは回避型のステップファミリーになるところであった。しかし支援を受けて，彼らはゆっくりとほぼ安定した家族に変化することができた。図13-3にあるように成熟したステップファミリーは，第2章にあるうまくいっている最初の結婚家族（26ページの図2-5）とまったく異なって見える。しかしながら，7年後にはアボット／アンダーソンはもう耐えているだけではない。彼らは成長しているのである。

初期のステージを耐えること
　図13-2は，2年目を迎えた家族である。ケビンとクレアはとても愛し合っている。しかしステップファミリーというチャレンジに出会い，彼らの優しさは蝕まれている。この旅の準備として確認すると，対人関係のスキルが少なく，「嫌なところに古傷」を抱えていると，カップルは関わろうとすればするほど，彼らの間の距離は開いてしまうのである。

後期のステージで成長すること
　アボット／アンダーソンの家族は，7年間一緒に過ごして，後半のステージに進んできていた。図13-3の家族は図13-2とだいぶ違って見える。第2章でも紹介したように，アタッチメントと中間領域という関係を築くための2つの主要な力によって，家族は離れ離れにならずに，互いの結びつきを強くしていた。何年も苦労をして，ケビンとクレアは「無理矢理交じり合う」の代わりに，現実的で

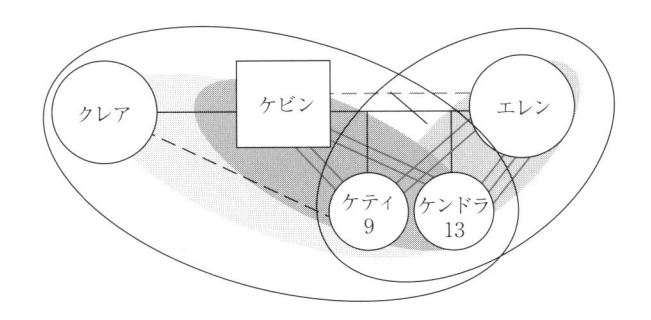

図 13-2　アボット／アンダーソン家族（2 年目）

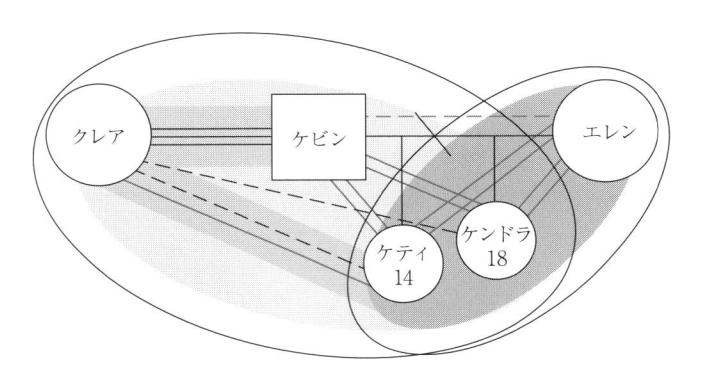

図 13-3　アボット／アンダーソン家族（7 年目）

効果的な戦略を見出した。ゆっくりと彼らはより良い対人スキルを身につけていった。そして勇気を持って，現在の反応に影響している彼らは子どもの頃の傷についても話し合った。何年もかけて，必要があれば時々戻りながら取り組んだ。

　一緒になって4年後，ケビンとクレアは親密なアタッチメントという高い信頼関係を構築しながら，「いかに物事に対処するか」という共通の感覚を作り上げていた。クレアは，ケティに対して権威的な親役割をとり始めていた。その頃には，ケビンも元妻のエレンと決める前には，必ずクレアの意見も聞くようになっていた。5年目には，エレンの旅行計画が変わり，時々しか一緒に暮らしていなかったのに，半分を一緒に暮らすという要求の変更を，ケビンは当時12歳と16歳で

あった娘たちのために受け入れた。しかし，それは建設的で公平な議論をクレアとたくさんした後に決めたことであった。

　健全で充実した感覚がようやく家族にくまなく広がった。ケティとケンドラも成長している。第12章でも見たように，クレアは継子である二人の娘にとって重要な人として，年下の継娘にとっては「親密なアウトサイダー」の役に変化した。クレアは「問題はそれでもまだ起こる」という。「私たちは失敗をまたするし，でももっとお互いに優しくできると思う。私たちはよく笑うようになったわ」。

　成熟したステップファミリーの多くでは，「私たちらしさ」という糸はなかなか消えない（Hetherington, et al., 1999）。14歳になったケティは，今もクレアよりも父親と母親と少し親しい。大学1年生になったケンドラは，彼女の妹よりも家族と今も距離をとっているが，母親への忠誠葛藤はわずかに小さくなっている。破壊的な力よりも，インサイダー／アウトサイダーというそのままある区分も，家族生活の一部として受け入れられている。クレアは考え込みながら，

> 　ケンドラと私は親密とは言えないけれど，仲よしです。私たちは料理とか，楽しく一緒にできることも見つけました。ケビンが一人でケンドラに会いに大学まで出かけることもあります。それは全然気にならないです。一緒にいく日もあるし，そうでない時もあります。

　ケビンはケンドラの第一の保護者ではあるが，ケビンとクレアは子育てにおける現実的な同盟ができている。それは二人の娘について「だいたいうまくほめて」話すことである。子育てについての古い違いもわずかに残っているけれど，それは柔軟性を持っている。「娘たちがお金を欲しがると彼はやすやすとあげてしまうのよ」とクレアは言う。「私が彼の鎖をギュッと引っ張ることも時々必要よ！」ケビンはクレアに腕をまわして，くすくす笑いながら，「クレアは娘に厳しくしろというクレアの言葉を僕が聞いていないと思っているけど，僕がどれだけ変わったか，クレアは分かっていないと僕は思うよ！」。この二人の間の明らかな温かいやりとりは，「ありのままの状態」を受け入れていることを表している。

　ケンドラが受けた最近の大きな手術によって，ケンドラの病院の部屋に3人の

大人が集まることになった。「最初は少し気まずかったわ」とクレアは言い，そして「3日目には，エレンが私にもたれかかって，「私の娘によくしてくれてありがとう。本当にありがたいことだわ」と言ってくれました」と話した。

第5部

ステップファミリーが成長するための支援

Helping Stepfamilies Thrive

　第14章から第16章では，3つの介入レベル（心理教育，対人関係スキル，そして心理的治療）があり，それぞれに合わせた原則や臨床で使う「道具箱」をさらに詳しく紹介する。

第14章
レベルⅠ：心理教育のための道具箱

　ステップファミリーがうまくいくためにも，心理教育はただ情報を提供するだけではない。この章では，心理教育に関わるいくつかの重要なスキルを説明する。ステップファミリーがうまくいくようにサポートするためのカギとなる戦略が要約されている。ステップファミリーがチャレンジを乗り越えていくための支援に携わっている多くの臨床家にとって，この章が有意義なものになることを願っている。[1]

効果的な心理教育をするために重要なスキル
　大変さをノーマライズする
　表現しにくい感覚を言葉にすることによって，安心することができるかもしれない。「インサイダーとアウトサイダー！　それだ！　ついに誰かが言ってくれた！」。強い気持ちをノーマライズすることで，恥ずかしい思いも減り，不安を和らげ，適度な覚醒に戻ることもある。しかしながら，単に言葉にしただけでは（「ステップファミリーではアウトサイダーになることはよくあることです」）ステップファミリーのメンバーを一人苦しい状態に取り残すことになる。感情に寄り添いつつ，特定の日常生活の細部に根ざすことで，気持ちもさらに楽になることでしょう。「ステップファミリーだと，子どもが部屋に入ってくる度に，ジェーン，あなたは無視されて脇に追いやられているように感じるのよね。そしてジョン，あなたは中に引き寄せられて関わらざるを得ない。それは毎日，何千回も起きることなのよね！」。

　「低く，ゆっくりと，単純に」しておく
　速いスピードで，しかも高い口調で伝えられる新しい情報には混乱させられる。受け手には，一口ずつ噛み砕いて，飲み込んで，そして消化するまでの十分な時間が必要である。「優しく，単純に」と同じように，「低く，ゆっくりと」という

のはSue Johnsonからの貴重な助言である（2012）。私も低い声域に声を落とすだけで，自分の中のエンジンをゆっくりと落ち着かせて，次に言うことを考えるよりも，私のクライアントのかすかな非言語的な反応に気づくのを助けてくれる。

「私から聞きたいことは何だろう？」

ステップファミリーのチャレンジについての正確な情報に，ひどくがっかりする可能性もある。私はいつも「私から聞きたかったことは何だろうか」と尋ねるようにしている。私と，そして部屋にいる他のすべてのステップファミリーのメンバーによって，安堵感と絶望の両方が語られ，聞いてもらう必要がある。私は慎重に非言語の手がかりに注目する。継親が前のめりになった。彼女の目が輝いた。彼女のパートナーがわずかに肩を落とした。彼はいつも平常心だ。「あなたにとってこれはホッとしたようですね。ジェーン。でもジョン，あなたにはこれを耳にするのは苦しいことかもしれません。そう思うかしら？」。このような手がかりを無視して，急いで進めてしまうと，クライアントが自分の感情を抱えたままで取り残されてしまう。そのことで，明確な「不服従」の可能性を増やしてしまうこともある。

「実現可能性」を確認せよ

実現できない「専門家のアドバイス」を受けたら，クライアントは欲求不満になり，恥ずかしい気持ちにもなるだろう。私はたいてい「1から10の評価で，10は最も難しい，1が楽勝だとする。あなたのパートナーにそれを頼むのはどのくらい難しいことか確認してみましょう」。私が提案したことが4また5以上であれば，私たちは慎重にその障害となることについて話し合うか，もっと低い提案をする必要がある。

「ジョイニング」の教えを訓練せよ

きちんとした意図があったとしても，情報を正すということは相手を防衛的にさせてしまう。私は，相手を正したり，違う意見を述べたり，新しい情報を提供する前には，深呼吸をする。この人にはどんな考えがあるかについて私が何を理解しているかを確認する。クライアントが「誤った考え」を抱いている時には，特にそれが問題を引き起こすものであるとして，私たちにとっては「正しい」情

報をしつこく打ち付けることはたやすいことである。クライアントが私たちのいい助言について反対をしたり，もめたり，拒絶したりする時には，重要で不満に思う話題を簡単に見落としてしまいがちである。議論することも，回避することも，どちらも助けにはならない。

労りと情緒的なつながりが，変化への道を切り開く。抵抗や恥ずかしい気持ちを感じた時や，私自身が批判的になっていたり，決めつけたがったり，あきらめようとしている時には，クライアントのここに至るまでの気持ちについて私が純粋に理解していることを言葉にできるようになるまでは，私は口を開かないようにしている。

「心の裏返し」を訓練せよ

「誤った考え」や「抵抗」に直面した時に思いやりのあるジョイニングをするには，私の同僚の Mona Barbera（2008）が名付けた「心の裏返し――議論したくなったり，決めつけたくなったり，あきらめたくなった時に心を開く方法を見つけること――」が必要である。次ページの表の左にある「誤った考え」について，純粋な共感的なつながりを見出せるか，挑戦してみましょう。表の右にはいくつかの提案が挙げられている。

再婚カップルのつながりを援助するために心理教育を少しずつ使いなさい

これはケビンとクレアの初期のセッションである。インサイダーとアウトサイダーの立場で身動きがとれなくなっていることについて彼らと共有し，情報を提供する場面である。

PP（筆者）：インサイダーとアウトサイダーについて，私から聞いてどんな気持ちですか？
ケビン：ほっとした気がします。私はこれまで本当に怖かったので。
PP：クレアの方を向いて，それをもう一度言ってもらえますか？
クレアに向かってケビン：君に出会えたことはすばらしい。でもその後は大変だった。私は怖かったんだと思う。うまくいかないんじゃないか，君を失うのではないかと恐れていた。
クレアに向かって筆者：どんな感じですか，クレア？　ケビンの言葉を聞いて。

表 14-1　心の裏返し

誤った考え	心の裏返し
1. **再婚した父親**：私の妻はまだ子どもたちと親しくないんだ。彼女はどうかしてるよ。	親は誰でも自分と同じくらい子どものことを愛してほしいと思うものである。
2. **継母**：彼の娘が問題よ。他の子どもたちはみんな協力的なのに。彼女は自己中心的で，抵抗しているのよ。	新しい家族がうまくいくことを強く願っているのね。強く願っているのに，誰か協力してくれない人がいると，すごくがっかりするものよね。あなたもそうかしら？
3. **継母**：私のルールに従うのがなぜそんなに難しいのか分からないわ。ここは私の家よ。私が要求していることは簡単なことよ。	ルールに従ってくれない子どもが家にいると本当に大変よね。まるで自分の家じゃないかのように感じてしまうわよね。そうじゃない？
4. **継父**：一緒に祝日も祝えないんだ。クリスマスはひどいもんだったよ。俺たちの何が悪いんだ。	祝日がうまくいかないと嫌なものですね。せっかくお祝いをしようとしているのに，全部がうまくいかなくなるわよね。そんな感じ？
5. **再婚した母**：元夫はまた子どもの迎えに遅れたのよ。だからドアの前でその場で言ってやったのよ。私のことをずっと馬鹿にしてきたんだから。	彼に文句を言ってすっきりしたんじゃないかしら。ずっと長い間，我慢してたんでしょ。1つだけ聞いていいかしら。子どもたちはその場にいたの？

　　彼に話してみて。
クレア：私は知らなかった。あなたがあまりにも防衛的だから。あなたが怖がっているなんて本当に知らなかったのよ。

ステップファミリーの発達を支えるカギとなる働きかけのまとめ
インサイダー／アウトサイダーの立場での動けなさを緩めよ
- 家族に期待しなさい
- 一対一の時間をたくさん作って，ステップファミリーの関係をサポートしなさい。

子どもへのサポート
- 一対一の親子の時間を定期的にきちんと作りなさい。
- 忠誠葛藤を積極的に和らげなさい。忠誠葛藤が強い子どもは継親との間に距離は必要である。

- 子どもとの間に大人が共感的なつながりを作りなさい。
- （年齢に関係なく）子どもにとって，ステップファミリーに適応することは，離婚に適応することよりも，より多くの困難と時間がかかる。時間をかけて進めることは大人にとって難しいが，皆のためになる。
- 9歳以上の子ども，女子，特に思春期の女子は，時間と我慢が必要になることが多い。

子育てのチャレンジに向き合うこと
- 子育てでの対立は起こるものだ。
- 実親がしつけ役を担いなさい。継親は意見を言っても，実親が最終的に判断する。
- 権威的で，愛情深く，そして適度にきちんとしたしつけが子どもの健康に重要である。放任，厳格，そして一貫性のない子育てスタイルは子どもにとってよくない。
- 継親は継子との間でつながりを作ることから始めて，しつけが優先されるべきではない。継子との間に信頼，思いやりのある関係が築かれてから，継親によってはゆっくりと権威的な子育てに関わることができる。
- 継親による厳格な子育ては大概いつも破壊的である。

新しい家族の文化を形成する間は違いを尊重しなさい
- ステップファミリーになることはプロセスである。一瞬ではできない。
- 変化は一度に少しずつにしなさい。安全と尊敬のルールがまず大事である。
- 祝日はたくさんの違いが明らかになる可能性がある。しばらく別々に祝うことが，ステップファミリーの発達を支える実際に一番の方法になるかもしれない。
- 正しいか間違っているかという議論ではなく，互いを学ぶようになりなさい。

元配偶者とは葛藤の低い関係を維持しなさい
- 子どもにとって，高い協働的な共同子育ての関係が一番である。低い葛藤のある「並行子育て」が次によい。
- 大人の争いから子どもを守りなさい。医者が血圧を計るように，葛藤の強さ

を計りなさい。
- 家庭による違いは通常のことである。大人が敬意を払って，中立的であることが重要である。
- 子どもには基本的な情報を伝える（「今年のクリスマスは父親の家で過ごす」）。不快な情報は必要ない（「お父さんとクリスマスについて決めるのは大変だった」）。うっかり相手の「情報を漏らす」ことに気をつけなさい。
- 幼い子どもには，平日のスケジュールをきちんと決めている共同子育て計画があるとうまくいく（週末はもっと柔軟であってもよい）。
- 元配偶者との間の葛藤の高い場合には，特別にきちんと細かく定めた子育て計画があるとよい。中立的に判断をしてくれる裁判制度を利用しなさい。親同士のやりとりが短く，事実に基づいて，子どもに焦点が当てられているかを気をつけなさい。
- 苦手なことではなく，自分の得意なスキルを互いに使うように，元配偶者を支援しなさい。

第15章
レベルⅡ：対人関係スキルのための道具箱

> ステップファミリーの精神的な健康において重要なことは，意見の違いが単にあることでなく，むしろ意見の違いについてステップファミリーがいかに話し合うかである。
> (Stanley, Blumberg & Markman, 1999)

　良好な対人関係スキルは，適正な覚醒をもたらす。インサイダー／アウトサイダーの立場や，子育てを巡る対立，そして文化の違いによってもたらされる対立があっても，対人関係スキルがあると，つながるための経路を見出すことができる。新しく継親子関係を築く上では欠かせないものであり，元配偶者との間で葛藤の低い協力的な関係を維持するためにも非常に重要である。第15章では，対人関係スキルの基本的な原則を学ぶところから始める。私が最も多く利用する2つの技法，ジョイニングとソフト／ハード／ソフトも段階的な手順がある。そして，この章の終わりでは，満足できる長期の関係を築くための行動とストレスをもたらす予測因子について，私がクライアントによく紹介する重要な研究結果を紹介する。

　この章は，どのようにカップルセラピーを行うかについて述べているものではない。この章は，私がとても有効であると考えるスキルを寄せ集めたものである。実際に，私の道具場にある道具はどれもシンプルなものである。しかし，洗練されたものからそうでないものまで含めて，肯定的なコミュニケーションの使い方について知っている人があまりにも少ないことに，私はいつも戸惑わされる。

レベルⅡに働きかけるためのいくつかの原則
自分のオフィスを安全な場所にしておくこと
　私は，防衛的，拒否的，批判的，そして卑しいやりとりに対しては，はっきりと，しかし気持ちを込めて中断させ，介入する。「ここでタイムアウトをとって

いいかしら？　安全でないと感じることがあったら私は事前に止めると前に約束していましたね？」

スキルには練習とフィードバックが必要である

スキルは何度も練習が必要である。相手がカップルもしくは個人の場合であっても，新しいスキルについてただ話し合うことは十分ではない。「やってみましょう」「ここで実際に使ってみましょう。私が手伝いますから」。

ステップファミリーのメンバーはすでにぎこちなく，見失ったように感じている。そのため，私は具体的に肯定的なフィードバックを伝えながらいつもリードするようにしている。「あなたたち，それぞれすごくよくなってきていると思う。でもまだちゃんと聞いてもらえたとは感じていないのではないかしら？　そう思わない？」「ジョン，あなたはジェーンの言ったことについて少し分かってきたわね。彼女にはこのことについて，もう少しいろいろな気持ちがあったように思うの。その部分について，もう一度話してもらいたいかしら？」

カップルと同じように個人とも，対人関係スキルについて取り組むことは欠かせない

継母が私に「私は彼を助けようとしているのよ。でも彼はいつも防衛的になるのよ」と言っている。私は，「その会話はどう始まるのか，もう少し具体的に教えて」と尋ねると，彼女は「あなたの子どもたちはだらしがなくて，礼儀を教えないといけないと彼に言っているんです」と答えた。私は「あなたが彼にどれだけ聞いてもらいたいか，よく分かります。いい方法教えましょうか？」と返します。

対人関係スキルを学ぶことについてよく受ける反論

新しいスキルを学ぶためには多くの努力が必要で，その上，イライラしたり，難しいと思ったり，必要がないと感じる人もいる。ここにあげるのは，よく受ける反論とそれに対する私の返答である。

・「正直でいた方がいいのではないですか？」

はい，正直さは大切である。しかし，黙り続けることとそのまま言うという選択肢しかないというものではない。関係を悪くしたり，相手を不快にさせたりせ

ずに，つながりと優しさを持たせながら大変なことをいかに伝えるかがチャレンジである。
- 「でも本当のことなんです」

思いやりのない真実は武器にもなって，コミュニケーションとはいえない。
- 「なぜこんなに私が気を使わないといけないのか？ 自然ではないわ」

私たちは自然のままでいたいと思うし，近しい相手とはとくにそうである。私の初期の指導者であったゲシュタルト・セラピストの Sonia Nevis がよく「尖った肘は近い人ほど傷つける」と言っていた。気持ちが沈んでいる時に，何か優しい言葉をかけることは感情という筋肉を非常にたくさん使うことになるかもしれない。自然であるために失くしてしまうものを，親密になることで得られるようになる。
- 「私のパートナー（子ども／元配偶者）が過敏すぎるだけだ」

あなたにはパートナーや子ども，継子を傷つける意図はないだろう。しかし，批判的なコメントは多くの人にとって痛みを伴うものになってしまう。痛みの仕返しとして，多くの人はやり返したり，閉ざしたり，逃げてしまうことが多い。もし聞いてもらいたくて，理解してもらいたくて，そして自分のことを思ってもらいたいならば，あなたにとって最も大事なことはつらいことをいかに優しく言えるかである。

対人関係スキルを教えるための導入

これらは私がジョイニングを教えるときに使うものである。

- タイムアウト。ちょっと止めていいですか？
- 以前にも，このようなやりとりがありませんでしたか？ どうですか？ 違う展開になるように手伝いましょうか？
- 二人とも理解されたがっているように聞こえます。でも，どちらも聞いてもらえたと思えていないのではないですか？ どうですか？（今までこれに反論した人はいません！）ちょっとお手伝いしましょうか？
- 大事な話をしているように聞こえます。どうかしら？ もっとうまく話せるように手伝いましょうか？
- これまで話してきたように，家族の構造によってあなた方二人はいつも分断

されてしまうのです。ここでもまた起こっていると思います。感じますか，どうですか？　立場や意見が違ったとしても，お互いがつながっていると感じられるように，手助けになることを教えましょうか？　興味ありますか？

お気に入りの２つの道具：ジョイニングとソフト／ハード／ソフトのジョイニング

　カップル（や子ども）が聞いてもらえていない，理解してもらえていないと思うような反応である「でも，でも，でも」を止めて，心でミラーリングを行うことがジョイニングである。情緒的な関係の温度を私の好きな最適な温度に一度引き戻して，理解と思いやりのある流れに跳躍発進するのである。高い葛藤のある二人と一緒の時には，荒々しくなって混乱しないように，この技法をよく使っている。[1]

構造は単純に
　ジェーンとジョンは互いにののしり合っている。

二人に向けてセラピスト：一度，止めてもいいですか？　二人とも理解されたいと思っているように思うけれど，そうかしら？　そして二人とも聞いてもらえたと感じていないのではないですか？　手助けしましょうか？

二人に向けてセラピスト：ジョイニングと呼ばれているものを教えたいのです。とても単純なことよ。でも見た感じより，実際にはちょっと難しいかもしれません。私も手伝います。誰から始める？（ジョンが先に行う）

ジョンに向けてセラピスト：ジェーンに分かってもらいたいと思っていることを一文もしくは二文くらいで話してください。（ジョンが話し始める）（もしジョンが一文，二文以上になったら，私はタイムアウトのサインを出して，次のように言います。「もっと言いたいことがあるのは分かります。聞くことは食べることに似ています。あなたのパートナーも一度に少ししか飲み込めません。もし彼女に聞いてほしいと思うなら，あなたも短くしておかないといけません」。彼はもう一度試みます）。

ジェーンに向かってセラピスト：あなたが答える前に，一度，あなたには深呼吸してもらいたいです。そして，今一度，あなたの中のジョンを愛している部

分をあなたに感じてほしいのです。彼が言ったことであなたが理解できた部分について見つけられませんか？（ジェーンに「伝わった」とジョンがうなづくまで，このままでいます。必要があれば，次のように付け加えます。「あなたに同意してほしい訳ではありません。実際，あなたはまったく合意しなくてもいいのです！ 私はただ，あなたが理解できたことを彼に伝えてほしいのです」）。

ジェーンに向かってセラピスト：今度はあなたがジョンに一文か二文で話す番です（ジェーンはいくつかのことをジョンに話す）。

ジョンに戻して：ジョン，あなたの番よ。ジェーンに答える前に，一度深呼吸をしてください。ジェーンが言ったことで理解できた部分を教えてください（ジェーンがうなづくまで，このままでいる）。

構造を使ってゆっくりと進めなさい

動きを止めなさい。一つずつに時間をかけなさい。話し手が言ったことについて，聞き手が本当に「理解する」まで留まりなさい。必要があれば，説明したり，翻訳しなさい。「ジェーン，私が思うに，あなたは無視をされるとどんなふうに感じるかについて，ジョンに分かってほしいと言っているみたいですね。私は正しいかしら？ ジョン，ジェーンがどんな気持ちでいるか理解できるところをあなたの中に見つけられるかしら？」。

ジョイニングの力は非言語のレベルにもたくさん備わっている

言葉の詰め合わせだけを受け取ろうとするのではなく，言葉の振動の響きも受け取っているのである。私はよく「パートナーと一緒にチェロの音色を掴もうとしているようなもの」と言います。言葉で言えても，親密な関係でいるにはペースが早すぎることもあります。小さな非言語の手がかりに気をつけましょう。クライアントが緊張していたり，防衛的になっているときは，批判ではなく，労りを持って進めていきましょう（「これはあなたにとって，とても大変なことのようですね」）。

つながりの感覚を深める

もしこれがうまくいったならば，ゆっくりと進めることで，相手の経験を理解

することができるようになる。パートナーの両方が，聞いてもらえた，見てもらえたと感じるようになる。私は，だんだんリラックスして，開かれてくるという小さなサインを探し始める。ジョンは深呼吸をする。ジェーンの表情は柔らかくなる。肩の力も抜けてくる。お互いをしっかり見つめるようになる。これが定着してくると，このつながっているという感情を体にそして彼らの心に，よりしっかりと根付かせたいと思う。もう一度再現できるように，彼らのもっている力についての知識を強調しておきたい。

ジョンに向かってセラピスト：ジョン，あなたが愛している人たちの間で引き裂かれるようなつらい思いをしていることに，ジェーンが少しずつ分かり始めていることについて，あなたはどう感じているでしょうか？
ジョン：嬉しいです。
ジョンに向かってセラピスト；それをジェーンに伝えられますか？ 理解したということをジェーンが伝えてくれることで，あなたがどんな気持ちになるかを伝えてくれますか？
ジョン：理解してくれると寂しい気持ちにならないです！
（ジェーンとも同じようなやりとりをする）。
二人に向かってセラピスト：しばらくただ座って，この気持ちを味わってみるのはどうでしょう（数分してから，私が次のように言う）。あなたたちは気づいているかもしれませんが，この親密な感覚は，お互いの意見に合意したから起こるのではありません。この感覚は，ゆっくりとそしてお互いの思いをしっかりと聞いたからこそ起こったのです。

親と子どもの間の共感を深めるためにジョイニングを使う

　ジョイニングは，親が落ち着いて，子どもの経験を本当に理解していくのを助けるためのすばらしい構造である。私は父親に対して，「あなたが娘さんにもっといい気持ちになってほしいと思っているのは分かります。あなたが彼女を愛していることも分かります。しばらく時間をとって，彼女が今ちょうど言ったことについて，あなたが理解できたところを心の中で探していませんか？」と言います。特に子どもが小さい時には，子どもとの情動調律が増えるように集中する。親に共感することを子どもに，とりわけ小さい子どもに要求することは一般的に

は不適切である。

　もう少し大きい思春期や青年に対しては，子どもが親にしっかりと「分かってもらえた」と感じるまで，公平な片方のジョイニングから始める。子どもがきちんと分かってもらえたと感じてから，親に「息子／娘に分かってほしいことは1つか2つありますか」と尋ねます。そして，私は思春期の子どもや青年をまず落ち着かせて，親が伝えようとしたことについて「分かった」かどうかについて尋ね，この重要なスキルに取り組めるように助けます。

ソフト／ハード／ソフト
ソフト／ハード／ソフトを説明する

　「あなたたちにはお互いに，重要だけれど，言いにくいことがあるでしょう。多くの人は否定的なフィードバックを聞きたくないものです。ソフト／ハード／ソフトは，言いにくいことを優しく伝える方法です」。私はたいてい，「オレオクッキーの逆です。もしくはミルフィーユのような層になったケーキの逆です」と説明します。

- 最初はソフトに始めましょう。
- それから言いにくいハードなことを，柔らかいトーンのままで伝えましょう。
- そして，またソフトなことをつけ加えましょう

　ソフトなことを話すという行為自体が，その話し手を穏やかな気持ちにさせてくれる。そして思いやりを持つことができるようになる。直面化させることが苦手な人は，ソフト／ハード／ソフトによって言いにくいことでも安心して話題に出すことができるようになる。私のクライアントの多くも，自分一人でジョイニングを行うことができない。しかし，ソフト／ハード／ソフトに関しては簡単に習得して，家で実践している。

「ソフト」を実践する方法（私はたいてい2, 3の方法を伝える）
- あなたの愛情を表現する：「あなたのことを愛しているし，もっと親しくなりたい」
- 肯定的なフィードバックを与える：「子どもたちに自分のものをしまうよう

に，あなたは一生懸命教えているのね」。
- 共感する：「私の子どもたちが部屋を散らかして，あなたがどんなにイライラしているか私にも分かるわ」。
- 相手の肯定的思いを表現する：「孤独や寂しさを私が感じないようにと思ってくれているのね」。
- 自分の非を認める「片付けについて，子どもたちを少し甘やかしてしまった」。
- 自信を表現する：「私たちこれをうまく対処できると思う」。

チャレンジにはソフト／ハード／ソフトに対応する

次にあるように「ソフト」な言葉はゴシックで表記する。「ハード」な言葉はそのままで，その後に，ソフトな表現がくる。

- インサイダー／アウトサイダー（アウトサイダーの継母がインサイダーである父親に自分をもっと気にかけてほしいと訴える）：「**あなたが今週子どもたちに会えていないのは知っているわ**。でも子どもたちが来ると私は寂しい気持ちになるの。だから朝，起きる前に私を強く抱きしめてくれないかしら。**私はあなたを愛しているし，あなたもきっと私に寂しい思いをさせたくないと思っていると思うわ**」。悪い例：「私のことを全然大切にしてくれないじゃない」。
- 子ども（親が子どもに言葉で伝えるように頼む）：「**新しい家族になって本当にたくさんの変化がすごいスピードでやってきたと思う**。でも君は，怒らずに，自分の思いを言葉で伝えることが十分にできるくらい大きく成長していると思うよ。**私も聞いてあげていないことがある。私もこれから話を聞くように努力をするから**」。悪い例：「もう手に負えないよ」。
- 実親の子育て，継親の子育て（継父が実母に台所をもっときれいにしてほしいと要求する）：「**毎日皿を洗わなくても，君たちにとっては気にならないだろう**。でも，シンクに汚れた皿がいっぱいになっているのは僕には耐えられないんだ。**これについて一緒に考えないか？**」。悪い例：「君の子どもはだらしがない」。
- 子育て（母が新しいパートナーにもっと優しくしてほしいと要求する）：「**私たちはものを散らかしておくことに慣れてしまって，あなたにとってはつら**

いでしょう。でも頼みがあるの。そのことについてはもっと優しく言ってほしい。**私たちも努力するわ**」。悪い例：「なんでもっと落ち着いて，もっと柔軟になれないの？」。

- 文化的な違い（継母がお金に関する話を始める）：「**あなたが娘さんを愛していて，彼女のことを大切にしたいという気持ちも分かるわ**。でも実際，車の保険代については自分で払わせる方が，彼女にとってもいいように私は思うの。そのことについて話し合わない？　**あなたが今まではこうやって面倒を見てきたのも分かっているから，もしかしたらこれを考えるのもあなたにはつらいことかもしれない**」。悪い例：「自分の娘に責任を持たせないなんて，信じられない！」。

- 元配偶者（離婚した母が元夫の要求を断る）：「来週，バーモントにポリーを連れて行くのはとても楽しそうだと思うわ。でもその週は私と過ごす週だから，別の日程にしてほしいわ。**あなたも私があなたとの時間に彼女との計画を入れたら嫌でしょ**」。悪い例：「あなたってなんでいつも自己中心的でどうしようもないの？」。

その他のお気に入りの道具

覚醒レベルを意識しなさい

　素晴らしい研究者そしてカップルセラピストでもある John Gottman は，最適な覚醒状態に戻すための自己調節機能は最も重要な対人関係スキルであると述べている（2011）。自己調節機能を「失ったり」，停止させてしまったりした時に，多くの人はそれに気づかないことがある。Gottman は，セッションの中ですぐに脈拍の上昇についてのフィードバックが得られるように，指先につける酸素濃度計を使用している。心拍数が下がったりすることも計測している。私は第 2 章で紹介した生理的覚醒レベルの図だけを使っている。ペアレンティング・スタイルのチャートと一緒に，私のオフィスでは常に見えるようにしている。

- **場を止める。**

　激しさが増してきた（逆にまったくない）と感じた時：「あら。一度止めて，自分の状態をチェックしてみませんか？　あなたの覚醒レベルはどれくらいですか？」。私のクライアントは「ちょっと上がってきました」と答えます。

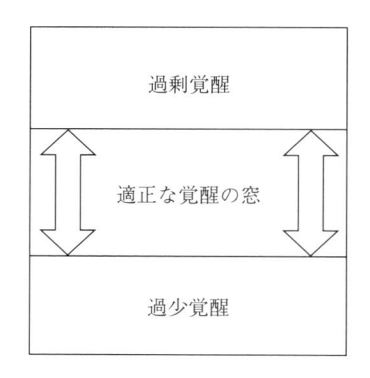

```
┌─────────────────────────┐
│        過剰覚醒          │
├─────────────────────────┤
│  ↕     適正な覚醒の窓  ↕  │
├─────────────────────────┤
│        過少覚醒          │
└─────────────────────────┘
```

図 15-1　生理的覚醒レベル（Pat Ogden の許可を得て使用）

- **サインに気づくよう助ける。**

「あなたの感情の温度が上がる時（あるいはまったく落ちてしまった時）はどんなサインがありますか？」「あなたの体でどんな変化が起きていますか？」（「あごに力が入る」「おなかが痛くなる」）「その時はどんなことを考えていますか？」（「またたよ！」）「すごい。そういうサインに気づけるようになって，タイムアウトという練習をしてみるのはどうでしょう。私も手伝うわ」。

- **気づきが少ない時**

「外から見ていて，感情の熱が上がってきた／下がってきたと思える時に私が教えるのはどうですか？　あなたも確認していただけます」。

批判しないで丁寧に頼む

攻撃すると反撃をくらう。批判よりも頼みごとの方がたいてい受け入れやすい。頼みごとは聞き入れられないこともある。しかし，聖人のような心ない批判はほとんどいつも相手を防衛的にさせる。要求することや頼みを伝えることができない家庭に育ったクライアントは，内的な作業なしにこれを行うのは難しいかもしれない。

批判	要求
あなたは私と一緒に過ごす時間がまったくないじゃない。	あなたと二人っきりになれる時間がほしい。
もう少し優しくなれないの。	子どもにもう少し優しい声で話してほしい。
あなたは子どもに何にも言わないじゃない。	ケティに食事の準備を手伝うように言ってくれたら嬉しいわ。

丁寧な頼み方：もし～してくれたら嬉しい

批判しないで頼むときにはいくつかの言い方がある。

　　もし～してくれたらすごく助かる。

　　～してくれないかしら？

「You メッセージ」ではなく「I メッセージ」

「I メッセージ」は「You メッセージ」に比べて，事を荒立てない。You メッセージは相手を決めつける（たとえば，自分勝手，思いやりがない，繊細すぎる）。I メッセージは自分の気持ちを伝える。気持ちとは，悲しい，怒り，嬉しさ，好き，きらい。I メッセージは必ずしも聞き入れてもらえないかもしれないが，その可能性を高めることができる。You メッセージは相手を防衛的にさせることがかなりある。

You メッセージ	I メッセージ
あなたは気にしないのね	私は寂しい
あなたの子どもはだらしない	部屋が散らかっていて，つらい
君は反応し過ぎだよ	私はびっくりしたわ

2つの輪

「2つの輪」は境界について学ぶ具体的な方法である。ねらいは，「相手の輪の中に入ること」ではなく，「自分の輪の中から話すこと」である。自分の輪の中から話そうと思うと，「I メッセージ」が必要になる。「You メッセージ」は相手の大事なスペースに入ることになる。

- 「2つの輪」を紹介する

「仮に私が大きな魔法のマーカーを持ったとする。ジェーンあなたの周りに大きな円を描きます。ジョンあなたにも。「Ｉメッセージ」はあなたの気持ちについての言葉です。これはあなたの輪の中から出てきます。「You メッセージ」は相手の輪の中に入ってしまいます」。

「あなたの輪の中から話した方が，相手が防衛的にならずに，あなたの言葉を受け取りやすくなります。絶対ではありません！　でも相手の輪の中に足を踏み込むと，たいてい確実に相手は防衛的になります。私は，あなたたちには自分の輪の中から話してほしいのです。私が助けますから」。

- もし一人が相手の輪の中に足を踏み入れたら，場を止めなさい

「ジョン，一度止めていいかしら？　あなたの聞いてもらいたい気持ちは分かるわ。ジェーンがすごく防衛的になっていることに気づいてるわね。あの輪について覚えているかしら？　あなたは今うっかりジェーンの輪に足を踏み込んでしまったわ。もう一度，試してみましょう。まずはここから言ってみて。『私がつらいのは……』」。

データと推測を区別する

「あなたは気にしないと思う」は感情ではない。これは相手の中で何が起きているかということについての推測である。推測は，相手の意図や考え，感情についての作り話である。データとは，クリップボードを抱えた火星人の人類学者が見て，聞くようなものである。

2つの違う意見があったときの比喩

ステップファミリーの構造によって，家族のメンバーがそれぞれ違う見方をすることがある。「二人とも，同じ部屋で座っています。仮に，サリー，あなたは窓の外を見ているとする。大きな枝が今にも折れそうで，あなたの車に落ちそうになっているのが見える。スティーブは私の後ろにある黄色のこの壁を見ているとする。折れそうになっている枝についてサリーは自分の不安な気持ちを表現する。スティーブ，あなたには黄色の壁しか見えない。だからあなたは問題はない！　と言うんだ。どちらが正しいかについて議論するのは簡単なことである。でも何が起こると思う？」

怒りについての表現の仕方

多くの人は怒りを表現するのに「本当に怒って」混乱を起こす。怒りには，私たちが嫌だと思うことや良いと思わないこと，そして互いの境界線がどこで引かれたかについて，多くの情報が入っている。この強力な力を持つ情報について，黙っていないで，きちんと話し合うことが重要である。しかし，怒りの気持ち**から話すと**，多くの人が耐えられない程の力が入ってしまう。私たちは怒り**の代わりに**，優しく，少なくとも冷静に話すことが必要である。私の同僚の Beverly Reifman は「怒りは，あなたが自分自身の声に耳を傾けることを知らせる情報である。怒りはだれか他の人に投げつけるものではない」と言っている。

怒りは一般的には，悲しみや痛みや熱望など，もっと脆弱なものを守るためにある。怒りの下にある熱望した思いに声を与えることは助けになるかもしれない。ジェーンは，ジョンが夕食の時に子どもと話していて，彼女を「無視した」と怒り狂っていた。「ジェーン，あなたは一人取り残されているように感じていたことをジョンにすごく分かってほしかったように聞こえるけれど，そうなのかしら？」。

ゴットマン101番

John Gottman は人生をかけて，長い間幸せで安定した「マスター」カップルと，不幸せで不倫や離婚をしているカップルを区別するための行動を特定した。彼の見出した結果は，はっきりした具体的なものであった。彼の書物は一般に公開されている（Gottman, 1994, 1999, 2006, 2011）[2]。私のクライアントやスーパーバイジーは，この指摘が大変有効だと感じている。多くが親子関係にも適応できるものである。

・5：1

最も幸福で長続きする関係では，肯定的な瞬間が否定的な瞬間を上回り，その割合は5：1である[3]。たとえば，ジョンは映画に行きたいと思っている。ジェーンは行きたくないと思っているが，彼女は優しく「それはすてきな考えね。でも別の日でもいいかしら？」と答えた。もし彼女が「今日は仕事しないといけないのよ」や「私がそんなことをしたいとどうして思うの？」と答えていたら，彼女は否定的な瞬間を作り出すことになっていただろう（追加情報：ジョイニングや

ソフト／ハード／ソフトのスキルによって，否定的なやりとりを肯定的なものに変えられる可能性がある）。

• 痛みが伴う行動を我慢しない

うまくいっているカップルは痛みが伴う行動をお互いに許さない。最初から悪い行動について我慢しないでいる方が，カップルもより幸せな関係でいられる。

• はじめは相手の心に届くソフトなことを言う

マスターカップルは，批判や侮辱的な言い方でつらいことを言い始めない。彼らは「ソフトな始まり」を使う（ソフト／ハード／ソフトの構造を使っている）。

• 反対したり，回避したりしないで，向き合う

Gottman は，パートナーに「向き合うこと」と，「回避すること（話を反らしたり，具体的すぎることに反応したり，要点を見失なったりすること）」「反対すること（「私がそんなことをどうしてしたいと思うの？」）の違いを見出した。ジェーンが夫の誘いを愛らしく断った上の例のように，私たちは向き合うことで親密さや健康を築くのである。

• 編集

幸福なカップルはすべての怒りや批判的な考えを共有しない。とりわけ気持ちに響く話をしている時にはそうである。「痛烈な一言がそれまでのたくさんの優しさのある肯定的な行動を打ち消してしまう」[4]。

• 出口

うまくいっているカップルは，コントロールがきかなくなる前に，議論を終わらせる。「一回，休憩して，また後で話そう」。

• 修復

マスターカップルも痛い瞬間と修復を繰り返す（「おっと，ちょっと言い過ぎた」）。

• 早くに助けを得ること

多くのカップルが助けを必要としてから，もうすでに遅すぎることもあるが，少なくとも 6 年を待つ。早くに助けを得た方がより良い結果が得られる。

•「4 人の騎手の黙示録」

「否定的なことは，それを改善するスキルをカップルが身につけない限り，時間が過ぎると増えていくものである」(Markman, et al., 2010, p.290)。Gottman は，離婚する可能性が高い 4 つの行動を特定した。彼はそれを「4 人の騎手の黙示録:

批判，罵り（関係性への「硫黄酸」），防衛，妨害」と呼んだ（Gotman, 1999）。

結　論

　「コミュニケーションは……，強いステップファミリーを築き，維持するためには欠かせないものである」と Tamara Afifi は述べている（2008, p.304）。良好な対人関係スキルが，うまくいっているステップファミリーと苦しんでいるステップファミリーを区別する。このレベルでは，関係性を蝕む否定的なコミュニケーションパターンを，つながりや親密さを築く肯定的なパターンに変換することが目的である。

第16章

レベルⅢ：
個人の心理的治療のための道具箱

　この章では，いつ，そしてどのようにして心理的治療に取りかかるかについて取り上げる。いくつかのセラピーのアプローチや，より良い機関を紹介することについての提案，カップルでの治療における個人精神療法を行う上での問題について簡単に議論する。ペーパーナウの感情の打撲傷理論を再度，紹介するところから始めよう。もしあなたが自分の健康な腕を打ったとしたら，それは痛いことでしょう！　そして，もしそこにもともと傷があったら，その痛みはまったく違うものになることでしょう。そしてその傷がとても深いものであったなら，そこを触るだけでもがき苦しむかもしれない。

　若い頃の家族との生活で受けた未だに癒されていない傷を抱えている人は多い。私たちの脳は，このような経験を意識の外に押し込むように設計されている。昔の傷に触れて，内的なドアが勝手に開いてしまうような出来事が今，急に起こらない限り，これはうまくいく。親密な関係が安全な場所で，聖域であることを誰もが望んでいる。でも，うまくいっている人もがっかりしたり，誤解が生じたり，傷つき合ったりすることがある。良い関係とは，このような状態が起こっても，その後で回復そして修復する力があるかどうかである。ステップファミリーのチャレンジが深い古傷に当たってしまった時に，その痛みによって，優しさや展望，そして賢い問題解決というものを見失ってしまうことがある。まずは最初の２つのレベルへの働きかけが役に立つだろう。しかし，心理教育も対人関係スキルだけでは難しく，再び開いてしまった傷を癒す作業に取り組むことが求められることもよくある。[1]

レベルⅢに進めという信号：「くり返し，くり返し」の感じ

　情報やスキルを身につけているにもかかわらず，そのシステムが変化しない時，その時こそ，焦点を外の現実的な出来事（パートナーや子ども，元配偶者の行動）から，その人の内的な世界の探求に変えていく時である。より深いレベルにシフトする時には，Dick Schwartz が名付けた，内への「Uターン」が必要になる（Schwartz, 1995, 2001, 2008）。心理的治療にシフトする合図は，「ぐるぐる」とした感じで，「これはもう何度も話し合ってきた」という感覚である。ここでいくつか例を紹介する。

・**情報が入らない時**
　第4章のように，ジョディ・ジェイキンズとデュエイン・キングはジョディの娘ジェンナの喪失感について学んだ。彼らは「だから彼女は大変な時期を送っていたのね！」と答えた。一方で，第11章の高齢の再婚カップルのレン・パウルは，彼の青年期になる娘がなぜ彼のために喜んでくれないのかについて，私の丁寧な説明を受け入れたように見えた。しかし，彼は次のセッションでまたもや「どうして彼女は僕のために喜んでくれないんだ」と尋ねた。

・**情報がきっかけになる時**
　ジョディとデュエインは簡単に助言を取り入れて，一対一の時間を新しい家族の皆の間で増やして，幸せに船を岩場から抜け出し，清い水の方に舵を取って進んだ。同じ情報が，未亡人のコニー・チェンにとってはひどく落胆させるものになった。「私がそうしたいと思うはずがないでしょう」。コニーは自分がアウトサイダーのポジションでいることが許せなかった。しかし，彼女の長い間封印されてきた子ども時代の見捨てられた経験を少しずつ癒すことで，かなり落ち着いてそして優しい気持ちでこのチャレンジに向き合えるようになっていった。

・**スキルでは役に立たない時：「頭では分かるけど……」**
　第7章では，エリック・エメリーは，彼の元妻のボニーとうまく関わるには，冷静で分かりやすく簡潔に話すことが必要だとよく理解していた。それでも，ボニーとの数分の関わりで，エリックは怒りの洪水によって彼の素晴らしい対人関係のスキルは消えてしまうのである。
　「その時は中で何が起こっているのでしょうか？」という質問によって，アルコール依存症で不適切な養育をしていた母親との生活によるトラウマがあること

をついに知ったのである。エリックが彼の中の根深い痛みを修復していく中で，彼は自分がボニーの失敗に対してあまり反応しなくなり，よりうまく対処できるようになっていることに気づいた。

- **感情的な覚醒が高すぎる，もしくは低すぎる時**

第5章では，妻を失くしたバート・シジンスキーが息子であるブランドンの悲しみを癒そうと熱心に関わっていた。しかし，息子の悲しみの前で，バートは自分が反射的に心を閉ざしていることに気づいた。このパターンを変えるために，彼の幼少期の苦悩を思い出し，積極的に取り組むことが必要であった。

基盤を作る

- **「その時，中で何が起こっていますか？」からまずはすぐに始める**

ステップファミリーの話には，がっかりさせるようなことをする人がたくさんいる。チャレンジは現実なもので，いろいろと呼び起こすかもしれない。これらすべてに敬意を払うことは大切である。外的な出来事が内的なプロセスに作用して，次に起こることの大事な役割を果たしうることに気づいておくことは重要である。この最初の基盤作りとして，私は最初に質問から始める。

あなたのパートナーが完全に彼の息子に夢中になっている時

継子が挨拶しない時

あなたの夫が彼の子どもたちに対してきちんとしつけをしていないと感じる時
……その時にあなたの中で何が起きていますか。

- **最初のうちは，感情に共感する。その後に心理教育やスキル作りに移る**

最初は，思いやりのあるつながりがチャレンジをノーマライズし，最初の2つのレベルの取り組みのサポートになる。「自分の家でいつも取り残されているように感じるのはとてもつらいことだよね。身動きのとれないインサイダー——これはあなたの妻ね——そして身動きがとれないアウトサイダー——これはあなただけど，その二人がステップファミリーにはいるものなのよ。そう思わない」。もしくは「かなりショックを受けたかしら，どうかしら。——たくさんのことにたくさんの違いがありすぎて，二人とも「役立たず」と思ったのではないかしら？　まず，ここで深呼吸してみましょう。ジェーンが言ったことについて受け入れることができるか，そしてあなたが聞いたことを伝え返してみましょう」。

部分という言葉を使用する

「あなたの中で今，閉じてしまった部分があるように見えます。そのことに気づいていますか」。部分という言葉は，「批判的な」部分（もしくは不満を言っている部分，怒っている部分）がその人全体の一部であることを気づかせてくれる。また部分という言葉は，「批判的になること」もしくは「怒ること」に対する恥ずかしい思いを軽くし，今，何が起きているかについて関心を持ち続けることができる。保護的な部分も重要な大波乱を起こすことがある。最もみっともないようなやりとりであっても，それは助けになろうとしてやっていることであることを忘れてはいけない。安心や安らぎを提供する大人がいない状態で，安全でなかった時に，彼らは極端な役割を取っていた。部分という言葉によって，システムの中でもともとその人がどんな役割を担ってきたのかを知ることができるようになる。[2]

経過を順に追っていくと，保護的な部分と必死で守ろうとするより脆弱な部分の関係について分かるようになってくる。「ジョンのテンションが低くなると，あなたの中で何が起こるのでしょうか」。ジェーンは「傷つく」と言った。「そして自分にどんなことを言うのですか」と私は尋ねた。ジェーンは「多分，「彼は愛していないのよ」と言います」「それで？」。ジェーンは「それで，すごく怖くなります」「あなたの中にはすごく怖いと思っている部分がいるのね。それでどうするの？」と私が言うと，彼女は「何も感じなくなります」と答えた。「そうすると，怖い気持ちの前に無感覚が出てくるのね。そしてそれに入れ替わるのかしら？　そうなるとどうなるの？」「私は引っ込んで，彼は怒りだすわ」。

この情緒的な関係のダンスを辿っていくと，身動きが取れなくなる対人関係のパターンについて見えてくる。一人以上の人と一緒に座っている時に，今度は相手を変えて，追跡を続けていく。「あなたはジェーンの何も感じなくなる部分に気づいていますか？　ジェーンのその部分が現れるとあなたの中ではどんなことが起こりますか？」。第11章では，レン・パウルの説明したがる部分と，彼の娘のリンジーのハンマーの部分についての繰り返されるサイクルについて見てきた。レンは，個人療法の中で，説明してしまう自分の部分を保護的な役割から解放することができるようになっていった。そのことによって，自分の弱さに耐える力が増していき，娘に対してもより共感的に聞くことができるようになっていった。リンジーも心理的治療に取りかかった。しかし，父親が聞いてくれるようになったと感じてから，父親に届かせるための「ハンマー」も弱まっていった。[3]

「Uターン」に移る

- **はじめに，そして必ず，チャレンジによってもたらされる強い感情は当然なものであると伝える**

身動きの取れないアウトサイダーに対して：「この身動きの取れないアウトサイダーの立場を好む人は誰もいない。すぐ近くにいるのに，毎回毎回，一人取り残されるのは，誰にとってもつらいことでしょう」。

しつけ役を担わされている継親には：「きちんとさせたいと思って，しつけをするのは当然なことです。家族において，確かにそれは大人の役目でもあります！ しつけの役から離れることはどんな継親にとってもとても大変なことです。間違っていると感じることがたくさんある場合には特にそうです」。

親に対して：「元配偶者があなたの娘に，あなたのことをひどく，しかも真実でないことまで言っているというのを聞くのは，どんな親にとっても非常に苦しいものでしょう」。

- **そして……**

「そして，それがあなたをイライラさせていますか？」

「そして，元夫の行動のせいで，あなたの頭の配線が切れてしまって，あなたの賢い頭は完全に作動しなくなってしまったように感じるのだけれど」。

- **内面に注目するようにする**

「ペーパーナウの感情の打撲傷理論（274ページ参照）」を共有して，コントロールしにくくて，すぐに反応してしまうような強い感情から恥ずかしさを取り除きましょう。そして，「あなたを傷つけていることを癒せたらどうなるでしょう」「あなたが最も賢いあなたとしてパートナーや子どもと向き合えたらどんな感じでしょう」。

気づきを与えるだけで十分なこともある

傷が深くない時には，ステップファミリーの問題によって疼く過去の傷を認識するだけで反応を抑えることができるようになる。気づきに導くような招待状として，「あなたが育った家族では誰がインサイダーで，誰がアウトサイダーでしたか？」「あなたが育った家族ではどんな子育てがなされていましたか？」「あなたが育った家族では，違う意見についてどのように対処していましたか？」

クライアントが古くなってきた傷と次第に関わるようになると，「それが難し

いのも無理もない！　あなたには２つもの不運が重なっていたんだから！　少しの間だけでも，あなたのお父さんとのつらい経験と，あなたの夫との今この瞬間の間にスペースが作れないかしら。その２つはどんなふうに似ているかしら？そしてどんなところが違っていると思う？」

ジョディ・ジェイキンズとデュエイン・キングは，子育ての違いについての過去のルーツを見返すだけで，彼らの間の行き詰まり感を解消することができた。コニー・チェンとバート・シジンスキーにとっては，これでは十分ではなかっただろう。

気づきだけでは十分でない時

古い傷がとても深くて，それがステップファミリーのチャンレンジによって叩かれてしまうような部分にある時，毒々しい感情と信念の洪水によって圧倒されてしまうかもしれない。このようなケースでは，トラウマ治療の訓練を受けた臨床家が必要となる。トラウマ治療についての訓練を受けている人は，より深いトラウマ治療に導くための文言を紹介する。「彼女が〜の時の，彼女の中にある感情について注目してみよう」「自分の体の中で感覚が麻痺してしまうような部分を見つけられますか？　一緒にそこを探していましょう」「もし体の感覚がそれほど早く麻痺しなかったとしたら，どんな感じを抱いていたでしょうか？」

もしトラウマ治療の訓練を受けていないとしたら，上記のような手順を踏んで，リファーする勇気を持ちましょう。次のような情報をもとに，いいセラピストを探しましょう。：効果的なトラウマ治療は，トラウマがある脳の部分に安全に向き合い，脳の中の調整機能とつながりを築いていくものである。この治療技法に基づく理論は次の通りである。：内的家族システム論（Schwartz, 1995, 2001）；Diana Fosha の AEDP（Accelerated Experiential Dynamic Psychotherapy）（Fosha, 2000）；センサリモーター・セラピー（Ogden, Minton, & Pain, 2006）；EMDR（眼球運動による脱感作と再処理法）（Shapiro, 2001）；トラウマ焦点化催眠法；Sue Johnson による感情焦点化カップルセラピー（Johnson, 2004）これらはすべてホームページがあり，認定されたセラピストが紹介されている。

訓練，忍耐，そして維持すること

このような癒しの旅にでかける招待状を熱い気持ちで受け入れる人もいる。し

かし，この本を通して見てきたように，長い間封印されていた痛みに近づく旅は最初の招待では拒絶されることも多い。そのため，私は内面に向き合ったり，他の紹介先を提案する前に，Uターンを何度も繰り返す段階を受け入れられる。「もう過去のことはうんざりだ」「これは過去には関係ない」。これらの言葉にセラピストはとてもストレスを感じるかもしれない。頼れる大人がいなくて，痛みを癒してもらったことのない子どもにとって，痛みを取り除く方法として役に立たなくてもヒステリーを起こすことが望ましいものとして学習されてしまっていることを知っておくことが大切である。「自分で抱え込むこと」で生き耐えてきた大人にとっては，深い悲しみや本当の恐怖心，そして強い羞恥心やものすごい寂しさに立ち返ることはいい考えには見えないだろう。

難しくても続けていくこと

　我慢することや維持することができるようになってきたら，この治療によって力を持ち始め，深く動き出していることになる。もしそうでないとしたら，心が砕けるような悲しい思いをすることになるだろう。「そこには行きたくない」という人もいるだろう。夫に対して罵ることが止められなかった第13章で取り上げたジェットコースター型の継母もこの例に当てはまるだろう。このようなケースが私にとって，最も難しく自分の欠点を認識する時である。セラピストとして，このような状態にある時に，難しいクライアントとやっていくために，同僚からの労りやサポートが必要になる。

カップルセラピーの中で個人セラピーを実施する

　カップルセラピーでは，相手がいる前で個人の治療も行っている。始めに，もしこれが安全でない場合には，私はトラウマについての訓練を受けた仲間に紹介したり，カップルとのセッションとは別に個人セッションを混ぜ込んだりする。感情が穏やかになってきたら，個人との治療をカップルのセッションで行うことができるようになるだろう。もし反応が極端に強い状態，もしくは低すぎる状態にある時には，カップルでの作業は治療的でないと考えている。この場合，カップルでの作業を取り組む前に，個人のセラピーを行うことは重要である。

カップルセラピーで，個人の心理的治療を行うためのガイドライン

私はクライアントに「パートナーの前で個人のセラピーを行うことは，感動的で，意味深く，大変貴重なものになるかもしれない。そして同時に，究極に無防備な状態にもなりうる。お互いにとって，安全なものであるかを確かめなければならない」。これらは私がガイドラインとして使っているものである。

- 治療の前に：聞き手がどれだけ心を開いているかをしっかりと確認しなさい。聞くことが今はまだできないと感じたら，そのことを言葉にするよう支えなさい。同じように，治療に取り組む人は，安心感についてどんな心配でもきちんと認識して言葉にするように促す。
- 治療中：もし聞いている人が，何かを刺激されたり，閉ざしてしまいそうになった時などには，この作業を止めて手を振るように指示している。聞き手が圧倒されていないか，感情が揺さぶられていないか非言語的な手がかりを何度も確認する。
- 治療の外で：傷つきやすい素材をオフィスの外で取り扱うためにはルールを設けておくことが欠かせない。私のルールは，自分の内的な問題について話すかどうかはその人次第である。パートナーが相手に対して「あなたの中の見捨てられた女の子がこの茶番を起こしている」というのは「**立ち入り禁止区域**」に侵入するようなもので，絶対にしてはいけない。ルールは，もしあなたのパートナーにがっかりしたならば，自分の体験について伝えてもよい（たとえば，「この会話で私はつらい気持ちになる」「私は圧倒されている」）。頼みごとをしてもよい（「一度深呼吸をして，もう一度冷静に考えてみないか」）。相手の内的な世界について話してはいけない。

加えて，さらに役立ちそうなこと

- **個人の治療をカップルの関係に戻すこと**

聞き手に尋ねる：「聞いていてどんな感じがしましたか？」「ジョン，愛している二人の間で身動きがとれなくなっているジェーンの経験についてどんなことが分かりましたか？　教えてもらえますか？」「ジェーン，ジョンに分かってもらえてどんな気持ちがしますか？　彼に向かって伝えてもらえますか？」

- **弾丸をつかめ**

　前もって予防をしたにもかかわらず，パートナーの深刻な治療について，相手がそっけなく，もしくは敵意的に答えてしまうことがある。

　これが起きた時のことを Sue Johnson は「弾丸をつかめ」と呼んでいる（2004）。「ジョン，これを聞いているのはつらいでしょう。ジェーンにとってあなたが，彼女の批判的で拒絶的な父親のように見えるということは。彼女にそう思われることが，どんなにあなたにとってつらいことか分かるように短く説明してくれますか？」

- **公平性について**

　個人の治療と，カップル，家族との治療を組み合わせることについて厳格なルールを持っている臨床家もいる。特に問題が3つのレベルにまたがっている時，私は個人セラピーとカップルセラピーの組み合わせがとても効果的に強い威力を持つと考えている。一人の人との関係によって，セラピストが他の家族員に対して「偏見」を持ってしまうことがよく懸念される。臨床家の誰もが，自分自身の価値観やスキルそして訓練について，整えた状態にしておくよう取り組まなければならない。私は，自分がシステムの中のどの人にも思いやりの気持ちをきちんと維持している限り，個人の治療はカップルセラピーにおいても大きな影響力をもたらし，クライアントの多くが古傷を乗り越えて行けるようになると考えている。私には，トラウマ治療を毎週個人で行いながら，隔週でカップルには会い，そして時にはもう一方の相手とだけ会う機会も作りながら治療を進めているケースがいくつかある。

- **秘密の取り扱い**

　カップルの中の個人と会う時には，秘密が問題になることもある。多くのカップルセラピストはパートナーの間で秘密にしておくことに拒否的である。私は，これについては，Janis Abrahms Spring のルールを採用している。私のカップルに対する表向きの契約は，共有したくないことについては相手には一切漏らさないというものである。もし，ある人が秘密を抱えているとしたら，打ち明けることのメリットとデメリットについて一緒に考えてみる。私はその人に，混乱をもたらす可能性がある秘密をどのようにして思いやりと優しさを込めて伝えられるかについて指導する。Spring は，すべてを話すように強要すると，批判的な情報を私たちにも隠してしまうようになる傾向があると注意している。私は背中

に自分の片手を抑えられた状態で仕事するよりも，複雑な境界線を維持したままでいることの方が良いこともある。

子どもの前で親の心理的内界の治療をするのは適切ではない

　こどものニーズに応えるためにも，親の心理的内界の治療が重要であることがある。子どもが望めば，**子どもの心理的内界の治療を親が**見て，サポートすることは適切かもしれない。しかし，その逆は適切ではない。

ステップファミリーになることは ある出来事ではなく, プロセスである

Becoming a Stepfamily Is a Process, Not an Event

　ステップファミリーになることはある過程であり，一時の出来事ではない。数日，あるいは数カ月ではなく，何年もかけていくものである。私たちは，このプロセスについて，そして何がステップファミリーを成功に導くのかを多くのことを学んできた。この本は，その知識を実際に使って力を発揮してくれることを目的としている。

第17章

これまでステップファミリーのメンバーと取り組んできたこと

まとめ

　セラピストも臨床家でない人であっても，ステップファミリーのメンバーと関わる頻度や関わってきた経験数，そして彼らの問題の大きさにも違いが見られる。心理教育が主要な目的であるならば，数回の面接で，特定のチャレンジについてノーマライズして，重要な手法を提供することができるだろう。これらの中には，後になって他のステップファミリーの問題について助けを求めに来たり，他のレベルの支援を求めに来たりすることがある。関係を取り扱う長期の支援は，大概チャレンジを変えながら，3つのレベルの間をジグザグに進んでいく。
　私は，多くのステップファミリーのクライアントとは周期的に会い続けている。最初は，今問題となっている特定の問題について集中的に取り組むかもしれないが，そのうちに安定した時期が来て，しばらく中断する。何カ月もしくは何年か経ってから，新しい問題が起きたり，発達的な状況が進んで昔の問題が再び表に現れたりして，そのために再会してまた始めることもある。それぞれのサイクルは，数セッションの時もあれば，数カ月，時には数年かけることもある。家族のメンバーもさまざまな組み合わせで取り組むことがある。まれに，とても深い精神治療であっても数回の集中的な面接だけで終わることもある。しかし，トラウマの問題や他の臨床的な問題が根底にあって葛藤が高い場合には，定期的で，安心と信頼が置ける治療的な関係が重要である。
　繰り返しになるが，ステップファミリーの全員と会うことは，建設的というよりは，たいてい破壊的になることが多い。これはセラピストだけでなく，スクールカウンセラーや行政，宗教的指導者，判事，調停官，離婚後の子育てコーディネー

ター，看護師，医師にとっても同じである。ある関係では感情的な反応を静めてくれたものが，他の人の感情的な熱を上げてしまうことがある。そのため，ステップファミリーの中のサブシステムごとに会ったり，個人的に順番に会ったりすることによって，継親子関係にダメージを与えずに，継親が自分の感情を表すことができるようになる。ステップカップルと元配偶者が，互いの葛藤を子どもに見せずに，お互いの違いについて話し合うことができる。また，継親を守ったり弁護したりせずに，子どもの悲しい気持ちにも親が十分な関心を向けられるようにすることができる。その逆もまた同じである。

　私は，特に一人以上の人と会う時には，私に何を手伝ってほしいかについて一人ひとりに尋ねるようにしている。私は，「ここで起きてほし**ない**ようなことは何かありますか？」ということも尋ねる。もしステップカップルが圧倒されているようならば，私はたいていインサイダー／アウトサイダーのチャレンジから始めて，そして／もしくはジョイニングを使って，彼らが落ち着いて互いがつながれるように支援する。

　複雑さを理解するために，私はすべてのクライアントと最初の出会いの時にジェノグラムを書き始める。この本に紹介したジェノグラムは，それぞれの家族の特徴を捉えやすくするためにあえて単純にしている。私の患者のファイルに保管してあるジェノグラムにはもっと詳細な情報が書き込まれている。私のクライアントに関して，彼らの人生における大事な人との関係についての重要な情報が書き込まれている。クライアントのファイルの中表紙に留めてあり，いつでも私が確認できるようになっている。新しい情報があれば常に書き加えている。

　支援に従事する専門家は，最初は「完全な生育史」を聞くように訓練を受ける。しかし，ステップファミリーのメンバーは差し迫って助けを求めている。どんな治療関係でも最初に重要なこととして，孤独感を取り除くことである。最初の1，2回のセッションをかけて，完全な生育史を把握しようとすることは，このどちらのニーズにも見合わない。文脈や歴史は重要といわれている。しかし，原家族のことや拡大家族の関係，そして社会的文脈，多世代から受け継いできたことを知ることで，現在の困っている問題についてよく知ることができるかもしれない。私も長期的に関わっているケースでは，家族全体の歴史を集めていく。それでも時間をかけて進めていく。

　どのくらい背景の情報を集めるかについては，自分の役割と関わり度合いに

よって異なる。私の「骨となる基本的な質問」は，あなたのステップファミリーには誰がいますか？　一緒になってどれくらいですか？　どの子どもが同居，もしくは別居していますか？　他の質問については経過の中で確認していく（第3章から第7章の最善策の章で，それぞれのチャレンジに焦点をあてたアセスメントのための質問を紹介している）。

　経過の中で，大人の原家族にまで広げていく。何人きょうだいですか？　あなたは何人目ですか？　あなたのきょうだいは今は何をしていますか？　アルコール依存症や薬物依存症，収監されているきょうだいがいれば，家族のトラウマの歴史が関わっているかもしれない。もし他のきょうだいが医師や弁護士であるならば，達成しなればならないというプレッシャーを与えないようにする。そして，私は今，取り組んでいるチャレンジに関わる質問をする。あなたの家族でインサイダー／アウトサイダーは誰ですか？　あなたの家族での子育てはどのようなものでしたか？　あなたの家族は違いについてどのように扱っていましたか？

　それから，私はスキルや心の傷になっていることについての質問も行う。もし子どもとして悲しい気持ちでいたら，あなたはどんなことをしますか？　両親が互いについて不満を抱えると，どうなりますか？　もの凄く批判的で不幸な，もしくは虐待的な家族で育つと，破壊的な行動も「普通」の行動に思えてしまうこともある。逆に，ちょっとした対立も，危険な信号と読み取って，システムを守ろうとしてやたら攻撃的になることもある。身動きの取れないアウトサイダーである継母の弟は家族のお気に入りであったとか，敵意的で怖い兄がいるなどと，ジェノグラムにメモを残しておくかもしれない。もし強い反応が収まらなければ，どこを見直すべきか，その手がかりが記録してある。

第18章

結　　論

　当然のこととして，いい人生やいいセラピーには単純な公式はない。ステップファミリーの関係性の力動は，複雑な要素が掛け合わさっている。専門家もしくはステップファミリーを支援している場合に，この本によって，インサイダーとアウトサイダーの両者，そして子どもについてのもめ事やその大人への影響，実親と継親，意見の違いにおける両者の立場，そして元配偶者である両者に対して，共感的に関わることができるようにサポートできることが私の願いである。どんな役割であろうと，ここで学んだことが，相互理解とつながりを築く可能性の扉を開かせる助けになることを願っている。この本で登場した臨床ケースによって，治療する上での人間のキャパシティに対する理解が深まったことを期待する。

　すべてのステップファミリーが，複雑な関係の組み合わせと，それぞれの独自の強さと弱さを兼ね備えている。私は，ステップファミリーの個別性とよく見られるパターンの両方を捉えようと試みた。そして，ステップファミリーに内在するチャレンジの難しさを伝えようとしてきた。また，彼らに会うことによる肯定的な未来図も提供してきたつもりである。ステップファミリーの構造によって，「交じり合う」という残酷な幻想をつくり出すかもしれないが，ステップファミリーはこのチャレンジに対して忍耐強く，時間をかけて，互いを理解しあうことで，乗り越えていくことができ，そして彼らは互いを育てあう幸福な関係を築けることを，今では十二分に理解したことであろう。

注

第1章 ステップファミリーのためのチャート
1 *Stepfamily Therapy*（Browning & Artfelt, 2012）.
2 Coleman, Ganong, and Fine, 2000
3 "Stepfamilies : An 'Ostrich' Concept in Nursing Education" は看護師のためのトレーニング不足についての適切なタイトルである（Everett, 1995）。
4 効果的な対人関係スキルがステップファミリーをうまくやるカギである（Afifi, 2008 ; Amato, 1994 ; Braithwaite, McBride, & Schrodt, 2003 ; Coleman, et al., 2001 ; Golish, 2003 ; Schrodt, 2006a ; Stanley, Markman, & Whitton, 2002 ; Whitton, Nicholson, & Markman, 2008）。

第2章 ステップファミリーはどこが違うのだろうか？
1 The central role of secure attachment in children's wellbeing : Siegel（2012）, Siegel and Hartzell（2003）. See also : Hughes（2006, 2009）, Sroufe, Egeland, Carlson, and Collins（2005）.
2 Behaviors that predict marital satisfaction : Gottman（2011）, Markman, Rhoades, Stanley, and Ragan（2010）, Stanley, Markman, and Whitton（2002）.
3 Ganong and Coleman's Comprehensive review of the step literature identified up to 13 different stepfamily typologies（2004）.
4 Rising divorce rate in older Americans : Brown and Lin（2012）, Ganong（2008）.
5 野沢慎司の日本のステップファミリー（2008）とフランスにおける Mignot（2008）を含むわずかな異文化リサーチがある。
6 Hughes（2006）の映像と Becker-Weidman と養子とその親との間での苦労しながら形成される愛着についての Shell（2008）の論文。ウェブでは養子をむかえた親のリソースの豊かさについてみることができる。http://www.danielhughes.org, http://www.center4familydevelop.com, http://www.dyadicdevelopmental-psychotherapy.org.
7 この言語は，Tamara Golish（2003）から借用。

第4章 第2のチャレンジ：子どもたちは喪失と忠誠葛藤，過多な変化と格闘している
1 Claire Cartwright と彼女の同僚たちの研究によって，継子たちの経験が世の中に公表された（2003, 2005a, 2005b, 2006, 2008），Kinniburgh-White, Cartwright, and Seymour（2010）。

2　研究では，ステップファミリーにおいて母親と思春期の子どもの間の意思の疎通は減少する一方で，母子間の言い争いの増加を経験していることが明らかになった（Demo & Acock, 1996）。

3　親子関係は激しく変化する。たとえば，ある 12 歳の子どもは継父がやってきた時，彼女が実母と「うまくやっていた」時間が，「約 4 分の 3，もしくはほとんど全部の時間」から「約 4 分の 1 の時間」に急に減ったことを報告している。

4　継母を持つ子どもたちは，特に忠誠葛藤を強く抱いているようだ（Hetherington & Stanley-Hagan, 1994）。年齢が低い子どもたちよりも高い子どもたちの方がより強い忠誠葛藤をもつ（Ganong, Coleman, Fine, & Martin, 1999）。

5　あらゆる年齢の継子が抱える忠誠葛藤については，Lutz（1983）に始まり，30 年にわたって議論されている（Afifi, 2003 ; Amato & Afifi, 2006 ; Braithwaite, Toller, Daas, Durham & Jones, 2008 ; Ganong & Coleman, 1994 ; Papernow, 1993, 2002, 2008）。

6　「神経生物学からの知見」については，私の同僚である Mona Fishbane（2008）を参考にしている。

7　Siegel 著「The Whole Brain Child」は脳の情報に基づく子育てについての実践的なガイドである（Siegel & Brayson, 2011）。子どもの幸福につながる安定したアタッチメントの中心的な役割について，より情報を得るためには，Hughes（2007），Siegel（2012），Siegel と Hartzell（2003）and Sroufe, Egeland, Carlson と Collins（2005）を参照。

8　膨大で多様な国家的なデータからの調査結果によって，母親や継父，非同居の実父と親しい継子は最も良い結果を享受するという安定したアタッチメントについて報告されている。彼らの生活の中でどんな大人（母親や継父，非同居の実父）とも親しくない継子は最もリスクが高い（King, 2006）。ステップファミリーのメンバーがより一貫した家族生活を送っていると感じれば，親子がより良く調和することが子どもたちのより望ましい適応につながりやすいという研究結果が報告されている（Fine, Coleman, & Ganong, 1998）。

9　継子は，初婚家族の子どもたちよりも少しだけ芳しくない結果になっている（Amato, 1994 ; Ganong & Coleman, 2004 ; Jeynes, 2007 ; Stewart, 2007 ; Van Eeden-Moorefield & Pasley, 2012）。数字には有意だが，分散は小さい。

10　61 の研究にメタ分析を行った別の研究では，大部分の継子の得点は正常な適応範囲に収まっている（Jeynes, 2007）。加えて，縦断研究によると，75 〜 80％の継子が多くの結果判定に関して，初婚家族の子どもと同じようにうまくやっていることが見出されている（Hetherington & Kelly, 2002）。

11　思春期の子どもの「スリーパー効果」については，他に次の研究がある。Hetherington, 1993, 1999 ; Hetherington, et al., 1998 ; Hetherington & Kelly, 2002。

12　男の子たちは始めのうち攻撃的で従順ではない。しかし，母親が彼らが 8 歳になる前に再婚すると，温かくて支持的な継父がいる男の子たちは 2 年以内に回復し，最終的には初婚家族の男の子たちと差が見られない（Hetherington, 1993）。

13　長期にわたる研究結果によると，実際には，初婚家族の女の子よりもシングル・マザー

をもつ女の子のほうが，より成熟しており情緒的にも健康であることが分かっている（Hetherington, 1993）。
14 ステップファミリーに適応するためには時間が必要である（Cherlin & Furstenburg, 1994；Hetherington & Jodl, 1994；Ihinger-Tallman & Pasley, 1997；Papernow, 1993）。
15 研究によると初期の頃が最も大変である（Bray, 1999a；Bray & Kelly, 1998；Cherlin & Furstenberg, 1994；Hetherington, et al., 1999；Hetherington & Jodl, 1994；Papernow, 1984, 1988, 1993）。
16 安定した数年の期間を過ぎると，ステップファミリーのたいていの子どもたちは初婚家族の子どもたちとなんら変わらなく見える（Ganong & Coleman, 2004；Hetherington, 1993；Hetherington, Henderson, & Reiss, 1999；Hetherington & Stanley-Hagan, 1999）。
17 いくつかの研究によると，葛藤は他の形態の家族よりもステップファミリーの子どもにとって適応の問題をより強く予測すると示唆されている（Bray, 1999b）。
18 初婚の家族においては，カップルの親密さは子どものより良い適応を予見する（Cowan, Cowan, & Schulz, 1996）。
19 83組の新しくパートナーになった母と思春期の子どものペアに関する研究で，再婚した母親は新しい継親がいても「まったく変化はない」か，もしくは子どもに与える影響は最小限であると報告している。しかしながら，彼らの子どもたちは親から注目されることが明らかになくなったと述べている（Koerner, Rankin, Kenyon, & Korn, 2004）。
20 LGBT（ゲイ，レズビアン，バイセクシャル，トランスジェンダー）の子どもにとって，親の拒否は，8倍以上の自殺企図，約6倍のうつ，3倍以上の薬物乱用と安全でないセックスをする可能性と結びついている（Ryan, Huebner, Diaz, & Sanchez, 2009）。少し受け入れるだけでこれらの結果は違ってくる。家族が十分に受け入れることは，うつ，自殺企図と薬物乱用の低得点と明らかに関連がある（Ryan, Russel, Huebner, Perez, & Sanchez, 2010）。よりよく親を援助するためには，伝統的でないジェンダーの表現や彼らの子どもたちの性別を超えた同一性に応えなさい。Malpas（2011）参照。
21 問題行動を抱えた継子に焦点を当てたプロジェクトでは，ステップカップルは，子どもの立場から見た「典型的な」ステップファミリーの問題が書かれたリストに一緒に取り組む。大人たちは自分の子どもに当てはまるところに印をつけるように促される（Nicholson, Sanders, Halford, Phillips, & Whitton, 2008）。
22 「Psychotherapy Networker」に掲載されたRonの思慮にとんだ記事を参照（Taffel, 2009）。

第5章　第3のチャレンジ：大人を分極化させてしまうペアレンティングの課題

1 ペアレンティングスタイル（Baumrind, 1989, 1991, 1996；Darling, 1999；Dornbusch, Ritter, Leiderman, Roberts, & Farleig, 1987）。
2 ステップファミリーのより多くの権威的なペアレンティングについては，Hetherington（1993）とIsaacs（2002）を参照。
3 大部分の研究によると，権威的なペアレンティングは，人種，階級と家族構造を越え

て，よりポジティブな結果があると報告されている (Steinberg, Mounts, Lamborn, & Dornbusch, 1991)。しかしながら，威圧的なペアレンティングは都市部に住むアフリカ系家族にとって，少なくとも学業成績の向上には効果があるかもしれないという示唆もある (Steinberg, Dornbusch, & Brown, 1992)。

4 特に女子の間では，許容的なペアレンティングは骨の折れる作業に取り組む粘り強さと相互関係がある (Darling, 1999)。

5 ステップファミリーのペアレンティングに関する研究には，James Bray, Mavis Hetherington と彼らの同僚によって行われた長期にわたるいくつかの縦断的研究が含まれている。素晴らしい質的研究によって，この課題の重要な側面に光があてられた。たとえば，Larry Ganong と Marilyn Coleman のいくつかの研究と同様，Claire Cartwright, Dan Braithwaite, Tamara Afifi と彼らの同僚によって行われた研究も参照されたい（文献一覧を参照）。

　Schrodt (2006a, 2006b) は Stepparent Relationship Index（継親の人間関係のインデックス）を発展させた。King (2006, 2009) は，National Study of Family and Households (NSFH) 家族と家員に関する国民調査の，思春期の子どもに関する膨大なサンプルからのデータを解析している。それには，Ganong と Coleman (2004)，Pasley と Lee (2010)，Stewart (2007)，van Eeden-Moorefield と Pasley (2012) の素晴らしい論文も包括されている。

　ステップカップルのための予防的教育とスキル訓練についての論文は増加の一途をたどっている (Adler-Baeder & Higginbotham, 2010, 2011 ; Adler-Baeder, Robertson & Schramm, 2010 ; Nicholson, et al., 2008)。

6 初期に継親がしつけを行うのは有害になる (Bray, 1999a ; Bray & Kelly, 1998 ; Coleman et al., 2000 : Ganong, Coleman, Fine & Martin, 1999 ; Hetherington, Bridges, & Insabella, 1998 ; Hetherington & Kelly, 2002)。

7 厳しくて威圧的な子育ては，継親子関係にとって有害である (Bray, 1999a ; Coleman, Ganong, & Fine, 2000 ; Ganong, Coleman, & Jamison, 2011 ; Hetherington, Bridges, & Insabella, 1998)。

8 継子と良い関係を築く継親の行動に関する経験的なデータ (Afifi, 2008 ; Baxter, Braithwaite, Bryant, & Nicholson, 2004 ; Ganong & Coleman, 2004 ; Ganong, Coleman, & Jamison, 2011 ; Golish, 2003 ; Schrodt, 2006b ; White & Gilbreth (2001)。

9 Bray の縦断研究によると，思春期の女子が継父との関係を築くようになるまで5年もの歳月がかかると報告されている (Bray & Berger, 1993)。

10 許容的なペアレンティングはまずい結果をもたらす重大な原因の一つとなる (Cartwright, 2008 ; Dunn, 2002 ; Hetherington, 1993 ; Hetherington, et al., 1998 ; Shelton, Walters, & Harold, 2008)。再婚初期において，母親は離婚していない母親や独身の母親と比較して，温かさに欠け，ネガティブで威圧的で，一貫した監督をしていない (Cartwright, 2008 ; Hetherington & Clingempeel, 1992 ; Hetherington & Kelly, 2002 ; Nicholson, et al., 2008)。ステップファミリーに同居している父子関係は劇的に悪化す

る。というのは，おそらく，継母に子どもたちを任せきりにすることが多いためだと思われる（Hetherington & Stanley-Hagan, 1997）。
11 権威的なペアレンティングは継子たちにとって重要である（Dunn, 2002 ; Hetherington, 1993 ; Hetherington et al., 1998 ; Isaacs, 2002）。
12 権威的なペアレンティングはたいていは約2年以内に元に戻る（Hetherington, 1987）。長い間一緒にいるステップファミリー（平均9年間）の親子関係は初婚家庭の親子関係と非常に似ている（Hetherington, Henderson, & Reiss, 1999）。
13 Bray は，より年齢が低い子どもたちが思春期にさしかかる時期には，悪化したペアレンティングに別の楔が撃ち込まれることを見出している（Bray & Kelly, 2002）。
14 ポジティブな継親子関係はステップファミリーの満足感と関連している（Bray, 1999a ; Cartwright & Seymour, 2010 ; Crosbie-Burnett, 1984 ; Ganong et al., 1999）。
15 ある研究によれば，80％の初婚のカップルにとっては，親であることは重大な危機を和らげるものに伴われている（Pruett & Pruett, 2009）。
16 初婚のカップルと比べて，再婚者は一般的にペアレンティングの満足度が低いことが報告されている（Whitton, Nicholson, & Markman, 2008）。
17 ステップファミリーのサブシステムに与える多角的な影響についてのより多くの情報：ポジティブな親子と継親-継子関係はよりポジティブなステップカップルの意思の疎通と相関関係がある（Bray & Berger, 1993）。親子関係の質は，初婚家族よりも結婚生活の満足度とステップファミリーの安定性により大きな影響を与えているのかもしれない（Hetherington & Clingempeel, 1992）。
18 1つの例外について：アフリカ系アメリカのステップファミリーは家族を越えたペアレンティング（cross-household parenting）をより受け入れることによって，継親はアングロ系の家族よりも早く家族の一員となる（Adler-Baeder & Higginbotham, 2010）。
19 かなりの量の実験に基づいたデータによると，ポジティブなフィードバックはネガティブなものよりも，効果的な行動を生み出すことが明らかになっている（Biglan, Flay, Embry, & Sandler, 2012 ; Scott, Gagnon, & Nelson, 2008）。
20 Ron Taffel のペアレンティングについての言葉はいつも説得力があるのだが，彼は子どもたちが生来持っている傾向に逆らって，真摯に努力をしていることを承認するパワーについて述べている（Taffel, 2009, p.28）。

第6章　第4のチャレンジ：新たな家族文化の創造

1 新たなステップファミリーの文化を創造するという課題（Kinniburgh-White, Cartwright, & Seymour, 2010 ; Papernow, 1987, 1993, 2008 ; Stewart, 2007 ; Whiteside, 1988a）。
2 McGoldrick, Giordano, and Garcia-Petro (2005) から Maya Angelou (1985, p.196) が引用している。
3 Whiteside (1987) が記述している3つの分野から適用した。
4 再び触れるが，変化のスピードが増すと，子どもたちのウェルビーイングは減少する

(Amato & Booth, 1991)。

5 研究では，金銭管理についてある特定の戦略と結婚生活の質やステップファミリーのウェルビーイングの間には一貫した関連は認められていない（Ganong & Coleman, 1989 ; Pasley & Lee, 2010 ; Pasley, Sandras, & Edmondson, 1994 ; Stewart, 2007）。

6 養育費や生活費を実親の個人口座から支払うことによって，毎月お金が支払われるのを見たくない継親の精神的負担を和らげることができる。

7 大半のステップカップルは，いくつかの財政上のモデルを取り入れている（van Eeden-Moorefield, Pasley, Dolan, & Engel, 2007 ; Stewart, 2007）。

第7章　第5のチャレンジ：元配偶者は家族の一部

1 葛藤は離婚後の子どもたちの予後を予測するカギとなるかもしれない（Buchanan & Heiges, 2001 ; Doolittle & Deutsch, 1999 ; Shelton, et al., 2008）。

2 子どもたちの報告によると，親たちは自分たちがそうしていると思うよりもずっと多く元配偶者についてのネガティブな情報をシェアしている（Afifi, 2008）。

3 生理学レベルで大人のストレスが与える影響について計測したところ，大人のストレスホルモン，コルチゾールが上昇すると，同様に子どものレベルも上昇する（Davies, Sturge-Apple, Cichetti, & Cummings, 2007 ; Papp, Pendry, & Adam, 2009 ; Pendry, & Adam, 2007）。

4 離婚経験がなく高い葛藤を抱えた家族の子どもたちは，シングルペアレントの家庭やステップファミリーの葛藤が低い子どもと比較して，一貫して適応が低いことを示している（Fosco & Grych, 2008）。

　大人が感じる中程度の緊張でさえ，子どもの注意，学業達成，免疫システムにネガティブな影響と関連がある（El Sheikh, Buckhalt, Cummings, & Keller, 2007）。緩和因子は睡眠である。大人の緊張は子どもの睡眠の妨げとなり，回りまわって，子どもの機能を損わせる（El-Sheikh, Buckhalt, Mize, & Acebo, 2006）。

　大人の葛藤があらゆる形態の家族の子どもたちに与える影響について，詳細に調べられた膨大な量の研究には次のものがある。CummingsとDavies（1994），GrychとFincham（2001）。離婚後の家庭とステップファミリーの子どもたちに与える影響。BuchananとHeiges(2001)，DeutschとPruett(2009)，Dunn, O'ConnorとCheng(2005)，Emery（1982），Hetherington, et al.（1998），Kline, JohnstonとTschnn（1991）。

5 長期にわたってみると，離婚後の葛藤を少なくすることは，子どもたちのウェルビーイングに明らかな違いをもたらす（Buchanan & Jahromi, 2008）。離婚した夫婦を対象に2, 3年以内に再調査を行ったものの，葛藤にさらされていない子どもたちは，さらされている子どもたちよりも明らかに上手くやっていける（Buchanan & Heiges, 2001）。

6 継母のためのウェブサイトは急増している。そのいくつかは実母と継母の関係を協力的なものか，少なくとも葛藤を引き起こさないように積極的にサポートしている（例については，http://www.noonesthebitch.com/ を参照）。残念なことに，その敵対意識の炎に油を注ぐものもある。「新しいスレッド：彼の元配偶者があなたの結婚を壊したの

か？　あなたの話を聞かせて！」
7 家族についての学者は父親が中心的な役割を取ることに賛同しているのは変わらない（Lamb, 1997 ; Pruett, 2000 ; Pruett & Pruett（2009）。
8 子どもたちと定期的に会っている非同居の父親の割合は増えている（Pryor, 2008）。
9 報告する人によって，面会のレベルは異なる。母親たちは非同居の父親よりも面会を少なめに報告する。子どもたちの報告は彼らの父親と同じように見受けられる（Pryor, 2008）。
10 性役割は変化しているものの，父親の有能さとアイデンティティの感覚は，しばしば自分がよい一家の稼ぎ手になれるという感覚にいまだに根差している（Hans & Coleman, 2007）。
11 少なくとも離婚した後，3分の1の子どもたちは，最初の親の住まいに引っ越しをする（Johnston, 1995 ; Gunnoe & Hetherington, 2004）。
12 Bauserman が1982年と1989年に行った33ケースのメタ分析研究によると，葛藤が小さいカップルが共同で養育権を持つ場合は，実際にはより肯定的な親子関係が促進されることが分かった。同研究によれば，親が法的な養育権，もしくは共同の養育権をシェアしている場合には，その子どもたちは多岐にわたる測定でより良い適応を示すことが明らかになった（Bauserman, 2002）。Sobolewsky と King（2005）は共同の法的養育権を持つ父親は，宿泊を伴う訪問を含め，より頻繁に子どもたちと会っており，非同居の父親よりも多くの養育費を子どもたちのために払っていることが明らかになった。Bauserman（2002），Davis, Lizdas, Tibbets と Yauch（2010），Johnston（1995）は養育権を共同して持つ場合の不適切な例について記述している。
13 英国では，子どもたちは実親と継親の両方と法的に関係を持つことができる。アメリカでは，継父（もしくは継母）による養子縁組では，実父（もしくは実母）は親であることを放棄するよう求められる。英国の法律が与える影響については非常に少ない研究しか行われていないが，そのデータによると子どもたちにとっては英国のポジティブな効果を持つと示唆されている（Malia, 2008）。
14 幼児の宿泊についての素晴らしい議論については，McIntosh（2012）を参照されたい。
15 John Gottman は浮気に至りそうな結婚生活上の道すじについて詳細に調べている（2011）。Janis Abrahms Spring は浮気の後の両者にとっての癒しのプロセスに光を当てている（1997, 2004）。
16 Michele Scheinkman は，セラピストのために Psychotherapy Networker（2010），および Lust in Translation : The Rules of Infidelity from Tokyo to Tennessee の中で思慮深い議論を展開しているので，参照されたい。後者は，浮気によって引き起こされた問題の広範囲にわたる文化を越えた議論である（Druckerman, 2007）。
17 親権を持つ母親が非同居の父と子どもの関係の門番として機能することについては，よく定着している（Ahrons, 1994 ; Hetherington, 1993 ; King, 2006）。多くの親権を持つ母親は訪問を断る妥当な理由がある（Davis et al., 2010）。一方で，ある研究では，40％の母親が子どもとは無関係の理由で父親のアクセスを断ったことがあると認めた（Fulton,

1979)。このデータから 30 年の間にこれらの問題が社会的に劇的に認知され，身体的共同親権（離婚後の父母の両方に対して，子どもと一緒に暮らす権利が与えられていること）の割合が上昇することに期待を寄せている。

18 Braithwaite, McBride と Schrodt（2003）による日記形式の革新的研究では，離婚後も子を養育する親でうまくいっている人は元配偶者とのコミュニケーションで通常の「日常的な会話」に焦点を当てていることが分かった。

19 主に白人からサンプリングされた非同居の母親は，父親と比べて，平均して約 2 倍も多くの電話，手紙，宿泊を行っている。非同居の母親は非同居の父親よりも子どもたちの日常活動についてより多く知っている（Gunnoe & Hetherington, 2004）。アフリカ系アメリカ人の同居の父親はアングロサクソン系アメリカ人よりも多く子どもたちに関わり続ける（Stykes, 2012）。

20 Shannon Murray による同居している継母に関する質的な研究論文は，これらの問題についてよく吟味している（2009）。

21 たとえば，AFCC（Association of Family and Conciliation Courts；家庭裁判所と調停裁判所協会）は，家族と子どもたちによりサポーティブな裁判システムを作るために，法律家，裁判官とメンタルヘルスの専門家が共働する機関である（http://www.afccnet.org/ResourceCenter/CenterforExcellenceinFamilyCourtPractice）。19 の研究についてメタ解析を行ったレビューによると，裁判に関係している親の教育プログラムもまた状況を改善することが示唆されている（Fackrell, Hawkins, & Kay, 2011）。

22 子どもたちを葛藤から守ろうとする環境作りがアメリカで始まりつつあるようにみえる。データによれば，5 〜 20％のカップルが離婚後に中程度から高いレベルの葛藤を経験し続けていることが示唆される。しかしながら，最も高い値は，古い小規模の研究に分布している（Johnston, 1995）。最も低い値は最近の規模の大きい全国的な抽出標本に分布している（Sobolewsky & King, 2005）。加えて，ある 2001 年のメタ分析研究によると，離婚前の親の葛藤レベルは徐々に減少していることが明らかにされた（Amato, 2001）。私の臨床実践でも，敵対して離婚した両親でさえも，子どもたちのために離婚後も友好的で協力的な子育てをやってみようとシェアすることが徐々にみられるようになってきている。

23 Putting Children First：Proven Parenting Strategies for Helping Children Thrive Through Divorce は，離婚後の子育てのために，とっつきやすく，実用的で研究に基づいたガイドラインを提供している（Pedro-Carroll, 2010）。

24 オンラインのカレンダーの一つには，http://www.sharekids.com/Sk.asp. がある。

25 Ofer Zur と彼の息子は，私たちの幾人かはあらゆる新しいインターネットのオプションを使いたがる「デジタル先住民」であることを私たちに思い出させてくれた。私たちのうちの幾人かは家でコンピューターの世界にアクセスしない人たちもいるのだ（Zur & Zur, 2011）。

26 インターネット技術が親密さに与えるネガティブな影響に関する懸念が湧き上がっており，それは最もなことだと思われる（Turkle, 2011）。ステップファミリーの非同居の父

親と子どものつながりは，インターネットを用いてコミュニケーションを図ることでやりやすくなる。同様に，元配偶者と継親が継子との間でも，距離があっても，ちょうどふさわしい程度のつながりも持つことができる。
27 AFCC は，親コーディネーター，調停者，裁判官（Court Master）などの役割について素晴らしい情報源となっている。地元の AFCC 支部のリンクは特異的な情報と紹介先を載せている。https://www2583.ssldomain.com/afccnet/shopping/afcc_pamphlets.asp.
28 他の家に住んでいる親が「差し挟んでも差し挟まなくても」，学習障害の子どもたちをサポートするためのリソースはたくさんある。2つの素晴らしいウェブサイトがある。http://www.LDonline.org と http://www.keyliteracy.com （Sedita, 1998, 2008）。
29 家庭が変わる場合，しばしば睡眠不足に陥る。しかし，睡眠を十分にとることは，すべての子どもたちの健康，特に学習面での問題を抱える子どもたちには不可欠である（Buckhalt, 2012 ; Buckhalt, El-Sheikh, Holthaus, Baker, & Wolfson, 2007）。

第3部　4つの「異なる」ステップファミリー
1 人口統計にかかわらず，ステップファミリーに関する調査では，最新の2007年の結果でも，同棲，高齢のカップル，一時的，そして初婚のステップファミリーを合わせても，白人でない人の情報はわずか15％であった（Stewart, 2007）。

第8章　レズビアンやゲイのカップルから成るステップファミリー
1 ゲイやレズビアンのステップカップルについての文献には，Berger（1998），Crosbie-Burnett and Helmbrecht（1993），Ganong and Coleman（2004），Stewart（2007），van Eeden-Moorefield (in press)，そして Wright（1998）がある。私たちが入手できる研究は，白人の中流家庭で教育を受けているゲイやレズビアンによるステップカップルにだけ焦点があてられている（van Eeden-Moorefield, 2010 ; Stewart, 2007）。
2 ゲイやレズビアンのカップルは家庭生活の多くの面で強みを兼ね備えている。サポーティブな行動は多く，関係を害するような行動は少ない（Farr & Patterson, 2011）。ゲイやレズビアンのカップルの方が面と向かった対立があっても楽天的で，意見の相違の後も肯定的である（Gottman & Levenson, 2004）。10年間の調査でも，レズビアンのカップルは，異性愛のカップルに比べて，良質な関係を維持しており，関係が悪化することは少なかった（Kurdek, 2008）。
3 実際に，25年の調査で明らかになったのは，「注目すべき結果」（Patterson, 2009）であった。そこには，レズビアンやゲイの親を持つ子どもたちは，異性愛の親をもつ子どもたちと同じくらい，もしくはそれ以上に，問題行動，統制力，学校での適応，知能，不安，抑うつ症状，物質乱用，自尊心，適応，仲間関係，性的志向性，性役割の発達において，よい成果をあげていた（Patterson, 2000, 2009 ; Kurdek, 2004）。
4 アメリカで長期に実施されている国家長期レズビアン家族研究（NLLFS）では，レズビアンの母親を持つ子どものおよそ半数がいじめにあったことがあると報告している（van Gelderen, Gartrell, Bos, van Rooij, & Herrmanns, 2012）。Wright（1998）や Patterson

(2009) の研究もある。
5　NLLFS による研究では，カップルの多くが，離婚後にも良好な共同養育の関係がみられた。両方の母親による法的な養子縁組がなされていた場合には，共同親権がとられることが多くあった（Gartrell, Bos, Peyser, Deck, & Rodas, 2011）。
6　家族平等委員会（Family Equity Council）が，仮想のもしくは実際の LGBT の親や継親のためのサポートグループを作成するための支援をしてくれる（http://www.familyequality.org/）。
7　法的な保護を受けずにアメリカに住んでいるゲイやレズビアンの人たちは，不安や抑うつ，そして心的外傷後障害の影響を受けやすい（Hatzenbuehler, Keyes, & Hason, 2009）。
8　Michael LaSala の感動的な本である『Coming Out, Coming Home : Helping Families Adjust to a Gay or Lesbian Child（外と内へのカミングアウト：ゲイやレズビアンの子どもがいる家族への支援）』は，ゲイやレズビアンの子どもがいる家族が悲しみや喪失，そして受容に至るまでのことが記述されている。Maurel（2011），and MacNish and Gold-Pfeifer（2011）も参照。
9　参考資料：レズビアンやゲイのカップルによる家族を記した Ari Lev の本（2004a）を参照。家族受容プロジェクトウェブサイト（http://familyproject.sfsu.edu/）は LGBT の子どもと家族向けにたくさんの情報を提供している。PFLAG（レズビアンとゲイの両親，家族そして友達）（http://www.pflag.org/）はアメリカ内で家族を支援しているネットワークである。世界トランスジェンダーの健康専門協会（WPATH：http://www.wpath.org/）は実証的な研究を多く紹介している。Ari Lev の本（2004b）は，トランスジェンダーのクライアントの支援をしているセラピストに役立つだろう。

第9章　アフリカ系アメリカ人のステップファミリー：私たちが学べる強み
1　フロリダでの世帯調査の結果，アングロ系アメリカ人の結婚家庭が 39％ に対して，アフリカ系アメリカ人のステップカップルは 55％ であった。未婚による子どもはアフリカ系アメリカ人（69％）の方が，ヨーロッパ系アメリカン人（22％）よりも多い。つまり，アフリカ系アメリカ人のステップファミリーは未婚の親である場合が実質的かなりいることになる（Bumpass, et al., 1995 ; Stewart, 2007）。

第10章　ラテン系ステップファミリーのチャレンジ
1　アメリカの国勢調査報告書，2003『現代の人口報告：今日のヒスパニックアメリカン』。
2　アメリカでは，およそ3分の2のラテン系はメキシコ系アメリカ人である（国勢調査，2000）。残りの3分の1は 22 の異なる国の人種である（Garcia-Petro, 2005a）。
3　家族と依存に関するラテン系の文化的な価値観（Coltrane, Gutierrez, & Parke, 2008 ; Falicov, 2005 ; Garcia-Petro, 2005a, 2005b）。
4　再婚と離婚に関するラテン系の規範（Adler-Baeder & Schramm, 2006 ; Berger, 1998 ; Coltrane, et al., 2008 ; Olsen and Skogrand, 2009）。

5 一般的にラテン系の継子の結果は，マイノリティでない継子たちのものと一致している。ラテン系の継子たちでより良い結果を出すのに関連していることは，肯定的な親の関わり，温かくより受容的な継父，そして繰り返しになるが，よい継親と継子の関係である。双方にとってよくないのは，拒絶と継親の少ない関わりである（Coltrane, et al., 2008）。
6 メキシコ系アメリカ人とアングロ系アメリカ人の継父を比較した結果，受容と温かさのレベルが類似していた。そして，継親子の関係性や，継父の子どもとの関わる度合い，しつけの頻度も同じように類似していた。またアングロ系アメリカ人の継父と同じく，メキシコ系アメリカ人の継父は女の子よりも男の子をしつける傾向が強くあった（Coltrane, et al., 2008）。
7 第1および第3世代のラテン系の継子たちにも家族に関する規範のいくつかは維持されていく。アングロ系の青年とは違って，ラテン系の第1と第3世代の継子である青年たちは，継親のことを血縁のネットワークの一部と見なす。第1世代も第3世代のどちらも，「家族への恩義」があるから，継親と実親の両方を助けたいと考えている（Coleman, Ganong, & Rothrauff, 2009）。
8 ラテン系の別居父親（Adler-Baeder & Schramm, 2006；Coltrane, et al., 2008；Olsen & Skogrand, 2009）。
9 ラテン系コミュニティでの効果的な求人（Adler-Baeder & Higginbotham, 2011；Skogrand, Barrios-Bell, & Higginbotham, 2009）。
10 スマートステップの内容を少し修正したもので，ラテン系，アフリカ系のアメリカ人や低収入のアングロ系のステップファミリーのための，家族を対象とするグループによる心理教育プログラムがある。これは，国立ステップファミリーリソースセンター（2007；http://www. stepfamilies. info/smart-steps. php）の所長である Francesca Adler-Baeder によって，研究をもとに開発されたものである。このプログラムでは，セラピストのオフィスでよく見かけるような問題に対して，ステップファミリーが大きな改善を見出している。お金のやり繰りや子どもに関するステップファミリーの重要な問題において，カップルの合意が増えたり，対立の激しさが減少したり，子育てのスキルが上達したり，子どものソーシャルスキルが伸びたりしている（Adler-Baeder & Higginbotham, 2011；Higginbotham & Adler-Baeder, 2010；Olsen & Skogrand, 2009）。
11 Falicov（2005），Garcia-Petro（2005a, 2005b）では，移民や文化への適応，転居に関する文化的な文脈について雄弁に語っている。
12 一般的に，ステップファミリーの皆と会っていると，たくさんの議題で葛藤が出てくる。このケースでは，家族の力を高めるという文化的な価値観のために，うまくいったと考えられる。

第11章　新しいこじわ：高齢でのステップファミリー
1 加えて，オンラインで記載されている情報によると，「シルバーサーファー」と呼ばれる60歳以上の人々が人口統計的にもっと増加している（Watson & Stelle, 2011）。
2 2010年の調査で，18歳〜24歳までの青年の中で女性の49％と男性の57％は実家にま

だ残っていた。女性の46％と男性の41％が家から独立し、また戻ってきている。1960年には、この年代の男性の10％しか実家に住んでいなかった（Payne, 2011）。
3 Kamanetz（2006）では、学生ローンの返済に圧倒され危機的な状態について記述している。WarrenとTyagi（2005）では、これまでの時代に比べて、収入に対して家賃が占める割合が高くなっていることを警告している。
4 高い能力をもつ青年は、親と仲良くやっている（Shoup, Gonyea, & Kuh, 2009）。
5 アメリカでは、家族法は州によって大きく異なる（Atkins, 2008: Malia, 2008）。専門家による法律相談はこれらの問題を解決していくためには必要不可欠である。
6 良質な法的な支援を受けていたとしても、ステップファミリーが遺産相続のことや人生晩年の計画について決めることにはたじろぐかもしれない。遺産に関する法的な情報があり、さらに訓練を受けた仲介人を利用することで、関わりのあるすべての人が満足する文書を作成することができるだろう。アメリカでは、地域の家庭調停裁判所協会（Association of Family and Conciliation Courts）のウェブサイトからいい情報を得ることができる。
7 55歳以上の大人は、55歳以下よりも3倍の割合で、ともに別々に暮らすこと（Living Apart Together）を選んでいる。また男性よりも女性の方が、LATを好む傾向がある（de Jong Gierveld, 2004）。
8 内的家族内システム（Internal Family Systems）によるカップル支援についてもっと学ぶには、Toni Herbine-Blankのウェブサイト（http://www/toni. therapylinq. com）とSchwartz（2008）を参照。

第13章　ステップファミリーになる上での6つのパターン

1 この数字は、私が臨床と非臨床の場で出会ったステップファミリーを反映している。この数値は経験的なデータと一致している。James Bray（1999a）も、ステップカップルが子育てに関する理解を共有するには2年半程の期間が必要であると述べている（行動期）。Ihinger-TallmanとPasley（1997）のレビューでは、継親と継子の関係が「安定」するまでには3年から5年かかると書いている（中期の後半, 最後期のステージの始め）。CherlinとFurstenberg（1994）は、すべての関係における「再安定」は5年以内に起こると述べている。AfifiとSchrodt（in Afifi, 2008）によると、6年程で「分からなさが減少していく」。どちらもステップファミリーのサイクルの後期のステージについて述べている。
2 Schrodtが紹介しているステップファミリーの人生指標の中で、気づきのある家族は緊張や回避が少なく、関わりや柔軟性、そして伝える力が高いことが分かる（Schrodt, 2006a）。気づきのある家族については、他のステップファミリー研究者の間でも共通したパターンが見出されている。Baxterら（1999）によると、「急速な」ステップファミリーは「家族のように感じる」ために、とても速いスピードで変化していくと述べている。Golish（2003）は、「強い」ステップファミリーには対人関係のスキルが高く、ユーモアや共感、柔軟性が高いと説明している。Schrodt（2006b）も、「結束のある」家族は、

よくコミュニケーションを取り、回避せずに、お互いに表現豊かに伝え合い、精神的な症状もあまりないと報告している。同じように、Similarly, Ganong, Coleman と Jamison (2011) は、継子が継親を最初から受け入れたり、好意的であったりした継親と継子の関係のパターンについて紹介している。

3 ゆっくりとほぼ安定したステップファミリーは、Baxter ら (1999) の「長引いた」家族や、おそらく Ganong らの「アンビバレンスの受容」と「軌道修正」の継親子関係と類似している。

4 継親と継子の関係がとても難しそうな患者であっても、時間をかけて変化していく。Bray と Berger (1990) の長期のデータによると、思春期の娘が継父との関係を築くためには 5 年もかかることがあるという。私も、二人目の夫スティーブに出会った時、娘は 13 歳であった。4 年間、娘は彼に対して敵意的で距離を取っていた。でも一度、変わってからは、少しずつ親しくなっていった。

5 回避的なステップファミリーは、Schrodt (2006b) のいう「はぐらかす」ステップファミリーと似ているかもしれない。Baxter ら (1999) は、対立を回避することで安定を得ている「沈滞した」ステップファミリーと説明している。Ganong ら (2011) は、継親と継子の関係について「ともに存在する」というパターンを紹介している。

6 ジェットコースター型のステップファミリーのように、Baxter ら (1999) は「高速激振」家族と呼んでいて、極端なアップダウンを進み、彼らのコミュニケーションは混乱したもので、あまり効果的なものではない。

7 Baxter ら (1999) が「下降する」ステップファミリーと呼んだ筋道は、レースカー型と呼んだ家族に似ている。

第14章　レベルⅠ：心理教育のための道具箱

1 一般的な結婚や家族についての心理教育は、ステップファミリーには役立たない。スマートステップスはとてもいいプログラムで、ステップファミリーへの心理教育として効果が実証されている (Adler-Baeder, 2007)。ラテン系やアフリカ系アメリカ人、そして低収入のステップファミリーのために修正が加えられた数少ないプログラムの一つで、肯定的な結果が見出されている (Adler-Baeder & Higginbotham, 2010, 2011)。そのプログラムのカリキュラムはこちらから得ることができる (National Stepfamily Resource Center http://www.stepfamilies.info/.)。

第15章　レベルⅡ：対人関係スキルのための道具箱

1 ジョイニングは、私がゲシュタルトの訓練を Sonia Nevis と学んだことによって築いたものである。彼女は、アメリカのマサチューセッツ州にあるゲシュタルト国際研究センターを創設した人である。

2 Howard Markman, Scott Stanley とその仲間たちからの引用も、この章ではたくさん使っている。このグループは、結婚生活のストレスを予測する行動や、カップルは長期的によい関係を築くための行動についての実証データを示すことに大きな貢献をし

ている。このグループは，彼らの研究に基づいた結婚教育プログラム（Prevention and Relationship Enhancement Program）を作成した。初婚のカップルためのスキルトレーニングはステップカップルには適さない。ステップ PREP はステップカップルのために2つの形式が用意されている。ステップ PREP にはセラピストが中心となって進める形式，それとセルフ PREP，自分で取り組むプログラムである。どちらにおいても肯定的な効果が見出されている（Nicholson, Sanders, Halford, Phillips, & Whitton, 2008）。
3 否定的なコミュニケーションの高さは，特に同時に肯定的なコミュニケーションが少ない場合には，結婚生活がうまくいかないことを強く予測する（Markman, Rhoades, Stanley, & Ragan, 2010）。
4 この主張は，結婚ストレスを予測する要因やカップルの満足度に影響する要因を特定した長期的な研究から見出されたものである（Stanley, Markman, St. Peter, & Leber, 1995, p. 394）。

第16章　レベルⅢ：個人の心理的治療ための道具箱

1 身体的な暴力や性的な虐待に関するトラウマの治療をすることは多い。しかしながら，共感的な子育てを受けていない場合にも，それと同じくらい人に傷を与えることになる（Dutra, Bureau, Holmes, Lyubchik, & Lyons-Ruth, 2009）。さらに言えば，親からの言葉の侮辱や家庭内暴力を目撃すること，そして仲間からいじめを受けることは，身体的もしくは性的虐待よりも，重大で長期の影響を与えることもある（Teicher, 2011; Teacher, Sheu, Polcari, & McGreenery, 2010）。
2 防衛している裏にある脆弱性のために，セラピストが共感的であることの重要性について美しく記述している記事を読むためには，Toni Herbine-Blank の『Reminders for IFS Therapists（IFS セラピストのための覚え書き）』を参照（Herbine-Blank, 2012）。
3 この非病理的なアプローチは，Richard Schwartz（1995, 2001）によって作られた内的な家族システムモデルに基づいている。IFS によるカップル治療について，もっと知りたい方は，Dick Schwartz の本『You Are the One You Are Waiting For（あなたが待っていたのはあなたです）』（2008）や Toni Herbine-Blank のウェブサイト（http://www.toniherbineblank.com）と，Mona Barbera の本『Bring Yourself to Love（愛に近づいて）』がある。

文　献

Adler-Baeder, F. (2007). *Smart steps: Embrace the journey*. Auburn, AL: National Stepfamily Resource Center.
Adler-Baeder, F., & Higginbotham, B. (2004). Implications of remarriage and stepfamily formation for marriage education. *Family Relations, 53*, 448-458.
Adler-Baeder, F., & Higginbotham, B. (2011, April). *Promoting resilience in stepfamilies*. Workshop conducted at DoD/USDA Family Resilience Conference. Chicago, IL.
Adler-Baeder, F., & Schramm, D. (2006). *Examining and building the empirical knowledge on African American and Hispanic/Latino families*. Invited symposium paper presentation at then 2006 National Council on Family Relations.
Adler-Baeder, F., Robertson, A., & Schramm, D.G. (2010) Conceptual framework for marriage education programs for stepfamily couples with considerations for socio-economic context. *Marriage and Family Review, 46* (4), 300-322.
Adler-Baeder, F., Russell, C., Lucier-Greer, M., Bradford, A., Kerpelman, J., Pittman, J., Ketring, S., & Smith, T. (2010). Thriving in stepfamilies: Exploring competence and well-being among African American Youth. *Journal of Adolescent Health, 46*, 396-398.
Afifi, T. (2003). "Feeling caught" in stepfamilies: Managing boundary turbulence through appropriate communication privacy rules. *Journal of Social and Personal Relationships, 20* (6), 729-755.
Afifi, T. (2008). Communication in stepfamilies. in J. Pryor (Ed.), *The international handbook of stepfamilies: Policy and practice in legal, research, and clinical environments* (pp. 299-322). Hoboken, NJ: Wiley.
Ahrons, C.R. (1994). *The good divorce: Keeping your family together when your marriage comes apart*. New York: HarperCollins.
Ahrons, C.R. (2004) *We're still family: What grown children have to say about their parents' divorce*. New York: HarperCollins.
Ahrons, C.R. (2007). Family ties after divorce: Long-term implications for children. *Family Process, 46* (1), 53-65.
Amato, P.R. (1994). The implications of research findings on children in stepfamilies. In A. Booth & J. Dunn (Eds.), *Stepfamilies: Who benefits? Who does not?* (pp. 81-88). Hillside, NJ: Lawrence Erlbaum.
Amato, P.R. (2001). Children of divorce in the 1990s: An update of the Amato and Keith (1991) meta-analysis. *Journal of Family Psychology, 15* (3), 355-370.
Amato, P.R. & Booth, A. (1991) Consequences of parental divorce and marital unhappiness for adult wellbeing. *Social Forces 69* (3): 895-914.
Amato, P.R., & Booth, A. (1991). Feeling caught between parents: Adult children's relations with parents and subjective well-being. *Journal of Marriage and Family, 68* (1), 222-235.
Ambert, A.M. (1986). Being a stepparent: Live-in and visiting stepchildren. *Journal of Marriage and the Family, 48*, 795-804.

Amen, D.G. (2000). *New skills for frazzled parents: The instruction manual that should have come with your child.* Suisun City, CA: MindWorks Press.

Anderson, E.R. (1999). Sibling, half-sibling, and stepsibling relationships in remarried families. *Monographs of the Society for Research in Child Development, 644,* 101-126.

Atkins, B. (2008). Legal structures and re-formed families. In J. Pryor (Ed.), *The international handbook of stepfamilies: Policy and practice in legal, research, and clinical environments* (pp. 522-544). Hoboken, NJ : Wiley.

Attar-Schwartz, S., Tan, J., Buchanan, A., Flouri, E., & Griggs, J. (2009). Grandparenting and adolescent adjustment in two-parent biological, lone-parent, and step-families. *Journal of Family Psychology, 1,* 67-75.

Barbera, M. (2008). *Bring yourself to love.* Boston: Dos Monos Press.

Baumrind, D. (1989). Rearing competent children. In W. Damon (Ed.), *Child development today and tomorrow* (pp. 349-378). San Francisco, CA: Jossey-Bass.

Baumrind, D. (1991). Parenting styles and adolescent development. In P.C. Hetherington (Ed.), *Advances in family research, Vol. 2* (pp. 111-163). Hillsdale, NJ: Erlbaum.

Baumrind, D. (1996). The discipline controversy revisited. *Family Relations, 45,* 405-414.

Bauserman, R. (2002). Child adjustment in joint-custody versus sole-custody arrangements: A meta-analytic review. *Journal of Family Psychology, 16* (1), 91-102.

Baxter, L.A., Braithwaite, D.O., & Nicholson, J. (1999). Turning points in the development of blended family relationships. *Journal of Social and Personal Relationships, 16* (3), 291-313.

Baxter, L.A., Braithwaite, D.O., Bryant, L., & Wagner, A. (2004). Stepchildren's perceptions of the contradictions of stepfamily communication. *Journal of Social and Personal Relationships, 21,* 447-467.

Becker-Weidman, A., & Shell, D. (Eds.) (2010). *Attachment parenting: Developing connections.* Lanham, MD: Rowman & Littlefield.

Berall, F.S. (2004). Estate planning for unmarried same or opposite sex cohabitants. *Quarterly Law Review 23,* 361-382.

Berger, R. (1998). *Stepfamilies: A multi-dimensional perspective.* New York: Haworth Press.

Bernstein, A. (1990). *Yours, mine, and ours: How families change when remarried parents have a child together.* New York : Norton.

Biglan, A., Flay, B.R., Embry, D.D., & Sandler, I.N. (2012). The critical role of nurturing environments for promoting human well-being. *American Psychologist, 67,* 257-271.

Braithwaite, D.O., McBride, C.M., & Schrodt, P. (2003). "Parenting teams" and the everyday interactions of co-parenting in stepfamilies. *Communication Reports, 16* (2), 93-111.

Braithwaite, D.O., Olson, L.N., Golish, T.D., Soukup, C., & Turman, P. (2001). "Becoming a family" : Developmental processes represented in blended family discourse. *Journal of Applied Communcations Research , 29* (3), 221-247.

Braithwaite, D.O., Toller, P.W., Daas, K.L., Durham, W.T., & Jones, A.C. (2008). Centered but not caught in the middle: stepchildren's perceptions of dialectical contradictions in the communication of co-parents. *Journal of Applied Communication Research. 32* (1), 33-55.

Brand, E., Clingempeel, W.G., & Brown-Woodward, K. (1988). Family relationships and children's psychological adjustment in stepmother and stepfather families. In E.M. Hetherington & J.D. Arasteh (Eds.), *Impact of divorce, single parenting and stepparenting*

on children (pp. 299-324). Hillsdale, NJ : Lawrence Erlbaum.
Bray, J. (1999a). From marriage to remarriage and beyond: Findings from the Developmental Issues in Stepfamilies Research Project. In E.M. Hetherington (Ed.), *Coping with divorce, single parenting, and remarriage. A risk and resiliency perspective* (pp. 263-273). New York: Lawrence Erlbaum Associates.
Bray, J. (1999b). Stepfamilies: The intersection of culture, context, and biology. *Monographs of the Society for Research in Child Development, Serial 259, 64* (4), 210-218.
Bray, J., & Berger, S.H. (1993). Developmental Issues in Stepfamilies Research Project: Family relationships and parent-child interactions. *Journal of Family Psychology, 7*, 76-90.
Bray, J., & Kelly, J. (1998). *Stepfamilies: Love, marriage and parenting in the first decade*. New York: Broadway Brooks.
Brown, S.L., & Lin, I.F. (2012). The gray divorce revolution: Rising divorce among middle-aged and older adults, 1990-2010. *The Journals of Gerontology Series B: Psychological Sciences and Social Sciences, 67* (6), 731-741.
Browning, S.C., & Artfelt, E. (2012). *Stepfamily therapy: A 10-step clinical approach*. Washington, DC: APA Books.
Buchanan, C.M., & Heiges, K.L. (2001). Effects of postdivorce conflict on children. In J.H. Grych & F.D. Fincham (Eds.), *Interparental conflict and child development: Theory, research, and application* (pp. 337-362). Cambridge: Cambridge University Press.
Buchanan, C.M., & Jahromi, P.L. (2008). A psychological perspective on shared custody arrangements. *Wake Forest Law Review, 33*, 419-439.
Bumpass, L.L., Raley, R.K., & Sweet, J.A. (1995). The changing character of stepfamilies: Implications of cohabitation and nonmarital childbearing. *Demography, 32*, 425-436.
Buckhalt, J.A. (2012). Sleep recommendations for children. *Pediatrics, 129* (5), 991.
Buckhalt. J.A., El-Sheikh, M., Holthaus, C., Baker, S., Wolfson, A. (2007). Sleep and school performance: What teachers and parents can do. *NASP Communique, 35* (8), June. Bethesda, MD: National Association of School Psychologists.
Cartwright, C. (2003). Therapists' perceptions of bioparent-child relationships in stepfamilies: What hurts? What helps? *Journal of Divorce and Remarriage, 38*, 147-166.
Cartwright, C. (2005a). Life stories of young adults who experienced parental divorce as children or adolescents. *9th Australian Institute of Family Studies Conference*. Australian Institute of Family Studies. Available at http://www.aifs.gov.au/conferences/aifs9/cartwright.html. (Accessed January 20, 2013.)
Cartwright, C. (2005b). Stepfamily living and parent-child relationships in stepfamilies: An exploratory investigation. *Journal of Family Studies, 11*, 267-283.
Cartwright, C. (2006). You want ro know how it affected me. Young adults' perceptions of the impact of parental divorce. *Journal of Divorce and Remarriage, 44*, 125-144.
Cartwright, C. (2008). Resident parent-child relationships in stepfamilies. In J. Pryor (Ed.), *The international handbook of stepfamilies: Policy, and practice in legal, research, and clinical environments* (pp. 208-230). Hoboken, NJ: Wiley.
Cartwright, C., & Seymour, F. (2002). Young adults' perceptions of parents' responses in stepfamilies: What hurts? What helps? *Journal of Divorce and Remarriage, 37*, 123-141.
Cherlin, A.J. (2004). The deinstitutionalization of American marriage. *Journal of Marriage*

and Family, 66, 848-861.
Cherlin, A.J., & Furstenberg, F.F. (1994). Stepfamilies in the United States: A reconsideration. *Annual Review of Sociology, 20,* 359-381.
Coleman, M., & Ganong, L. (1989). Financial management in stepfamilies. *Lifestyles: Family and Economic Issues, 10,* 217-232.
Coleman, M., Ganong, L., & Fine, M. (2000). Reinvestigating remarriage: Another decade of progress. *Journal of Marriage and the Family, 62,* 1288-1307.
Coleman, M., Ganong, L., & Rothrauff, T. (2009). Patterns of assistance between adult children and their older parents: Resources, responsibilities, and remarriage. *Journal of Social and Personal Relationships, 26,* 161-178.
Coltrane, S., Gutierrez, E., & Park, R.D. (2008). Stepfathers in cultural context: Mexican-American families in the United States. In J. Pryor (Ed.), *The international handbook of stepfamilies: Policy and practice in legal, research, and clinical environments* (pp. 100-121). Hoboken, NJ: Wiley.
Cowan, P.A., Cowan, C.P., & Schulz, M.S. (1996). Thinking about risk and resilience in families. In E.M. Hetherington & E.A. Blechman (Eds.), *Stress, coping, and resiliency in children and families. Family research consortium: Advances in family research.* Hillsdale, NJ: Lawrence Erlbaum.
Crosbie-Burnett, M. (1984). The centrality of the step relationships: A challenge to family theory and practice. *Family Relations, 33,* 459-463.
Crosbie-Burnett, M., & Helmbrecht, L. (1993). A descriptive empirical study of gay male stepfamilies. *Family Relations, 42,* 256-262.
Crosbie-Burnett, M., & Lewis, C.-B. (1993). Use of African-American family structures and functioning to address the challenges of European-American post-divorce families. *Family Relations, 42,* 243-248.
Cummings, E.M., & Davies, P. (1994). *Children and marital conflict: The impact of family dispute resolution.* New York: Guilford Press.
Darling, N. (1999). *Parenting style and its correlates.* Clearinghouse on Elementary and Early Childhood Education EDO-PS-99-31. Available at http://www.ericdigests.org/1999-4/parenting.htm (Accessed January 20, 2013.)
Davies, P.T., Sturge-Apple, M.L., Cichetti, D., & Cummings, E.M. (2007). The role of child adrenocortical functioning in pathways between interpersonal conflict and child maladjustment. *Developmental Psychology, 43,* 918-930.
Davis, G., Lizdas, K., Murphy, S.T., & Yauch, J. (2010). *The dangers of presumptive joint physical custody.* Minneapolis, MN: The Battered Women's Justice Project. Available at http://www.bwjp.org/files/bwjp/articles/Dangers_of_Presumptive_Joint_Physical_Custody.pdf. (Accessed May 28, 2011.)
de Jong Gierveld, J. (2004) Remarriage, unmarried cohabitation, living apart together: Partner relationships following bereavement or divorce. *Journal of Marriage and Family, 66,* 236-243.
Demo, D.H., & Acock, A.C. (1993). Family diversity and the division of domestic labor: How much have things really changed? *Family Relations, 42* (3), 323-331.
Demo, D.H., & Acock, A.C. (1996). Singlehood, marriage, and remarriage: The effect of

family structure and family relationships on mothers' well-being. *Journal of Family Issues, 17,* 388-407.

Deutsch, R., & Pruett, M.K. (2009). Child adjustment and high conflict divorce. In R .M. Galatzer-Levy & L. Krauss (Eds.), *The scientific basis of custody decisions* (2nd ed.) (pp. 353-374). New York: Wiley.

Doolittle, D.B. & Deutsch, R. (1999). Children and high conflict divorce: Theory, research, and intervention. In R. G.-L. Kraus (Ed.), *The scientific basis of child custody decisions* (pp. 425-440). New York: Wiley.

Dornbusch, S.M., Ritter, P.L., Leiderman, P.H., Roberts, D., & Farleigh, M. (1987). The relation of parenting style to adolescent school performance. *Child Development, 58,* 1244-1257.

Druckerman, P. (2007). *Lust in translation: The rules of infidelity from Tokyo to Tennessee.* New York: Penguin.

Dudley, S.C. (2010, August 24). *Keep your marriage at the center of the family.* The Blended Family Resource Center. Available at http://www.theblendedandstepfamilyresourcecent er.com/?s=Keep+your+marriage+at+the+center# (Accessed January 20, 2013.)

Dunn, J. (2002). The adjustment of children in stepfamilies: Lessons from community studies. *Child & Adolescent Mental Health, 7* (4), 154-161.

Dunn, J., O'Connor, T.G., & Cheng, H. (2005). Children's responses to conflict between their different parents: Mothers, stepfathers, nonresident fathers, and nonresident stepmothers. *Journal of Clinical Child and Adolescent Psychology, 34,* 223-234.

Dunn, J., Deater-Deckard, K., Pickering, K.I., O'Connor, T., Golding, J, & the ALSPAC Study Team (1998). Children's adjustment and pro-social behavior in step, single, and non-step family settings: Findings from a community study. *Journal of Child Psychology and Psychiatry, 39,* 1083-1095.

Dutra, L., Bureau, J., Holmes, B., Lyubchik, A., & Lyons-Ruth, K. (2009). Quality of early care and childhood trauma: A prospective study of developmental pathways to dissociation *Journal of Nervous and Mental Disease, 197,* 383-390.

El-Sheikh, M., Buckhalt, J., Cummings, E.M. & Keller, P. (2007). Sleep disruptions and emotional insecurity are pathways of risk for children. *Journal of Child Psychology and Psychiatry, 48* (1), 88-96.

El-Sheikh, M., Buckhalt, J.A., Mize, J.J., & Acebo, C.C. (2006). Marital conflict and disruption of children's sleep. *Child Development, 77*(1), 31-43.

Emery, R.E. (1982). Interparental conflict and the children of discord and divorce. *Psychological Bulletin, 92,* 310-330.

Everett, L. (1995). Stepfamilies: An "ostrich" concept in nursing education. *Nurse Educator, 20* (6), 29-35.

Faber, A. & Mazlish, E. (1980/ 2012). *How to talk so kids will listen and listen so kids will talk.* (Rev. ed.). N.Y.: Scribner.

Fackrell, T.A., Hawkins, A.J., & Kay, N.M. (2011). How effective are court-affiliated divorcing parents education programs? A meta-analytic review. *Family Court Review, 49,* 107-119.

Falicov, C.J. (2005). Mexican families. In M. McGoldrick, J. Giordano, & N. Garcia-Petro (Eds.), *Ethnicity and family therapy* (pp. 229-242). New York: Guilford Press.

Farr, R.H., & Patterson, C.J. (May 2011). *Adoptive families with lesbian, gay, and heterosexual parents: Coparenting and child outcomes*. Poster presented at the Annual Convention of the Association for Psychological Science. Washington, DC.

Fine, M.A., Coleman, M., & Ganong, L. (1998) Consistency in perceptions of the stepparent role among stepparents, parents, and stepchildren. *Journal of Social and Personal Relationships, 15*, 810-828.

Fishbane, M.D. (2008). "News from neuroscience" : Applications to couples therapy. In M.E. Edwards (Ed.), *Neuroscience and family therapy: Integrations and applications* (pp. 20-27). American Family Therapy Academy Monograph Series.

Fosco, G.M., & Grych, J.H. (2008) Emotional, cognitive, and family systems mediators of children's adjustment to interparental conflict. *Journal of Family Psychology, 22* (6) 843-854.

Fosha, D. (2000). *The transforming power of affect: A model for accelerated change*. New York: Basic Books.

Fulton, J.A. (1979) Parental reports of children's post-divorce adjustment. *Journal of Social Issues, 35* (4). 126-139.

Furstenberg, F.F, & Cherlin, A.J. (1991). *Divided families: What happens to children when parents part*. Cambridge, MA: Harvard University Press.

Ganong, L. (2008). Intergenerational relationships in stepfamilies. In J. Pryor (Ed.), *The international handbook of stepfamilies: Policy and practice in legal, research, and clinical environments* (pp. 53-78). Hoboken, NJ: Wiley.

Ganong, L., & Coleman, M. (1986). A comparison of clinical and empirical literature on children in stepfamilies. *Journal of Marriage and the Family, 48*, 309-318.

Ganong, L., & Coleman, M. (1988). Do mutual children cement bonds in stepfamilies? *Journal of Marriage and the Family, 50*, 687-698.

Ganong, L., & Coleman, M. (1994). *Remarried family relationships*. Thousand Oaks, CA: Sage.

Ganong, L., & Coleman, M. (2004). *Stepfamily relationships: Development, dynamics, and interventions*. New York: Plenum.

Ganong, L., Coleman, M., & Jamison, T. (2011). Patterns of stepchild-stepparent relationship development. *Journal of Marriage and Family, 73*, 396-413.

Ganong, L., Coleman, M., Fine, M. & Martin, P. (1999). Stepparents' affinity maintaining strategies with stepchildren. *Journal of Family Issues, 20*, 299-327.

Garcia-Petro, N. (2005a). Latino families: An overview. In M. McGoldrick, J. Giordano, & N. Garcia-Petro (Eds.), *Ethnicity and family therapy* (pp. 153-165). New York: Guilford Press.

Garcia-Petro, N. (2005b). Puerto Rican families. In M. McGoldrick, J. Giordano, & N. Garcia-Petro (Eds.), *Ethnicity and family therapy* (pp. 242-255). New York: Guilford Press.

Gartrell., N., & Bos, H. (2010). U.S. National Longitudinal Lesbian Family Study: Psychological adjustment of 17-year old adolescents. *Pediatrics, 126* (1), 1-9.

Gartrell, N., Bos, H., Peyser, H., Deck, A., & Rodas, C. (2011). Family characteristics, custody arrangements, and adolescent psychological well-being after lesbian mothers break up. *Family Relations, 60*, 572-585.

Golish, T.D. (2003). Stepfamily communications strengths: Understanding the ties that bind.

Human Communication Research, 29, 41-80.
Gottman, J.M. (1994). *Why marriages succeed or fail: What you can learn from the breakthrough research to make your marriage last.* New York: Simon and Schuster.
Gottman, J.M. (1999). *The seven principles for making marriages work : A practical guide.* New York: Random House.
Gottman, J.M. (2011). *The science of trust: Emotional attunement for couples.* New York: Norton.
Gottman, J.M., & Gottman, J.S. (2006). *10 lessons to transform your marriage.* New York: Random House.
Gottman, J.M., & Levenson, R. (2004). *12-year study of gay and lesbian couples.* Gottman Institute. Available at http://www.gottman.com/research/gaylesbian/. (Accessed February 4, 2008.)
Grych, J.H., & Fincham, F.D. (2001). *Interparental conflict and child development : Theory, research and application.* New York: Cambridge University Press.
Gunnoe, M.L., & Hetherington, E.M. (2004). Stepchildren's perceptions of noncustodial mothers and noncustodial fathers: Differences in socio-emotional involvement and associations with adolescent adjustment problems. *Journal of Family Psychology, 18* (4), 1-9.
Herbine-Blank, T. (2012). *Reminders for IFS therapists.* Available at http://www.toni.therapylinq.com/2012/06/reminders-for-ifs-therapists. (Accessed September 5, 2012.)
Hatzenbuehler, M.L., Keyes, K.M, & Hasin, D.S. (2009). State-level policies and psychiatric morbidity in lesbian, gay, and bisexual populations. *American Journal of Public Health, 99* (12), 2275-2281.
Hetherington, E.M. (1993) . An overview of the Virginia Longitudinal Study of Divorce and Remarriage with a focus on early adolescence. *Journal of Family Psychology, 7,* 39-56.
Hetherington, E.M. (Ed.) (1999a). *Coping with divorce, single parenting, and remarriage: A risk and resiliency perspective.* Mahwah, NJ: Lawrence Erlbaum Associates.
Hetherington, E.M. (1999b). Family functioning and the adjustment of siblings in diverse types of stepfamilies. *Monographs of the Society for Research in Child Developmemt, Serial 259,* 64(4), 1-25.
Hetherington, E.M., &. Clingempeel, W.G. (1992). Coping with marital transitions. *Monographs of the Society for Research in Child Development, 57,* 1-14.
Hetherington, E.M., & Jodl, K.M. (1994). Stepfamilies as settings for child development. In A. Booth & J. Dunn (Eds.). *Stepfamilies: Who benefits? Who does not?* (pp. 55-80). Hillsdale, NJ: Lawrence Erlbaum.
Hetherington, E.M., & Kelly, J. (2002). *For better or for worse: Divorce reconsidered.* New York: W.W. Norton.
Hetherington, E.M. & Stanley-Hagan, M. (1997). The effects of divorce on fathers and their children. In M.E. Lamb (Ed.), *The role of the father in child development* (pp. 191-211). New York: Wiley.
Hetherington, E.M. & Stanley-Hagan, M. (1999). Stepfamilies. In M.E. Lamb (Ed.), *Parenting and child development in "nontraditional" families* (pp. 137-139). Mahwah, NJ : Lawrence Erlbaum.

Hetherington, E.M., Bridges, M., & Insabella, G.M. (1998). What matters, what does not? Five perspectives on the association between marital transitions and children's adjustment. *American Psychologist, 53,* 167-184.

Hetherington, E.M., Henderson, S.H., & Reiss, D. (1999). Adolescent siblings in stepfamilies: Family functioning and adolescent adjustment. *Monographs of the Society for Research in Child Development, Serial 259,* 64 (4).

Higginbotham, B. (2010). Personal communication, July 18. 2010.

Higginbotham, B., & Adler-Baeder, F. (2010). Enhancing knowledge and agreement among ethnically and economically diverse couples in stepfamilies with the Smart Steps: Embrace the Journey Program. *Extension Journal, 48.* Available at http://www.joe.org/joe/2010february/iw7.php. (Accessed January 11, 2013.)

Hughes, D. (2007). *Attachment focused family therapy.* New York: W.W. Norton.

Hughes, D. (October 18, 2008). *The treatment of complex trauma in children and their parents: Co-regulating their affect and co-creating their stories.* Workshop presented at the New England Society for the Treatment of Trauma and Dissociation. Newton, MA.

Hughes, D.A. (2009). *Attachment-focused parenting: Effective strategies to care for children.* New York: Norton Professional Books.

Ihinger-Tallman, M. & Pasley, K. (1997). Stepfamilies in 1984 and today: A scholarly perspective. *Marriage and Family Review, 26,* 19-40.

Isaacs, A.R. (2002). Children's adjustment to their divorced parents' new relationships. *Journal of Paediatrics and Child Health, 38* (4), 329-331.

Jeynes, W.H. (2007). The impact of parental remarriage on children: A meta-analysis. *Marriage & Family Review, 40* (4), 75-98.

Johnson, C.L. (1998). Effeccs of divorce on grandparenthood. In D. Szinovacz (Ed.), *Handbook of grandparenthood* (pp. 186-199). Westport, CT: Greenwood Press.

Johnson, S. (2004). *The practice of emotionally focused couple therapy; Creating connection.* New York: Routledge.

Johnson, S. (2008). *Hold me tight: Seven conversation for a lifetime of love.* New York: Little, Brown.

Johnson, S. (2012). The great motivator: The power of emotion in therapy. *Psychotherapy Networker, May/June 2012,* 27-33, 56-57.

Johnston, J.R. (1995). Children's adjustment in sole custody compared to joint custody families and principles for custody decision making. *Family Court Review, 33* (4), 415-425.

Kamenetz, A. (2006). *Generation in debt: Why now is a terrible time to be young.* New York: Penguin.

Karney, B.R., Garvan, C.R., & Thomas, M.S. (2003). *Family formation in Florida: 2003 baseline survey of attitudes, beliefs, and demographics relating to marriage and family formation.* Gainesville, FL: University of Florida.

Kierkegaard, S. (1962). *Works of love.* New York: Harper Perennial.

King, V. (2006). The antecedents and consequences of adolescents' relationships with stepfathers and nonresident fathers. *Journal of Marriage and Family, 68* (4), 910-928.

King, V. (2009). Stepfamily formation: Implications for adolescent ties to mothers, nonresident fathers, and stepfathers. *Journal of Marriage and the Family, 71* (4), 954-968.

Kinniburgh-White, R., Cartwright, C., & Seymour, F. (2010) Young adults' narratives of relational development with stepfathers. *Journal of Social and Personal Relationships, 27,* 1-19.
Kline, M., Johnston, J.R., & Tschann, J.M. (1991). The long shadow of marital conflict: A model of children's postdivorce adjustment. *Journal of Marriage and the Family, 53,* 297-309.
Koerner, S.S., Rankin, L.A., Kenyon, D.B., & Korn, M. (2004). Mothers re-partnering after divorce: Diverging perceptions of mothers and adolescents. *Journal of Divorce and Remarriage, 41* (1-2), 25-38.
Kurdek, L.A. (2004) Are gay and lesbian cohabiting couples really different from heterosexual married couples? *Journal of Marriage and Family, 66,* 880-900.
Kurdek, L.A. (2008). Change in relationship quality for partners from lesbian, gay male, and heterosexual couples. *Journal of Family Psychology, 22* (5), 701-711.
Kurdek, L. A., & Fine, M.A. (1993). The relation between family structure and young adolescents appraisals of family climate and parenting behavior. *Journal of Family Issues, 14,* 279-290.
Lamb, M.E. (1997). *The role of fathers in child development* (3rd ed.). New York: Wiley.
Lansford, J.E., Ceballo, R., Abbey, A., & Stewart, A.J. (2001). Does family structure matter? A comparison of adoptive, two-parent biological, single-mother, stepfather, and stepmother households. *Journal of Marriage and Family, 63* (3), 840-851.
Larson, A. (1992). Understanding stepfamilies. *American Demographics, 14,* 36-40.
LaSala, M.C. (2010). *Coming out, coming home: Helping families adjust to a gay or lesbian child.* New York: Columbia University Press.
Last, E. (2011, April 2). Astrological forecast. *The Boston Globe,* "g" *section,* 22.
Lev, A.I. (2004a). *The complete lesbian and gay parenting guide.* New York: Penguin Press.
Lev, A.I. (2004b). *Transgender emergence: Therapeutic guidelines for working with gender-variant people and their families.* New York: Haworth.
Lutz, P. (1983). The stepfamily: An adolescent perspective. *Family Relations, 32,* 367-376.
Lynch, J.M. (2005). Becoming a stepparent in gay/lesbian stepfamilies. *Journal of Homosexuality, 48* (2), 45-60.
Lynch, J.M. (2000) [Quoted in text as in van Eeden-Moorefield (in press)] Considerations of family structure and gender composition. *Journal of Homosexuality, 40* (2), 81-95.
MacNish, M., & Gold-Peifer, M. (2011). Families in transition: Supporting families of transgender youth. In A. I. Lev, & J. Malpas (Eds.), *At the edge: Exploring gender and sexuality in couples and families. AFTA Monograph Series, 7,* 34-42.
Malia, S.E.C. (2008). How relevant are U.S. family and probate laws to stepfamilies? In J. Pryor (Ed.), *The international handbook of stepfamilies: Policy and practice in legal, research, and clinical environments* (pp. 545-572). Hoboken, NJ: Wiley.
Malpas, J. (2011). Between pink and blue: A multi-dimensional family approach to gender nonconforming children and their families. *Family Process, 50,* 433-470.
Markman, H.J., Rhoades, G.K., Stanley, S.M., & Ragan, E.P. (2010). The premarital communication roots of marital distress and divorce: The first five years of marriage. *Journal of Family Psychology, 24* (3). 289-298.

Maurel, L. (2011). Discussing gender in the context of family therapy: A developmental perspective. In A.I. Lev, & J. Malpas (Eds.), *At the edge: Exploring Gender and Sexuality in Couples and Families. American Family Therapy Academy Monograph Series, 7*, 47-53.

McGoldrick, M., Giordano, J., & Garcia-Petro, N. (Eds.) (2005). *Ethnicity and family therapy.* New York: Guilford Press.

McIntosh, J.E. (2012). *Infants and overnights: The drama, the players, and their scripts.* Plenary, AFCC 49th Annual Conference, June 9, Chkago, IL.

Mignot, J.-F. (2008). Stepfamilies in France since the 1990s: An interdisciplinary overview. In J. Pryor (Ed.), *The international handbook of stepfamilies: Policy and practice in legal, research, and clinical environments* (pp. 53-78). Hoboken, NJ: Wiley.

Mills, D.M. (1984). A model for stepfamily development. *Family Relations, 33*, 365-372.

Murray, S.L. (2011). *Residential stepmothers' perceptions of co-parenting with the noncustodial mother* (unpublished doctoral dissertation). Massachusetts School of Professional Psychology, Boston, MA.

National Center for Fathering (2009). *Survey of fathers' involvement in children's learning: Summary of findings.* National Center for Fathering and National Parent Teacher Association. Available at http://www.fathers.com/documents/research/2009_Education_Survey_Summary.pdf. (Accessed August 18, 2012.)

Nevis, S.M., & Warner, E.S. (1983). Conversing about gestalt couple and family therapy. *The Gestalt Journal, 6* (2), 40-50.

Nicholson, J., Halford, K., & Sanders, M. (2007). Couple communication in stepfamilies. *Family Process, 46* (4), 471-483.

Nicholson, J.M., Sanders, M.R., Halford, W.K., Phillips, M., & Whitton, S.W. (2008). The prevention and treatment of children's adjustment problems in stepfamilies. In J. Pryor (Ed.), *The international handbook of stepfamilies: Policy and practice in legal, research, and clinical environments* (pp. 485-521). Hoboken, NJ: Wiley.

Nielson, L. (1999). Stepmothers: Why so much stress? A review of the research. *Journal of Divorce and Remarriage, 30*(1-2), 114-148.

Nozawa, S. (2008). The social context of emerging stepfamilies in Japan. In J. Pryor (Ed.), *The international handbook of stepfamilies: Policy and practice in legal, research, and clinical environments* (pp. 79-99). Hoboken, NJ: Wiley.

Ogden, P., Minton, M., & Pain, C. (2006). *Trauma and the body: A sensorimotor approach to psychotherapy.* New York: Norton.

Olsen, C.S., & Skogrand, L. (2009). Cultural implications and guidelines for extension and family life programming with Latino/Hispanic audiences. *The Forum for Family and Consumer Issues, 14* (1). Available at http://ncsu.edu/ffci/publications/2009/v14-n1-2009-spring/index-v14-n1-spring-2009.php. (Accessed January 10, 2013.)

Papernow, P.L. (1984). The stepfamily cycle: An experiential model of stepfamily development. *Family Relations, 33* (3), 355-363.

Papernow, P.L. (1987). Thickening the "middle ground" : Dilemmas and vulnerabilities of remarried couples. *Psychotherapy, 24* (3S), 630-639.

Papernow, P.L. (1988). Stepparent role development: From outsider to intimate. In W. Beer (Ed.), *Relative strangers: Studies of stepfamily processes* (pp. 54-82). Totowa, NJ : Rowman

& Littlefield.
Papernow, P.L. (1993). *Becoming a stepfamily: Patterns of development in remarried families*. NJ: Taylor & Francis.
Papernow, P.L. (2002). Post-divorce parenting: A baker's dozen of suggestions for protecting children. *Family Mediation Quaterly, 1* (2), 6-10.
Papernow, P.L. (2006). "Blended family" relationships: Helping people who live in stepfamilies. *Family Therapy Magazine, 5* (3), 34-42.
Papernow, P.L. (2008). A clinician's view of "stepfamily architecture." In J. Pryor (Ed.), *The international handbook of stepfamilies* (pp. 423-454). Hoboken, NJ: Wiley.
Papp, L.M., Pendry, P., & Adam, E.K. (2009). Mother-adolescent physiological synchrony in naturalistic settings: Within-family cortisol associations and moderators. *Journal of Family Psychology, 23* (6), 882-894.
Pasley, K., & Ihinger-Tallman, M. (1984). Stress in remarried families. *Family Perspectives, 16*, 181-190.
Pasley, K., & Lee, M. (2010). Stress and coping in the context of stepfamily life. In C. Price & S. H. Price (Eds.), *Families and change: Coping with stressful life events* (3rd ed.) (pp. 233-259). Thousand Oaks, CA: Sage.
Pasley, K., & Moorefield, B. (2004). Stepfamilies: Changes and challenges. In M. Coleman & L. Ganong (Eds.), *Handbook of contemporary families: Considering the past, contemplating the future* (pp. 317-330). California: Sage.
Pasley, K., Sandras, E., & Edmondson, M.E. (1994). The effects of financial management strategies on quality of family life in remarriage. *Journal of family and Economic Issues, 15*, 53-70.
Pasley, K., Rhoden, L., Visher, E.B., Visher, J.S. (1996). Successful stepfamily therapy: Client's perspectives. *Journal of Marriage and the Family, 22*, 343-357.
Patterson, C.J. (2000) Family relationships of lesbians and gay men. *Journal of Marriage and the Family, 62*, 1052-1069.
Patterson, C.J. (2009). Children of lesbian and gay parents: Psychology, law and policy. *American Psychologist*, November, 727-736.
Payne, K.K. (2011) . *On the road to young adulthood: Leaving the parental home (FO-11-02)*. National Center for Marriage and the Family Research. Available at http://ncfmr.bgsu.edu/pdf/family_profiles/file98800.pdf. (Accessed January 10, 2013.)
Pedro-Carroll, J. (2010). *Putting children first: Proven parenting strategies for helping children thrive through divorce*. New York: Penguin.
Pendry, P., & Adam, E.K. (2007). Association between parents' marital functioning, maternal parenting quality, maternal emotions and child cortisol levels. *International Journal of Behavioral Development, 31*, 218-231.
Pruett, M.K. (2000). *Fatherneed: Why father care is as essential as mother care for your child*. New York: Free Press.
Pruett, M.K., Ebling, R., & Insabellla, G. (2004). Critical aspects of parenting plans for young children: Injecting data into the debate about overnights. *Family Courts Review, 42* (1), 35-59.
Pruett, K., & Pruett, M.K. (2009). *Partnership parenting: How men and women parent*

differently: Why it helps your kids and can strengthen your marriage. Cambridge, MA: Da Capo Press.
Pryor, J. (2004). *Resilience in stepfamilies*. Wellington, New Zealand: Ministry of Socal Development.
Pryor, J. (2008). Children in stepfamilies: Relationships with nonresident parents. In J. Pryor (Ed.), *The international handbook of stepfamilies: Policy and practice in legal, research, and clinical environments* (pp. 345-368). Hoboken, NJ : Wiley.
Rodwell, J. (2002). *Repartnered families: Creating new ways of living together beyond the nuclear family*. Auckland, New Zealand: Abe Books.
Ryan, C., Huebner, D., Diaz, R.M., & Sanchez, J. (2009). Family rejection as a predictor of negative health outcomes in white and Latino lesbian, gay, and bisexual young adults. *Pediatrics, 123* (1), 346-352. Available at http://pediatrics.aappublications.org/content/123/1/346.full.html. (Accessed January 10, 2013.)
Ryan, C., Russell, S.T., Huebner, D., Diaz, R., & Sanchez, J. (2010). Family acceptance in adolescence and the health of LGBT young adults. *Journal of Child and Adolescent Psychiatric Nursing, 23* (4), 205-213.
Scheinkman, M. (2010). Foreign affairs. *Psychotherapy Networker, 34* (4). Available at http://www.psychotherapynetworker.org/magazine/recentissues/928-foreign-affairs. (Accessed January 10, 2013.)
Schrodt, P. (2006a). The Stepparent Relationship Index: Development, validation, and associations with stepchildren's perceptions of stepparent communication, competence and closeness. *Personal Relationships, 13*, 167-182.
Schrodt, P. (2006b). A typological examination of communication competence and mental health in stepchildren. *Communication Monographs, 73*, 309-333.
Schwartz, R.C. (1995). *Internal family systems therapy*. New York: Guilford.
Schwartz, R.C. (2001). *Introduction to the internal family systems model*. Illinois: Center for Self Leadership. Available at http://www.selfleadership.org/store. (Accessed January 10, 2013.)
Schwartz, R.C. (2008). *You are the one you've been waiting for*. Illinois: Center for Self Leadership. Available at http://www.selfleadership.org/store. (Accessed January 10, 2013.)
Scott, T.M., Gagnon, J.C., & Nelson, C.M. (2008). School-wide systems of positive behavior support: A framework for reducing school crime and violence. *Journal of Behavior Analysis of Offender and Victim: Treatment and Prevention, 1* (3), 259-272.
Sedita. J. (1998). *Helping your child with organizational and study skils*. Keys to Literacy. Available at http://www.keystoliteracy.com/resources/articles/. (Accessed January 20, 2013.)
Sedita, J. (2008). *What every educator and patent should know about reading instruction*. Keys to Literacy. Available at http://www.keystoliteracy.com/reading-comprehension/reading-comprehension-instruction.htm. (Accessed January 10, 2013.)
Seltzer, J.A. (1998). Father by law: Effects of joint legal custody on nonresident father's involvement with children. *Demography, 35* (2), 135-146.
Shapiro, F. (2001). *Eye movement desensitization and reprocessing (EMDR): Basic principles,*

practices, and procedures (2nd ed.). New York: Guilford.

Shelton, K.H., Walters, S. L., & Harold, G.T. (2008). Children's appraisals of relationships in stepfamilies and first families: Comparative links with externalizing and internalizing behaviors. In J. Pryor (Ed.), *International handbook of stepfamilies: Policy, and practice in legal, research, and clinical environments* (pp. 250-276). Hoboken, NJ: Wiley.

Shoup, R., Gonyea, R.M., & Kuh, G.D. (2009). *Helicopter parents: Examining the impact of highly involved parents on student engagement and educational outcomes.* 49th Annual Forum of the Association for Institutional Research, June 1, 2009. Atlanta, GA.

Siegel, D.J. (2012). *The developing mind* (2nd ed.). New York: Guilford.

Siegel, DJ., & Brayson, T.P. (2011). *The whole brain child: 12 revolutionary strategies to nurture your child's developing mind.* New York: Delacorte Press.

Siegel, D.J., & Hartzell, M. (2003). *Parenting from the inside out.* New York: Penguin.

Skogrand, L., Barrios-Bell, A., & Higginbotham, B. (2009). Stepfamily education for Latino couples and families: Implications for practice. *Journal of Couple and Relationship Therapy: Innovations in Clinical and Educational Interventions, 8*, 113-128.

Sobolewsky, J.M. & King, V. (2005). The importance of the co-parental relationship for nonresident fathers' ties to children. *Journal of Marriage and Family, 67*, 1196-1212.

Sroufe, L.A., Egeland, B., Carlson, E.A., & Collins, W.A. (2005). *The development of the person: The Minnesota study of risk and adaptation from birth to adulthood.* New York: Guilford.

Stahl, P.M. (1999). Personality traits of parents and developmental needs of children in high-conflict families. *Academy of Certified Family Law Specialists Newsletter, Winter Issue, 3*, 8-16. Available at http://www.parentingafterdivorce.com/articles/highconflict.html. (Accessed March 31, 2012.)

Stanley, S.M., Blumberg, S.L., & Markman, H.J. (1999) . Helping couples fight for their marriages. In R. Berger & M. Hannah (Eds.), *Preventive approaches in couples therapy* (pp. 279-303). New York: Brunner/Mazel.

Stanley, S.M., Markman, H.J., St. Peters, M. & Leber, B.D. (1995). Strengthening marriage and preventing divorce: New directions in prevention research. *Family Relations, 44*, 392-401.

Stanley, S.M., Markman, H.J., & Whitton, S. (2002). Communication, conflict, and commitment: Insights on the foundations for relationship success from a national survey. *Family Process, 41*, 659-675.

Steinberg, L., Dornbusch, S.M., & Brown, B.B. (1992). Ethnic differences in adolescent achievement: An ecological perspective. *American Psychologist, 47*, 723-739.

Steinberg, L., Mounts. N.S., Lamborn, S.D., & Dornbusch, S.M. (1991). Authoritative parenting and adolescent adjustment across varied ecological niches. *Journal of Research on Adolescence, 1*, 19-36.

Stewart, S.D. (2005). How the birth of a child affects involvement with stepchildren. *Journal of Marriage and the Family, 67*, 461-473.

Stewart, S.D. (2007). *Brave new stepfamilies.* Thousand Oaks, CA: Sage.

Stone, D., Patton, B., & Heen, S. (1999). *Difficult conversations: How to discuss what matters most.* New York: Penguin.

Strauss, M. (2009). Bungee families. *Psychotherapy Networker, September/October*, 30-37, 58-59.

Stykes, J. (2012). *Nonresident father visitation (FP-12-02)*. National Center for Family & Marriage Research. Available at http://ncfmr.bgsu.edu/pdf/familyprofiles/file106987.pdf. (Accessed March 26, 2012.)

Taffel, R. (2009) . Vertically challenged: Treating the nonhierarchical family. *Psychotherapy Networker, September/October*, 23-29, 56-57.

Teachman, J. & Tedrow, L. (2008). The demography of stepfamilies in the United States. In J. Pryor (Ed.), *The international handbook of stepfamilies: Policy and practice in legal, research, and clinical environments* (pp. 3-29). Hoboken, NJ: Wiley.

Teicher, M. (2011). *Does child abuse permanently alter the human brain?* New England Society for the Treatment of Trauma and Dissociation, April 30, 2011. Lexington, MA.

Teicher, M.H., Samson, J.A., Sheu, Y.S., Polcari, A., & McGreenery, C.E. (2010). Hurtful words: Association of exposure to peer verbal abuse with elevated psychiatric symptom scores and corpus callosum abnormalities. *American Journal of Psychiatry, 167*(2), 1464-1471.

Turkle, S (2001). *Alone together: Why we expect more from technology and less from each other*. New York: Basic Books.

U.S. Bureau of the Census (1993). *Current population reports, Hispanic Americans today*. Washington, DC: U.S. Government Printing Office.

U.S. Bureau of the Census (2000). *Public Information Office*. Washington, DC: U.S. Government Printing Office.

U.S. Bureau of the Census (2003). *Current population reports: The Hispanic population on the United States: March, 2002*. Washington, DC: U.S. Government Printing Office.

van Eeden-Moorefield, B. (in press). *The experiences of stepfamilies headed by gays and lesbians*. Auburn, AL: National Stepfamily Resource Center.

van Eeden-Moorefield, B., & Pasley, K. (2012). Remarriage and stepfamily life. In G. Peterson & K. Bush (Eds.), *Handbook of marriage and the family* (3rd ed.) (pp. 517-548). New York: Springer.

van Eeden-Moorefield, B., Pasley, K., Dolan, E.M., & Engel, M. (2007). From divorce to remarriage. *Journal of Divorce and Remarriage, 47* (3/4), 27-42.

van Gelderen, L., Bos, H.M.W., Gartrell, N., Hermanns, J., & Perrin, E.D. (2011). Quality of life of adolescents raised from birth by lesbian mothers: The U.S. National Longitudinal Family Study. *Journal of Developmental & Behavioral Pediatrics, 33* (1). Available at http://www.nllfs.org/images/uploads/pdf/nllfs-quality-life-january-2012.pdf. (Accessed January 12, 2013.)

van Gelderen, L., Gartrell, N., Bos, H., van Rooij, F.B., & Hermanns, J.M.A. (2012). Stigmatization associated with growing up in a lesbian-parented family: What do adolescents experience and how do they deal with it? *Children and Youth Services Review, 34* (5), 999-1006.

Visher, E.B., & Visher, J. (1979). *Stepfamilies: A guide to working with stepparents and stepchildren*. Levittown, PA: Taylor & Francis.

Visher, E.B., & Visher, J. (1996). *Therapy with stepfamilies*. New York: Brunner/Mazel.

Wang, W. (2012). *The rise of intermarriage*. Pew Research Center: Pew Social and Demographic Trends. Available at http://pewresearch.org/pubs/2197/intermarriage-race-ethnicity-asians-whites-hispanics-blacks. (Accessed October 14, 2012.)

Warren, E. & Tyagi, A.W. (2005). *All your worth: The ultimate lifetime money plan*. New York: Simon & Schuster.

Watson, W.K., & Stelle, C. (2011). *Online dating: Adults self descriptions and preferences*. 64th Annual Scientific Meeting of the American Gerontological Society, November 16-22, 2011. Boston, MA.

Weaver, S.E., & Coleman, M. (2005). A mothering but not a mother role. *Journal of Social and Personal Relationships, 22*, 447-497.

White, L., & Gilbreth, J.G. (2001). When children have two fathers: Effects of relationships with stepfathers and noncustodial fathers on adolescent outcomes. *Journal of Marriage and Family, 63*, 155-167.

Whiteside, M.F. (1988a). Creation of family identity through ritual performance in early remarriage. In E. Imber-Black, J. Roberts, & R. Whiting (Eds.), *Rituals and family therapy* (pp. 276-304). New York: Norton.

Whiteside, M.F. (1988b). Remarried systems. In L Combrinck-Graham (Ed.), *Children in family contexts: Perspectives on treatment* (pp. 135-160). New York: Guilford.

Whitton, S.W., Nicholson, J.M., & Markman, H.J. (2008). Research on interventions for stepfamily couples: The state of the field. In J. Pryor (Ed.), *The international handbook of stepfamilies: Policy and practice in legal, research, and clinical environments* (pp. 455-484). Hoboken, NJ: Wiley.

Wittman, J.P. (2001). *Custody chaos, personal peace: Sharing custody with an ex who is driving you crazy*. New York: Penguin.

Wright, J.M. (1998). *Lesbian step families: An ethnography of love*. New York: Haworth Press.

Zur, O., & Zur, A. (2011). *On digital immigrants and digital natives: How the digital divide affects families educational institutions and the workplace*. Zur Institute. Available at http://www.zurinstitute.com/digital_divide.html. (Accessed May 13, 2011.)

監訳者あとがき

　2014年9月13日，14日，明治学院大学白金キャンパスで開催された「ステップファミリー支援に必要な知識とスキル——米国の教育プログラムを学ぶ2日間」に参加させていただいた。そこで出会ったのが，パトリシア・ペーパーナウ先生であった。
　東京での講演は大変に臨床的でわかりやすく，さすがにステップファミリー支援の第一人者だと思った。さらにこの講演ではわが国に特徴的な祖父母を加えた日本の3世代のステップファミリーの模擬事例をもとに話しをされ，日本の事情にも野沢慎司先生やSAJ（Stepfamily Association of Japan）の方たちの活動や文献を通じて知識を得た上での講演であったことがよくわかる。「日本語版への序文」にもそのことがよく表れている。講演後，意気投合していろいろなことを話し込んだ。
　そこで，今年の日本家族研究・家族療法学会32回大会（2015年9月4日，5日，6日，会場：日本女子大学）にも来ていただいて，ステップファミリーの支援法について話して欲しいと個人的に打診したところ大変に前向きな回答をしてくれた。それでは大会に間に合うように本書を訳出してみようと思い，その計画を告げると大喜びなさった。喜ばれた主な理由は，いまだに専門援助職といわれる人たちの中でもステップファミリーへの援助法についての基礎知識が乏しいこと，さらにはいろいろなインターネット情報が飛び交い，とんでもない考え方がステップファミリーの方たちにも蔓延しているのでそれを何とか阻止したいという思いからだと強く主張しておられた。善は急げと翻訳を実現化するために動き始めた。
　本書を手に取って読んでいただければお分かりのように，さまざまな代表的ケースをジェノグラムも描いて紹介しつつ，その特徴を明確にし，介入や支援の重要ポイントが記述されている。臨場感のあるケースの断片を織り交ぜながら，しかも介入援助のマニュアルとしてもすぐ使えるという工夫が凝らされている。
　ただ訳出には苦労した。SAJと野沢慎司先生とでまとめ上げた私が参加したセミナーの報告書「家族支援家のためのステップファミリー国際セミナー2014

報告書」(2015年3月31日発行)を参照しながら訳語を工夫した(「本書に出てくるステップファミリーにまつわる訳語について」をご覧いただきたい)。その結果,現在の日本語にない(あるいは馴染みのない)訳語をつけるといった挑戦もせざるを得なかった。ご批判を仰ぎたい。大まかにいって前半を中村が,中盤を吉川が,後半を大西が担当し,中村と大西とで訳語統一や訳文の推敲を行った。したがって翻訳についての責任はすべて両者にある。

　ともあれ金剛出版の梅田光恵さんの絶大な協力を得て,日本家族研究・家族療法32回大会での著者の講演やワークショップ前に出版できたことを喜びたい。本書がみなさまのお手元に届くことで,多くのステップファミリーの方やその支援者の方々に多くの恩恵があることを確信している。

2015年8月

監訳者　中村伸一,大西真美

索　引

【あ】

愛情と敵対　99
愛着　19, 21-24, 26-30, 33, 38-39, 72-73, 84, 101, 150
愛着理論　72
合間の空間　85
Ｉメッセージ　124, 149, 269, 270
アウトサイダー　28, 37-42, 44, 46-51, 59, 62, 64, 68, 70-71, 75, 83, 87-88, 93-94, 115, 138-139, 145-146, 157, 163, 194, 214, 217, 221-222, 232, 235, 237-238, 241-242, 246, 249, 253, 255, 266, 275-276, 278, 289-290
アウトサイダーの継親の打撲傷　50
アクティングアウト　84, 100
悪魔の言葉　227
遊びの時間　48
アダルトチルドレン　76
アボット／アンダーソン家族　3-5, 22-30, 37-39, 47, 64-67, 73, 75, 86-87, 89, 103-104, 120-123, 126-128, 134-135, 142-143, 157, 179, 229, 235, 241-242, 247-250, 255-256, 269
　ジェノグラム　3, 248
誤った方向転換　241
新たな家族文化　130, 138
ある部分　184
イージーライダー　239-240
怒りについての表現の仕方　271
移行時間　178
移行の儀式　179
遺産相続　222, 228
いじめ　196, 211
異性カップル　32
痛みが伴う行動　272
5つの主要なチャレンジ　10
5つのチャレンジ　35
一般的なガイドライン　46, 82, 117-118, 173
インサイダー　10, 37-42, 44, 46-51, 59, 68, 75, 77, 83, 87, 93, 163, 194, 207-208, 214, 217, 221, 238, 241, 243, 246, 249, 253, 255, 266, 276, 278, 288-290
インサイダー／アウトサイダーの立場　49, 52, 62, 68, 256, 259
インサイダー／アウトサイダーのチャレンジ　39, 41, 44, 47, 49, 194, 207-208, 243, 288
ウーズル　15-16
ウェルビーイング　11, 48-49, 64, 74-75, 77, 82, 100, 105, 118, 148, 155-156, 160, 162, 165, 176, 189, 201
うつ病　100, 226
浮気　162-164
「追い出せ」パラダイム　221
幼い子どもに一番必要なこと　177
オズグッド／パパス家族　218, 223　ジェノグラム　218
陥りやすい過ち　164
陥りやすい方向性　35, 40, 77, 107, 138, 164
親によるGPSシステム　167
親の傷つきやすい部分　90
親の共感性　73, 83, 88
親面接　163

【か】

解決（Resolution）：つかんでおくことと手放すこと　235
回避型　239, 241-242, 246-247
回避型ステップファミリー　241
覚醒レベル　19, 26, 122, 126, 149, 267
拡大家族との古い関係　171
拡大血縁関係　206
拡張親族との関係　176
過少覚醒　19-20, 22, 49, 100-101
過剰覚醒　19-20, 22, 49, 101
家族関係の再構成　234
家族史　142, 151

家族特有の習慣 132
家族の決まりごと 134
家族の行事 132, 146
家族の時間 26, 65, 85, 88
家族のプロセス 17
家族文化 11, 130-131
家族療法 8, 10, 83
カソリックの教義 208
課題をリフレームする 223
価値観の違い 175, 243
葛藤 12, 17, 27, 54, 64, 66, 76-77, 83, 86, 88, 105, 107, 119, 136, 151, 154-156, 160-162, 164-165, 167, 172-175, 177, 179-180, 182, 184, 200, 204, 209, 222, 234, 243-244, 257-259, 262, 287-288
葛藤の高いカップル 179
葛藤の高い共同養育関係 179
葛藤の低い関係 257
葛藤をクールダウンさせる 182
カップルセラピー 8, 218, 246, 259, 279-282
カップルの分裂 27
家庭の境界 175
壁を知ること 95
我慢強さ 124
感情的な覚醒 276
感情的なセラピーの詰め込み 59-60
感情に共感する 163, 276
感情の洪水 14
感情の反応性 14, 58
完全な生育史 288
気づきのある家族 239-240
気づきを与える 125, 278
逆の子育て 114
逆戻り 14, 90, 95
休日の行事 146
救世主願望の罠 83-84
共感 11, 21, 39, 41, 46-47, 49-50, 55, 62, 72-73, 83, 85, 88-89, 91, 95, 99, 102, 104-105, 117-118, 122-124, 143, 150, 174, 183, 201, 224-225, 240, 255, 257, 264, 266, 277, 290
　―的なペアレンティング 72

　―を深める 264
共同親権 154, 159, 161
共同養育 161-162, 166, 174-175, 177, 179-180, 200
共有する考え 145
共有する基盤 139
極端な調節不全 101
許容的な家庭 125
許容的な子育て 101
区切ること 93
口答え 102, 114, 121, 212
クレイマー家族 109-112, 155-156, 158-161, 165, 169, 233, 242 **ジェノグラム 110**
ゲイ・カップル 32
継きょうだい（継兄弟） 48, 67-71, 83, 86-87, 222
継親子関係 16, 70, 105-107, 109, 115, 117, 119-120, 122, 259, 288
継親が落ち着くこと 123
継親にとって手強い部分 91
継親へのヒント 120
継父が継子と距離を保っている 108
継母を追い込む父親 107
結婚式の相棒 237
欠如の意識 97
欠損の比較 74, 76
権威的な親役割 248
権威的な子育て 99-100, 102, 117, 119, 257
厳格と寛容 99
原家族 35, 43, 50-51, 125, 127, 240, 288-289
現実的な感情体験 64
健全な家族 16
幻想（Fantasy）：見えない負担 232
好奇心を培う質問 143
攻撃的な元配偶者 86
膠着したアウトサイダー 10, 37, 39, 47, 52, 77
膠着したインサイダー 10, 39, 47, 49-50, 52, 62
膠着したインサイダー・アウトサイダーの立場の断絶 52

行動（Action）：仕事を一緒にこなす　234
公平性について　282
高齢になってからのステップカップル　191
高齢の再婚カップル　222, 228, 232, 275
心の裏返し　255-256
個人精神療法　274
個人の心理的治療のための道具箱　274
子育てのスキル　124
子育てのチャレンジ　110, 125, 203, 208, 221, 257
ゴットマン101番　271
子どもたちの喪失体験　84
子どもたちの忠誠葛藤　65, 86
子どもの安全確保　184
子どものイベント　175
子どもの観点からストーリーを話せること　73
子どものストーリー　155
子どもの注意力　156
子どもの持ち物　178
子どもを責める　77
子どもを取り締まる　115
コンクリート・ベイビー　69
混合家族　3, 40, 63, 131

【さ】
最高の親　115
サイコセラピーネットワーク　221
再婚カップルのつながり　255
再婚家庭　206
座礁回避　92
里親　33
サブシステムを育てる　225
ジアニ／ハガティー家族　49, 51-58, 136-137, 149, 151-152, 194-200　**ジェノグラム 53**
ジェイキンズ／キング家族　7, 15, 23, 27, 31, 91-94, 126-127, 240, 275, 279　**ジェノグラム 7**
ジェットコースター型　239, 241, 243-245, 280
ジェノグラム　14, 42, 58, 60, 64, 67-68, 71, 78, 81, 92, 103, 112, 114-115, 139-140, 151-152, 155-158, 165, 167-168, 171, 185, 194, 196, 219-220, 223, 233, 237, 245, 288-289
しくじりによる学習　144
自己調節機能　267
自尊心　151, 156, 159, 204
実親子のアクティビティ　88
実親子のユニット　39, 83
しつけ　11, 83, 100-102, 104-105, 107-108, 114-115, 117-120, 132, 136, 145, 150, 152, 197, 204-205, 208, 213, 215, 236, 257, 276, 278
実親が抱える精神内的問題　90
実親の打撲傷　50
失敗から学ぶこと　138
支配的家庭　125
死別　31
ジョイニング　49, 53-54, 88, 97, 123-124, 149, 151, 181, 254-255, 259, 261-265, 271, 288
　—のストラクチャー　56, 58
　—の導入　53
　—の方向性　54
情報漏洩　155-156
初婚　31, 33, 38, 77, 85-86, 107, 109, 112, 122, 132, 136, 142, 155, 194, 204
初婚家族　8, 15-17, 19, 22-24, 26, 29, 99, 142, 156, 160, 236
シングル・ペアレント　15, 28, 74, 76, 99, 204, 206
シングル・マザー　5
新生児　67, 69-70
親族ネットワーク　132
シンプルな表現　183
心理教育　12-13, 20, 35, 45, 47, 50-51, 58, 83-84, 90-91, 118, 125, 144, 151, 174, 176, 185, 214, 239, 251, 253, 255, 274, 276, 287
　—のための道具箱　253
心理的な変化のスピードの違い　88
隙間を埋めること　49
スキンシップ　85-86
スクールカウンセラー　82-83, 211, 287

ステップカップル　10-12, 17, 28, 30, 32, 38-39, 41, 46-49, 62-63, 65, 69, 77-78, 83, 86, 88-89, 98, 102, 104, 106-110, 112, 117-119, 122, 125, 128, 131-132, 136, 145, 147-148, 156, 162-163, 177, 180, 193-194, 196-198, 201, 205-208, 210-211, 217, 222-223, 228, 232-235, 237, 240, 245, 288
ステップな関係性　5
ステップファミリー
　アフリカ系アメリカ人の―　203
　ゲイとレズビアンの―　15
　高齢者の―　217
　―構造　28-29, 31
　―におけるお金の扱い方　147
　―における発達段階　8
　―になること　8, 10-11, 17, 70, 98, 144, 210, 229, 239, 257, 285
　―になる6つのパターン　239
　―の凝集性　193
　―の建築　10-11, 29, 33, 46, 233
　―のサイクル　229, 231-232
　―のダイナミックス　10, 18
　―の民族　136
　成熟した―　76, 231, 235, 239, 241, 245, 247, 249
　単純―　30
　長期の―　237
　複雑―　30
　ラテン系―　33, 207-211, 213, 216
　レズビアンやゲイのカップルから成る―　193
ストレスと緊張の影響　173
ストレスの負荷　63
スリーパー効果　75
性交渉の開始年齢　204
精神内的ダイナミックス　13, 35
成長すること　247
成長の中で自尊心を築く機会　164
生物学的パラドクス　184
生理的覚醒レベル　19, 122
責めてはいけない　117

センサリモーター・セラピー　279
先生としての役割　120
選択した家族　199, 201
喪失感　63-64, 89, 91, 135, 138, 146, 160, 164, 194-195, 211-212, 218-220, 225-226, 233-245, 275
ソフト／ハード／ソフト　123, 148, 181, 187, 259, 262, 265-266, 272
祖父母とのカットオフ　166

【た】
対人関係スキル　12-14, 20, 35, 45, 51, 88, 92, 148, 173, 239-240, 251, 259-261, 267, 273-274
　―のための道具箱　259
タイムアウト　54, 121, 126-127, 149, 226, 259, 261-262, 268
耐えること　247
たくさんの一対一の時間をコツコツとつくる　47
多重の喪失を抱えた子どもたち　71
立ち入り禁止区域　281
タッカー／ウルフ家族　8, 15, 32, 194, 196, 200, 245-247　ジェノグラム9
抱っこの夜　27, 64-65, 85
ダッチドア　180-181
弾丸をつかめ　282
男性の喪失　160
ダンフォース／エミリー家族　5, 7, 30, 41-44, 49, 71, 78-81, 112-117, 137, 140-142, 156-157, 166-168, 170, 173, 185-189, 234, 237, 240, 275-276　ジェノグラム6
チェン／シジンスキー家族　5, 19, 31, 40-42, 44-45, 50-51, 58-62, 68, 71-72, 79-80, 84, 88, 91, 94-97, 133-135, 171-172, 245, 275-276, 279　ジェノグラム6
父親が継親になるとき　160
父親と継父との関係　159
チャレンジを正常化する　47
中間領域　19, 21-24, 26-30, 33, 39, 132-133, 135-138, 143, 153, 222, 231, 234, 236, 247

索　引　327

　　—の影響　22
忠誠葛藤　11, 31, 63, 65-67, 73, 86, 88, 91, 98, 105, 160, 163-164, 171, 176, 182, 194-195, 218, 225, 233-234, 245, 249, 256
つながり（Contact）：親密で本物なステップ関係　235
つながりの感覚　263
罪の意識　66, 80, 164
適正な覚醒　19-22, 24, 49-50, 99
敵対と厳格　102
出て行くストーリー　221
テリトリーを描く　8
同情という罠　143
同情の罠　46
同性愛に対する偏見　201
同性のステップカップル　32, 193-194
トラウマ　51, 101, 126, 144, 200-201, 210-211, 215, 244, 275, 279-280, 282, 287, 289
トラウマ焦点化催眠法　279
トランスジェンダーの継父　201

【な】
内的家族システムモデル　59, 95, 188, 212, 226
内面に焦点を移す　185
馴染みのある習慣　145
認知能力　156

【は】
パウル家族　7-8, 12, 15, 59, 85, 88-89, 91, 98, 163, 172, 193, 201, 219-220, 223-228, 275, 277　ジェノグラム　9
ハードライダー　239, 241
白馬の騎士　60-61, 96-97
激しい過覚醒　100
激しい感情を正常化する　47
母親が扉を閉ざす　165
ハラスメント　211
半分血のつながった兄弟たち　69
非言語的な手がかり　281
非言語のレベル　263

非同居の父親　159-160, 169, 172, 178, 189
日々の会話　178
秘密の取り扱い　282
ファミリー・プロセス　76
夫婦家族療法　10
夫婦面接　80, 95
2つの核家族　27
2つのBの決まり　113
部分という言葉を使用する　277
ブレンド・ファミリー　3, 5
文化的規範　108, 172, 205
分極化のポルカ　103-104, 112, 122-123, 126-128
ペアレンティング　17, 24, 27-28, 31-32, 64, 72-73, 83, 85, 90, 99, 100-102, 104-108, 117, 119, 124-125, 127
　　—の課題　99, 106
ペアレンティング・スタイル　99-100, 118-120, 126-127, 215, 267
並行養育　162, 174
別居の親　154
ペーパーナウ　130, 236
ペーパーナウの感情の打撲傷理論　13, 95, 188, 274, 278
ヘラー／ホフマン家族　69, 78, 81-82, 103, 114-115, 133-134, 139, 141, 167, 233-234, 240　ジェノグラム　70
変動（Mobilization）：違いを公表する　234
防衛線を引く　165
ポジティブなフィードバック　125, 176
没入（Immersion）：現実に直面　232
骨となる基本的な質問　289

【ま】
交じり合い　3, 33, 45, 65, 93, 223
交じり合った家族　16
3つの介入レベル　251
ミラーリング　49, 262
民族的背景　32
無関心または感情的コミットメントがほとんどないペアレンティング　101

難しい会話 181
メタファーの使用 144
メンドーザ／ヌネズ家族 205, 212-216 **ジェノグラム 213**
元配偶者 12, 132, 154-158, 162-168, 172-173, 175-185, 189, 200, 203, 206, 208, 222, 228, 231-232, 233, 236, 240, 243, 257-259, 261, 267, 275, 278, 288, 290
　──とのチャレンジ 200
　──の再婚 158, 176
　──のチャレンジ 174, 209, 222
　──のやり方 175
モニタリング 120-121
問題を解決する時間 48

【や】
ヤングアダルト 76, 101, 104
Uターン 14, 187, 278
You メッセージ 124, 149, 269-270
ゆっくりとほぼ安定した家族 239-240, 247
緩い中間地帯 22
養育同盟 117
養子関係の家族 33
予測不能的な子育て 101
4人の騎手の黙示録 272

【ら】
ライフステージの違い 104, 222
羅生門効果 46, 174
ラーソン家族 84, 130, 169, 220 **ジェノグラム 170**
離婚後 71, 101, 154-158, 165-166, 168, 173-174, 200, 203, 206, 287
離婚のない家族 99
リソース 8, 50, 80, 220
リターン・修復型の家族 241, 245
硫酸のメタファー 176
良好な継親−継子関係 105-106, 115
ルソー／スタントン家族 242-243 **ジェノグラム 243**
ルールの変更 145

礼儀正しさ 88, 102
レースカー型 239, 241, 245
レジリアンス 21, 72, 100
レズビアンとゲイの親 81
レズビアンの継母 198
レスペト 208, 213
レッテルを張らない 182
レッテルを張ること 149

【わ】
わが家のルール 118-119
「私たちらしさ」という糸 249

【アルファベット】
Adler-Baeder 32, 122, 201-205, 207-209
Afifi 76, 105, 156, 222, 242, 273
Ahrons 27, 63, 105, 161, 172
Amato 74-76, 156, 222
Amen 99
Angelou 131
Baumrind 99, 101
Baxter 40, 135
Berger 108, 172, 198, 201, 203, 205
Bray 75-76, 105-106, 108, 120-121, 236
Browning 8, 83, 206, 209, 235
Cartwright 64, 82, 98
Coleman 15-16, 33, 69-70, 74, 100, 105, 118, 160, 203, 236
Crosbie-Burnett 197, 201, 203, 206
Falicov 210
Fosha 21, 279
Ganong 15-16, 33, 69-70, 74, 100, 105, 118, 159, 203, 217, 236
Glick 15
Gottman 20, 193, 267, 271-272
Helmbrecht 197, 201
Hetherrington 106
Higginbotham 122, 209
Hughes 73, 89
Janis Abrahms Spring 282
John 21, 131, 254, 279, 282

Johnson 21, 166, 206, 227, 254, 279, 282
Kelly 105-106, 108, 121
Kierkegaard 233
McGoldrick 136
Ogden 19, 279
Reifman 120, 271
Schramm 204-205, 207-209
Schwartz 14, 21, 90, 166, 187-188, 206, 212, 226, 275, 279
Siegel 73, 88, 89, 184
Strauss 221
Taffel 85, 121
Visher 10, 77, 131
Wright 197-198

【欧字】
AEDP 279
Facebook 210
LAT（Living Apart Together） 223
LGBT 193, 196-199, 201
PFLAG 81
PLACE 73, 89

著者紹介

　著者パトリシア・ペーパーナウ氏について紹介する。1981 年以来，現在ボストンで開業臨床を続け，個人，カップル，家族の臨床にあたっている。同時に臨床家へのスーパービジョンを積極的に行っている。2010 年からは Institute for Stepfamily Education のディレクター，ハーバード大学医学部での臨床インストラクター，Chirls River Geshtalt Therapy Center のディレクター（1981-1987）など，指導者として活躍している。

　ハーバード大学を卒業後，ボストン大学で教育学の修士を終えた教育学博士（Ed.D.）である。その後，トラウマ，カップルセラピー，対人関係の神経生物学，アディクション，学習障害について学ぶ。また，Internal Family Systems Therapy（家族療法家 Dick Schwartz の創始した心理療法）を学び，トレイナーとなる。EMDR のレベルⅡも終える。

　ステップファミリーへの啓蒙のためテレビ出演もこなし，国内外で文字通りステップファミリーへの援助者として著名である。著者による日本語版への序文にあるように，若いころに日本文化と日本家族に触れ，昨年（2014），SAJ および野沢慎司教授（明治学院大学）の招きで再来日。著者本人もこころに残る日本再会だったようである。そこで私は出会い，同じ米国家族療法アカデミー（American Family Therapy Academy）の会員であることを知る。今年（2015），同アカデミーの大会で再会した。ここでもステップファミリーについて熱く語っていたのが印象的であった。もちろん家族療法に関する造詣は深く，ステップファミリーの援助について創始したヴィッシャー夫妻（Emery & John Visher）の後継者のように私の目には映った。本書については，著者本人が大変エネルギッシュにその重要性を説き，私もその熱意を感じ，その内容にも触れ，わが国での必要性も痛感したので翻訳を引き受けた次第である。

中村伸一（中村心理療法研究室）

●監訳者略歴
中村伸一（なかむら・しんいち）
1975 年　順天堂大学医学部卒業　医学博士
1978 年　同医学部精神医学教室卒後研修プログラム終了
1989 年　中村心理療法研究室開設，現在に至る
日本家族研究・家族療法学会前会長
米国家族療法アカデミー正会員
アジア家族研究・家族療法協会副会長・理事
日本思春期青年期精神医学会運営委員・編集委員
包括システムによる日本ロールシャッハ学会元理事
Asian Center for Therapeutic Assessment : Executive Director

著訳書
『家族療法の基礎』P. バーカー（監訳）金剛出版，1993
『家族療法の視点』金剛出版，1997
『まずい面接』カールソンら（監訳）金剛出版，2009
『家族・夫婦面接のための4つのステップ』ミニューチンら（監訳）金剛出版，2010
『家族・夫婦臨床の実践』金剛出版，2011
『家族療法テキストブック』（分担）金剛出版，2013

大西真美（おおにし・まみ）
2004 年　上智大学大学院文学研究科心理学科修士課程修了
2012 年　東京大学大学院教育学研究科臨床心理学コース博士満退
2015 年　大正大学人間学部臨床心理学科専任講師
臨床心理士・家族心理士。FAIT 研究会のメンバーとして，離婚を経験する子どもと家族を支援している。

著訳書
『家族・夫婦面接のための4ステップ』ミニューチンら（共訳），金剛出版，2010
『発達障害と家族支援　成人期における発達障害とその家族──結婚，そして子育てに伴う困難とその支援』金子書房，2011
『家族療法テキストブック』（分担）金剛出版，2013

■翻訳分担一覧
中村伸一（第1章，第2章）
大西真美（日本語版への序文，謝辞，第8章～第18章）
吉川由香　よしかわ・ゆか　千葉県スクールカウンセラー，臨床心理士（第3章～第7章）

ステップファミリーをいかに生き，育むか
――うまくいくこと，いかないこと――

2015 年 9 月 10 日印刷
2015 年 9 月 20 日発行

著　者　パトリシア・ペーパーナウ

監訳者　中村伸一・大西真美

発行人　立石　正信

発行所　株式会社 金剛出版
　　　　〒112-0005　東京都文京区水道 1-5-16
　　　　電話 03-3815-6661　振替 00120-6-34848

装　丁　本間公俊・北村仁

本文組版　志賀圭一

印刷・製本　音羽印刷

ISBN978-4-7724-1451-7 C3011　　　　　Printed in Japan ⓒ 2015

子どもの怒りに対する認知行動療法ワークブック

［著］＝デニス・G・スコドルスキー　ローレンス・スケイヒル
［監修］＝大野裕　［訳］＝坂戸美和子　田村法子

●B5判　●並製　●230頁　●定価 **3,000**円＋税
● ISBN978-4-7724-1439-5 C3011

10の治療セッションに沿って，
感情調節，問題解決，ソーシャルスキルを
学んでいけるよう構成された
「キレる」子どもに対する治療プログラム。

子ども虐待と治療的養育
児童養護施設におけるライフストーリーワークの展開

［著］＝楢原真也

●A5判　●上製　●240頁　●定価 **3,600**円＋税
● ISBN978-4-7724-1428-9 C3011

自らのナラティヴを紡ぎ
人生の歩みを跡づける
「ライフストーリーワーク」にもとづく
治療的養育の理論と実践の臨床試論。

いじめっ子・いじめられっ子の保護者支援マニュアル
教師とカウンセラーが保護者と取り組むいじめ問題

［著］＝ウォルター・ロバーツJr.
［監訳］＝伊藤亜矢子　［訳］＝多々納誠子

●A5判　●並製　●224頁　●定価 **2,600**円＋税
● ISBN978-4-7724-1421-0 C3011

保護者と教師が対立する悪循環を断ち切り，
保護者－教師－カウンセラーのチームワークと
問題解決スキルを育てる
「いじめ解決マニュアル」決定版！

家族療法テキストブック

［編］=日本家族研究・家族療法学会

●B5判 ●上製 ●368頁 ●定価 **5,600**円+税
● ISBN978-4-7724-1317-6 C3011

家族療法30年。本邦初の集大成！
その理論と実践をあまねく網羅した臨床家必携の定本。
事例を交えたわかりやすい記述，用語解説・コラムを収載した本書は，
家族療法を学ぶための最適な入門書。

家族療法のスーパーヴィジョン
統合的モデル

［著］=ロバート・E・リー　クレッグ・A・エベレット
［監訳］=福山和女　石井千賀子

●A5判 ●上製 ●280頁 ●定価 **3,800**円+税
● ISBN978-4-7724-1193-6 C3011

臨床教育者とスーパーヴァイザーのための
家族療法スーパーヴィジョン入門書。
基本概念を明確かつ簡潔に解説。

家族のための心理援助

［著］=中釜洋子

●四六判 ●上製 ●254頁 ●定価 **2,800**円+税
● ISBN978-4-7724-1027-4 C3011

家族療法と個人療法の両立・統合を視野におき，
特に家族合同面接を中心にその理論と技法を解説。
家族にかかわるすべての臨床家のための
家族療法を学べる一冊。

家族・夫婦面接のための4ステップ
症状からシステムへ

［著］=サルバドール・ミニューチン　マイケル・P・ニコルス　ウェイ・ユン・リー
［監訳］=中村伸一　中釜洋子

●A5判　●上製　●300頁　●定価 **4,200**円+税
● ISBN978-4-7724-1176-9 C3011

"マスターセラピスト"ミニューチンの臨床事例集。
家族療法の導師による介入の真髄を
4つのステップにわけて解説する。
家族療法の真髄を10組の家族(ケース)を通して体験。

家族・夫婦臨床の実践

［著］=中村伸一

●A5判　●上製　●280頁　●定価 **3,800**円+税
● ISBN978-4-7724-1210-0 C3011

一貫して家族・夫婦臨床の現場に携わってきた著者の集大成。
日常臨床における治療のコツを詳細に取り上げた
家族・夫婦療法面接を現場で実践するための
優れた解説書である。

私をギュッと抱きしめて
愛を取り戻す七つの会話

［著］=スー・ジョンソン
［監修］=岩壁　茂　［訳］=白根伊登恵

●四六判　●並製　●272頁　●定価 **3,200**円+税
● ISBN978-4-7724-1374-9 C3011

綻んだ絆の結び直し──。
それは簡単な所作だが,
二人だけの深遠な共同作業。
彼らが求めるのは決して失敗しない確かなケアの手法だ。